集体林区农户林地使用权流转行为研究

——以福建省和江西省为例

国家社会科学基金青年项目（09CJY010）
中国博士后科学基金面上项目（20090450513）

中国农业出版社
北京

柯水发 ■ 著

《神农书系》总序 / Shennong Series

科学研究与问题意识

温铁军

中国人民大学农业与农村发展学院随自身科研竞争力的提高，从建院第 5 年之 2009 年起资助本院教师科研成果出版，是为神农书系。本文针对学术界之时弊而作，引为总序。

一、问题：关于科学的问题意识

1. 科学不必“实技求术”

20 世纪 80 年代中国进入新的一轮对外开放的时候，我被公派到美国学习抽样调查和统计分析①。第一次上课，教师就先质疑社会科学的科学性！问：什么是科学成果？按照自然科学领域公认的实验程序简而言之——只有在给定条件下沿着某个技术路线得出的结果可被后人重复得出，才是科学成果。

亦即，任何后来者在对前人研究的背景条件有比较充分了解的情况

① 我是 1987 年在国务院农村发展研究中心工作期间被上级公派去美国密执安大学进修社会科学研究方法（1980—2000 年的 20 年里先后 3 次去了以方法论见长的社会调查研究所 ISR 和 ICPSR 进修学习）；后续培训则是在世界银行总部直接操作在发展中国家推进制度转轨的援助项目；随后，即被安排在中国政府承接世界银行首次对华政策性贷款的工作班子里，从事“监测评估”和应对世界银行组织的国外专家每年两次的项目考察评估；这就使我在 1980—1990 年的农口部门有了直接对话世界银行从发达国家聘请的经济专家和从事较高层次的涉外研究项目的机会，因此，当年被人戏称为农村政策领域中的“洋务派”。此外，我在 20 世纪 80 年代中期即介入了第一个专业的“中国社会调查所”的早期研究，1988 年参与了“中国民意调查中心”的民间创办，1990—1992 年实际主持了“中国人民大学社会调查中心”的创办和科研工作；还在国务院农村发展研究中心直接操作过以全国城乡为总体的抽样调查，后来在农业部负责过多个全国农村改革试验区以县级为总体的抽样框设计和调查数据分析。20 世纪 90 年代以来则参与了很多国家级科研项目的立项评估或结项评审。因此，本文实属有感而发，目的在于立此存照。

下，假如还能沿着其既定的技术路线重复得出与前人同样的结果，那么，这个前人的研究，应该是被承认为科学的研究……如此看来，迄今为止的大多数社会科学成果，都因后人难以沿着同样的技术路线重复得出与前人同样的结果，而难以被承认为科学!？由此，无论东西方的研究只能转化为对某种或者某些特定经验归纳出的解释性的话语。

由于这些话语的适用性在特定时空条件下的有限，因此，越是无法还原那个时空条件的研究，就越是体现了人们追求书斋学术的“片面的深刻”的偏执。

也许，除了那些“被意识形态化”了的话语因内在地具有政治正确而不应该列入科学性讨论之外，人类文明史上还不可能找到具有普遍意义或者普世价值的社会科学成果……

20 世纪 90 年代以来的社会科学研究强调的科学化虽然在提法上正确，但在比较浮躁的意识形态化的氛围之中，却可能成为普遍化的学术造假的内在动因。因为，很多以“定量分析”为名的课题研究尽管耗资购买模型而且有精确的计算，却由于既缺乏“背景分析”，也没有必须的“技术报告”，而既难以评估，也难以建立统一标准的数据库。更有甚者，有些科研课题甚至连做研究最起码的“基本假设”都提不出来，有些自诩为重大创新的、经院式的理论成果，却需要进一步讨论其理论逻辑与历史起点是否吻合等基本常识……

这些实际上与科学化背道而驰的缺憾，往往使得后人不能了解这种大量开展的课题研究的真实依据。如果科研人员不知道量化分析的基本功，不了解数据采集、编码和再整理、概念重新界定等各个具体操作环节的实际“误差”，就很难保证对该课题研究真正意义上的科学评价。对此，国内外研究方法论的学者多有自省和批评。

再者，由于很多课题结题时没有明确要求提供受国家基金资助所采集的基础数据和模型，不仅客观上出现把国家资金形成的公共财产变成“私人物品”的问题，而且后来者也无法检验该课题是否真实可靠。

何况，定性分析和定量分析作为两种分析方法，本来不是对立的，更没有必要人为地划线界定，非要偏向某个方面才能证明研究课题的科学性。

可见，科学研究还是得实事求是地强调具体问题具体分析，而不必

刻意地“实技求术”，甚至以术代学。方法无优劣，庸人自扰之。如果当代学者的研究仍然不能具备起码的科学常识——理论逻辑的起点与历史经验的起点相一致，则难免在皓首穷经地执着于所谓普遍真理的进程中跌入谬误的陷阱！

2. 农经研究尤须分类

如果说，早期对不同方法的学习和实践仅形成了对“术”的分析，那么，后来得到更多条件从事大量的与“三农”发展有关的国际比较研究之后所形成的认识，就逐渐上升到了“学”的层次。诚然，面对中国小农经济的农业效率低下、农民收入徘徊的困局，任何人都会学看发达国家的农业现代化经验，但却几乎很少人能看到这枚硬币的另一面——教训。

我们不妨从农经研究的基本常识说起——

如果不讨论未涉及工业化的国家和地区，那么，由于农业自身具有自然过程与经济过程高度结合的特征，使其在世界近代通过殖民化推进资本主义工业化的文明史中没有被根除，因此，工业化条件下的世界农业发展分为三个异质性很强的不同类型：

一是前殖民地国家（美国、加拿大、澳大利亚为代表）的大农场农业——因殖民化造成资源丰富的客观条件而得以实现规模化和资本化，对应的则是公司化和产业化的农业政策。

二是前宗主国（欧盟为代表）的中小农场农业——因欧洲人口增长绝对值大于移出人口绝对值而资源有限，只能实现资本化与生态化相结合，并且60%农场由兼业化中产阶级市民经营，因此，导致一方面其农业普遍没有自由市场体制下的竞争力，另一方面与农业高度相关的绿色运动从欧洲兴起。

三是以未被彻底殖民化的居民为主的东亚传统小农经济国家（日本、韩国为代表）的农户经济——因人地关系高度紧张而唯有在国家战略目标之下的政府介入甚至干预：通过对农村人口全覆盖的普惠制的综合性合作社体系来实现社会资源资本化，才能维持三农的稳定。

由此看来，中国属于何者，应该借鉴何种模式，本来也是常识问题。

如果做得到“去意识形态化”讨论，那就会愿意借鉴本文作者更具有挑战性的两个观点：

其一，依据这三种类型之中任何一种的经验所形成的理论，都不可能具有全球普适性。

其二，这三种类型之中，也都没有形成足以支撑“农业现代化”成之为国家发展战略的成功典范①。

中国之于1956年提出“农业现代化”的目标，一方面是那时候在发展模式上全面学习苏联，并为此构建了意识形态化的话语体系和政策体系；另一方面，客观上也是迫于城市工业部门已经制造出来的大量工业产品急需借助国家权力下乡的压力——如果不能完成工农两大部类产品交换，中国人改革之前30年的国家工业化是难以通过从三农获取原始积累来完成的。

时至今日，虽然半个世纪以来都难以找到几个投入产出合理的农业现代化典型，人们却还是在不断的教训之中继续着50多年来对这个照搬于先苏后美的教条化目标的执着，继续着对继承了殖民地资源扩张遗产的发达国家农业现代化经验明显有悖常识的片面性认识。

显然，这绝对不仅仅是农经理论裹足不前的悲哀。

二、学科基础建设只能实事求是②

以上问题，可能是国家资助大量研究而成果却难以转化为宏观政策依据、更难以真正实现中国话语权及学术研究走向国际性的内在原因。甚至，令学术界致毁的、脱离实际的形式主义愈演愈烈，真正严肃的学术空气缺乏，也使得这种科研一定程度上演化成为各个学科“小圈子”内部分配——各种各样的人情世故几乎难以避免地导致当今风行的学术

---

① 参见温铁军，《三农问题与世纪反思》，生活·读书·新知三联书店，2005年第一版。

② 2004年暑假，当我以53岁高龄被“引进”中国人民大学、担任农业与农村发展学院院长之职的时候，曾经有两种选择：其一是随波逐流、颐养天年；其二是最后一搏、力振科研。本能告诉我，只能选择前者；良知却迫使我选择了后者。执鞭至今五年有余。在校领导大力支持和全体教职员工共同努力下，本院借国家关注“三农”之机，一跃成为全校最有竞争力的院系之一：教师人均国家级纵向课题1.5个，人均课题经费30万；博士点从1.5增加到4.5个，还新组建了乡村建设中心、合作社研究院、可持续高等研究院、农村金融研究所等4个校属二级科研教学机构。其间，我虽然了解情况仍然不够全面，但对于现行教育体制问题的认识还算比较新鲜；再者，在这几十年来的“三农”研究中，有很多机会在国外著名高校学习交流，或在几十个国家的农村进行考察，也算有条件做些比较分析。于是，便就科研进一步服务于我国“三农”问题的需求提出这些不成熟的意见；仅供参考。

造假和教育腐败。

我们需要从以下两个方面入手，实事求是地抓好基础建设。

首先是清晰我们的问题意识，从本土问题出发深入调查研究；敢于挑战没有经过本土实践检验的理论观点。当然，一方面要放弃我们自己的意识形态化的讨论；另一方面，尤须警惕海内外任何具有意识形态化内涵的话语权争论被学术包装成科研成果；尤其是那些被广泛推介为具有普适性的理论。在农经界，主要是力戒邯郸学步和以术代学等多年来形成的恶劣学风的影响。

其次是改进定量研究。如果我们确实打算“认真”地承认任何一种新兴交叉科学在基础理论上的不足本身就是常态，那么对于新兴学科而言，最好的基本研究方法，其实恰恰是“后实证主义”所强调的试验研究和新近兴起的文化人类学的参与式的直接观察，辅之以采集数据做定量分析。同时，加强深入基层的科学试验和对个案的跟踪观察。近年来，国外比较先进的研究方法讨论，已经不拘泥于老的争论，开始从一般的“个案研究”演变为资料相对完整、定性和定量结合的“故事研究”。我们应该在现阶段仍然坚持定性与定量分析并重的原则，至少应该把参与式的试验研究和对不同个案的实地观察形成记录，都作为与定量分析同等重要的科学方法予以强调。否则，那些具有吃苦耐劳精神、深入基层从事调查研究的学者会越来越少。

再次是改进科研评价体系。我们在科研工作中应该修改开题和结题要求，把支持科研的经费综合统筹，从撒胡椒面的投入方式，转变为建立能够容纳所有国家资助课题的数据库和模型的共享数据系统，从而，对研究人员的非商业需求免费开放（个别需要保密的应该在开题前申明），以真正促进社会科学和管理科学的繁荣；同时，要求所有课题报告必须提交能够说明研究过程的所有环节出现的失误或偏差的“技术报告”（隐瞒不报者应该处罚）；要求任何重大观点或所谓理论“创新”，都必须提供比较全面的相关背景分析。

既然中国人的实事求是传统被确立为中国人民大学的校训，那就从我做起吧。

（2009年国庆中秋双节于北京后沙峪）

摘要

农户林地使用权流转行为研究是一个多科性和实践性特点明显的研究命题。本研究旨在揭示农户林地使用权流转的行为机理，对于完善林地使用权流转机制，规范林地使用权流转行为，推进林地健康和谐的市场化流转，建设和谐的现代新农村都具有积极的研究意义和重要的实践参考价值。

本书在文献综述和实地调研的基础上，分析了集体林区林地使用权流转机理；分析了农户林地使用权流转的利益相关者博弈关系，指出农户是林地使用权流转的重要利益主体；基于江西和福建 392 户样本农户实地调查数据，分析了农户对林地使用权流转的认知、判断和流转意愿，并运用二项式 Logistic 回归计量模型剖析了林地使用权流转意愿的影响因素；基于福利经济学理论分析了理想状态下的林地使用权流转农户福利变化，并运用行为经济学理论解释了实践中林地使用权流转尚未大规模出现的原因；基于成本收益理论尝试构建了农户林地使用权转入和转出的成本收益模型，分析了影响成本收益的关键要素及福利改进策略；最后提出一套激励林地使用权流转的制度体系。

综合全书研究可以得出如下主要研究结论：①集体林地使用权流转是林管部门、村集体、流转农户等多元利益主体间利益关系动态博弈的过程，林地使用权流转的最优均衡解为林管部门鼓励林地使用权流转、村干部积极配合流转、农户积极参与流转；②地区差异因素、农户是否以非农收入为主、流转是否容易以及林地地块数量因素对农户的林地使用权转出意愿有显著影响，而流转是否容易、农户是否以非农收入为主、户主年龄、林地地块数量因素对林地使用权转入意愿影响显著；③林地使用权流

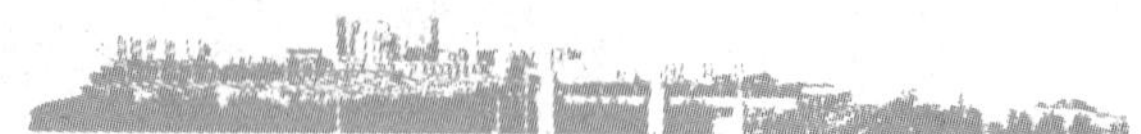

转会对农户的林地经济福利、生态福利和社会福利等多重福利水平产生影响；④转入户的林地经营收益水平、转出户的非林就业收益水平以及流转交易费用水平是农户流转福利和社会总福利水平变化的三个关键决定因素；⑤本研究较为系统地提出如下四大制度体系构建设想：林地使用权流转评估机制以确保流转主体理性参与流转；林地使用权流转交易机制以确保流转主体顺畅参与流转；林地使用权流转管理机制以确保流转主体规范参与流转；林地使用权流转激励机制以促进流转主体积极参与流转。

关键词：集体林区；林地使用权；流转意愿；农户；博弈分析；影响因素

Shennong Series

Abstract

Research on households' behavior of forestland usufruct transfer is a multidisciplinary and practicality proposition. This research aimed to reveal the mechanism of forestland usufruct transfer for households. There have been positive significances for research and important reference values for practice in terms of the improvement of the transfer mechanism, the standardization of the transfer behavior, the propulsion of the market-oriented transfer and the construction of harmonious modern new rural.

Based on the literature review and field survey, the transfer mechanism of collective forestland usufruct was firstly elaborated in this research. And the game relationships among stakeholders in forestland usufruct transfer were also analyzed and it was pointed out that farmer household was the key stakeholder. Moreover, the households' cognition, judgment, intention and behavior of transfer were also analyzed on the basis of the survey data of 392 households in Jiangxi and Fujian Province. Then the influence factors on the households' willingness of transfer were anatomized by using binomial logistic regression model. Furthermore, welfare changes from the transfer under the ideal condition were also analyzed on the basis of welfare economics, and the cause for why a large-scale transfer hadn't appeared were explained by the behavioral economics theory. Additionally, the cost-benefit models of transfer in and out were constructed, and the key factors impacted on the cost-benefit and the improvement strategies were also analyzed in this research. Finally, a set of mechanism was put forward to encourage the transfer.

The main research conclusions could be drawn from the whole book as follows:

1) Collective forestland usufruct transfer is a dynamic game process among stakeholders. While forestry department actively encourages the transfer, village cadres positively cooperate with the department and household actively participates in the transfer, the optimal equilibrium may be achieved.

2) The factors in the households' willingness of transfer out included areal variation, non-agricultural income, the degree of difficulty to transfer and the amount of forestland plots. However, the willingness of transfer in was signally impacted by the following factors: whether easy to transfer or not, non-agricultural income, age of householder and the amount of forestland plots.

3) Households' multiple welfare level including economic, ecological and social welfare would be affected by the transfer.

4) The three key determinants on the welfare of households and society included the forestland management income level for the transferees, the income level from non-forestry employment for the transferors and the transaction cost level of transfer.

5) Four major mechanisms of forestland usufruct transfer were constructed in this research, i. e evaluation mechanism to ensure the rational transfer; transaction mechanism to ensure smooth transfer; management mechanism to ensure the standard transfer; incentive mechanism to promote the positive transfer.

Key words: collective forest zone; forestland usufruct; transfer willingness; households; game analysis; influence factors

目　　录

Shennong
Series

Content

Shennong
Series

第1章　绪　　论

集体林地使用权流转是市场经济条件下集体林发展的客观必然。农户是林地使用权流转的主体，是诱发林权制度改革的微观基础。农户林地使用权流转行为研究是一个多科性、交叉性、前沿性的研究命题，该命题研究对于完善林地使用权流转市场，规范农户的林地使用权流转行为，促进林地使用权流转效率的提升，保障农户林地使用权流转收益具有积极的意义。本章旨在系统阐述本研究的背景、内容、思路、技术路线、研究方法等。

1.1　研究背景和研究意义

集体林是我国森林资源的特殊产权形式，也是我国森林资源的重要组成部分，在我国林业发展中占有重要地位。据第七次全国森林资源清查，中国现有林地面积18 138.09万公顷，集体10 891.32万公顷，占60.05%；按林木权属分，集体5 176.99万公顷，占28.54%，个体5 817.52万公顷，占32.08%（国家林业局森林资源管理司，2010）。全国集体林分布呈现南方多、北方少，东部多、西部少的特点，其中80%分布在我国南方地区（中国集体林发展研究课题组、国家林业局经济发展研究中心，2004）。开发利用集体林资源不仅是我国山区经济发展、农村人口实现增收致富的有效途径，也是有效解决国内木材及林产品供给问题的重要渠道。

产权是最重要的经济权益，它是构成各种经济利益关系的基础，是规范各种经济活动的重要依据；相应地，以产权为核心的产权制度是各种经济制度的基础。因此，产权制度的研究至关重要。20世纪30年代在西方经济学中提出了产权理论。20世纪60年代，由于受到西方各国的广泛重视，产权的理论和法律方面的研究发展很快，并且形成了多种产权学派。在中国，20世纪80年代前后开始使用产权的概念。目前，随着我国经济体制改革的深入，随着产权经济学和新制度经济学在中国的兴起、发展和完善，产权制度的理论研究和实践探索已成为新的研究热点和重点之一。

产权制度是林业经营管理的一个关键问题，在林业发展乃至整个农村经济中都占有重要地位。经济体制的核心是产权制度，没有清晰的产权界定，就没有现代市场经济体制。林业经济体制改革的核心是对林业产权制度的革新和完善。新中国成立以来，我国集体林业产权制度几经变革，国内外许多专家和学者纷纷针对林业产权制度开展了广泛的研究，并取得了丰硕的研究成果。

集体林地使用权流转是市场经济条件下集体林发展的客观必然，它作为林业改革进程中群众的一种创举，在林业上已成为现实（季利民，2005）。2003 年 6 月中央九号文件《中共中央　国务院关于加快林业发展的决定》做出了鼓励林地使用权合理流转的决定。2008 年 6 月 8 日中央 10 号文件《中共中央 国务院关于全面推进集体林权制度改革的意见》做出了“加快推进森林、林木和林地使用权的合理流转”的规定。中国现有林地 43 亿亩*，其中属于农村集体所有的林地约有 25 亿亩。随着集体林权制度改革和林业市场化进程的不断深入，林地使用权流转将变得更为活跃。当前已率先完成集体林权主体改革的福建、江西等省已呈现出活跃的林地流转趋势；然而在林地使用权流转过程中，也存在着流转价格不公平、流转信息不畅通、流转行为不规范等一系列问题，而当前的研究以描述性研究为主，实证性研究缺乏。因此，基于农户微观主体角度针对林地使用权流转行为进行实证性研究显得十分必要和重要。

就国外研究成果而言，由于各国林业的发展道路不同，林地管理体制和经营模式各异，林地流转状况也各有特色。国外直接针对我国林地流转情况加以研究的文献较少，国外学者有关林地流转研究的关注焦点在于林地用途转变的影响因素（Alig, Ralph J.，1986；Alig，Ralph J. 等，1998；DarlaK. Munroe、Abigail M. York，2003；William F. Hyde 等，2003）。

就国内研究情况而言，当前国内外有关农地流转的文献较多，关于农地流转影响因素，国内外学者主要是从农户主体特征、农地产权制度、交易费用、制度环境、经济环境等方面予以研究（Bogaerts 等，2002；Joshua M. Duke 等，2004；Douglas C. Macmillan，2000；Joshua M. Duke 等，2004；John L. Pender 和 John M. Kerr，1999；廖洪东，2002；钟涨宝、汪萍，2003；钱文荣，2004；田传浩、贾生华，2004；张文秀，2005；刘克春、林坚，2005 等）。国内外大量的农地流转研究成果可为林地流转研究提供参考和借鉴。

林地流转与农地流转既有共性，又有差异。当前针对林地流转的研究文献主要集中在：①林地流转机制、存在问题及对策定性研究（温亚利，2008；祝海波，2006；陈永富，1998；肖艳、曹玉昆，2007；郑四渭等，2007；樊喜斌，2006；沃燕红，

---

* 亩为非法定计量单位，1 亩＝1/15 公顷。——编者注

2006；王耀冬，2004；季利民，2005；陈远树，2005；王飞，2005；沈月琴，2000）；②林地流转实地调查描述性研究（李周，2008；王新清、孔祥智，2008；徐晋涛，2006；徐秀英等，2000；张蕾等，2000；刘春杰，2002；梁明莲等，2004；程云行，2004；刘源望，2003；徐秀英、石道金，2003；周新玲，2005；钟伟、胡品平，2006；来桂林、余一翔，2007；谢屹，2008）。

文献研究表明，国内外学者对林地流转研究已取得了一些成果，为后续研究奠定了良好基础。但同时，有关集体林权制度和集体林地林木流转的研究多以规范性研究为主，且多数研究延续“现状描述—问题分析—对策提出”模式，缺乏前瞻性、系统性、针对性，常常只扮演了解释和附和国家政策的角色（李周，1998）。前人研究成果中，宏观研究较多，微观研究不足，特别是缺乏基于农户微观角度研究林地流转；定性分析和规范研究较多，定量和实证分析不足，特别是缺乏从农户调查的角度构建计量模型定量分析林地流转行为。因此，本研究拟从农户微观主体视角，运用定量实证研究和定性规范研究相结合的方法，对集体林权制度改革以及改革背景下的农户林地使用权流转行为加以研究，以揭示农户林地使用权流转的行为机理，探析农户林地流转的主要影响因素以及农户林地流转的福利变化。本研究对于完善林地流转机制，规范林地流转行为，推进林地健康和谐的市场化流转，建设和谐的现代新农村都具有积极的研究意义和重要的实践应用价值。

1.2 研究内容和研究思路

本研究将从流转的背景、如何流转、为什么流转、流转的影响如何以及如何保障合理有效流转等研究视角层层深入，以揭示农户林地流转行为机理。本研究第 1 章进行了统筹安排和规划，概述了研究背景、研究意义、研究思路和研究方法等。第 2 章对本研究的相关研究范畴和核心概念加以界定，并对前人的相关研究成果和研究进展情况加以综述，为后文研究奠定了基础。第 3 章概述了林业产权内涵、特点、分类及现状，以及集体林权制度改革的历史进程，分析了林地使用权的历史演变，为后文研究奠定基础。第 4 章分析集体林区林地使用权流转体系，总结林地使用权流转机理、流转意义、流转政策的历史演进和政策依据，并探讨了流转实践状况、流转原则、流转形式、流转实践程序等。第 5 章运用利益相关者理论和动态博弈理论，分析农户、村干部和林管部门三方动态博弈关系。第 6 章基于江西铜鼓县和靖安县以及福建邵武市和尤溪县392户样本农户的实地调查数据，客观分析农户对林地使用权流转的认知、判断、意愿及行为状况。第7章通过构建二项式Logistic回归计量模型，剖析农户林地使用权流转意愿的影响因素，以进一步解析农户林地使用权流转的行为机理。第8章运用微观经济学的帕累托改进理论、生产均衡理论来解释理想状态下林地使用权流转的福利变化；并运用行为经济学的相关理论来解释林地使用权流转的现实状况。第9章运用成本收益分析框架，分析了农户林地使用权流转的成本收益构成及关键影响因素，并剖析了相应的流转策略。第10章在前文分析和前人研究成果的基础上，进一步总结与探讨林地使用权流转的制度体系，特别是针对林地使用权流转存在的一些问题，系统提出一整套林地使用权流转的制度体系。第11章总结全文的一些主要研究结论和政策建议，指出本研究的一些创新和不足，并对下一步研究工作进行展望（图1.1）。

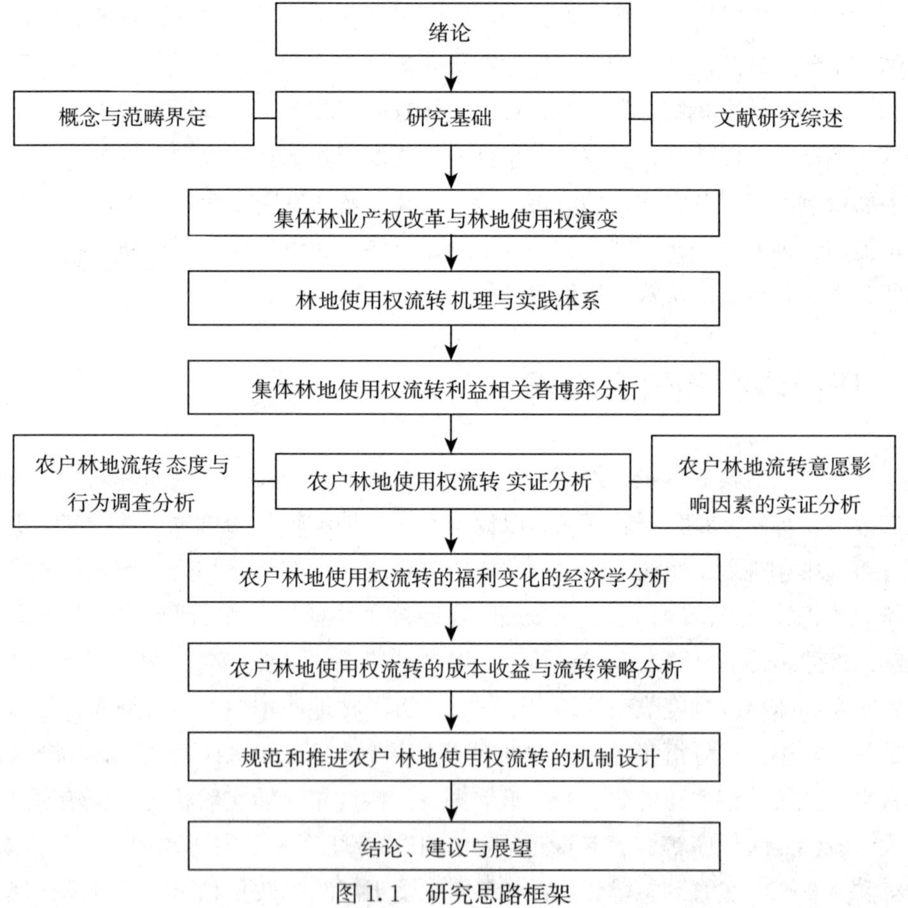

图1.1 研究思路框架

1.3 研究步骤和技术路线

本研究主要分为如下四个步骤：文献综述；问卷设计与实地调查；资料处理与数据分析；研究报告撰写（图 1.2）。

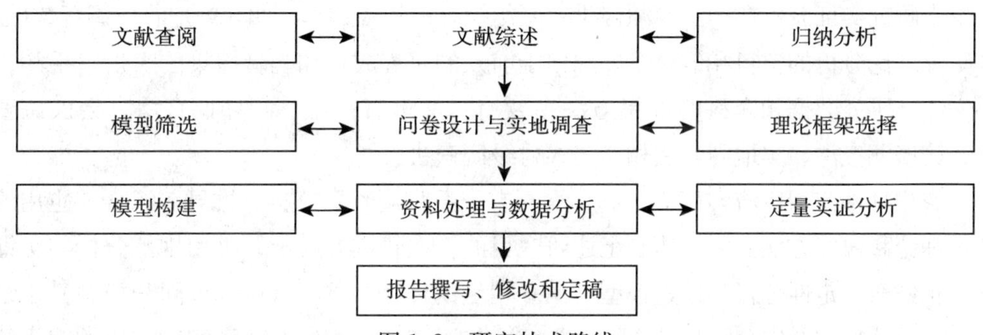

图 1.2　研究技术路线

本研究的技术路线是：首先，在大量阅读相关文献的基础上，确定选题，并通过归纳分析完成文献综述；其次，结合农户林地使用权流转实践，选择合适的理论框架和计量模型，并据此设计相关问卷，进行实地调查，获取相关研究资料和关键数据；然后，将所搜集的资料和数据加以分析处理，用于模型构建和理论分析；进而结合所选择的理论框架、模型和数据资料，开展对农户林地使用权流转行为的定性分析、计量分析、规范研究和实证研究，最终撰写、修改和定稿研究报告（图 1.2）。

1.4 研究重点解决的问题

本研究重点要解决的问题在于：①如何较为规范、较为全面、较为科学地总结林地使用权流转体系，以揭示农户林地使用权流转行为机理。②如何运用经济学相关理论解释林地使用权流转的福利变化。③如何运用博弈理论对农户林地使用权流转行为加以剖析，以便进一步揭示农户林地使用权流转行为机理。④如何较为系统地构建出一个农户林地使用权流转行为意愿的影响因素体系，以及如何运用农户调查数据，通过构建二项式 Logistic 计量模型，对农户林地使用权流转影响因素加以量化和实证，以便进一步揭示农户行为决策的影响机理。⑤如何设计和完善一套规范和促进农户林地使用权流转的机制体系，以提升林地使用权流转的效率和效果。目前，在农林经济界对上述五个方面问题尚缺乏系统和深入的研究。这也正是本研究要重点解决的问题和创新的着眼点。

1.5 数据来源和研究方法

本研究实证分析数据主要源自于笔者组织开展的福建和江西392户农户调查数据。本研究理论分析的资料和信息主要源自于前人的研究成果和笔者搜集的大量一手和二手文献。研究数据和资料的搜集方法主要有：文献查阅法、问卷调查法、会议调查法、访谈调查法、实地观察法和参与式村级调查法。

农户林地使用权流转行为分析，需要有一系列观察、分析、推导、综合、应用的基本理论和研究方法。为了达到上述研究目的，在研究方法上，采用规范分析与实证研究相结合；定性分析与计量模型（文章用到的模型主要是Logistic回归模型）相结合；一般分析与个案分析相结合，文献综述与调查分析相结合；既注意理论的演绎综述，也注重事实的归纳总结。本研究注重理论联系实际，以理论分析为基础，以实证分析为重点，运用图表分析方法、理论模型分析方法、计量经济模型分析方法对农户林地使用权流转行为机理加以剖析。在研究理论上，本研究主要运用行为经济学、农户经济学、产权经济学、计量经济学和林业经济学等有关研究架构，综合运用微观经济学理论、福利经济学理论、行为科学理论等，力争达到一定的理论研究深度。本研究核心章节主要采用的研究方法及理论支撑情况请参见表1.1。从表中可见，本研究所采用的研究方法和研究理论颇具前沿性、综合性和复杂性。

表1.1 核心章节主要研究方法及理论支撑

章节	研究方法	研究理论支撑
第2章	文献搜集、归纳总结	行为经济学、农户经济学、产权经济学
第3章	文献归纳、统计分析	林业产权理论
第4章	文献搜集、归纳总结	林地流转理论
第5章	规范分析、模型构建	利益相关者理论、博弈理论
第6章	实地调查、统计分析	行为科学理论
第7章	实地调查、计量实证	计量经济学模型（Logistic回归模型）
第8章	规范分析，理论模型	帕累托理论、生产均衡理论
第9章	规范分析，理论建构	成本收益理论、交易成本理论、林地期望价值理论
第10章	规范分析、归纳总结	制度创新理论、林权改革理论

综上所述，本章通过对开展农户林地使用权流转行为研究背景的介绍，阐明了开展本项研究的必要性和重要性，并总体介绍了本项研究的基本思路、主要内容、研究步骤和技术路线；最后，简要说明了本研究的数据来源、研究方法运用及基础理论支撑情况。因此，本章大致勾勒出了本研究的概貌，为后面的研究进行了统筹安排，是本研究的基础部分。

第 2 章　研究基础

本章主要对本研究所涉及的基本概念加以界定，并阐述了本研究所涉及的核心研究范畴，进而从农户行为研究、森林资源产权制度、农地流转、林地流转等角度，对前人相关的研究进展情况和研究成果加以综述，从而为后文研究工作的深入开展奠定了良好的研究基础。

2.1　基本概念界定

2.1.1　农户

农户是一个历史范畴。在原始社会早期，社会生产力水平极其低下，社会成员共同占有生产资料、共同劳动、平均分配劳动成果，以维持最低限度的生产生活消费需要。随着生产力的进一步发展，社会出现一、二次社会大分工，单个家庭成为独立的生产消费单位变为现实，农户也就出现了（丘兴平，2004）。

王平达（2000）在其硕士论文《农业可持续发展和农户经济行为》中指出，农户的概念至少有三重含义：一是对户的职业划分，农户是以从事农业为主的户，它的对立面是工业、运输业、商业等非农业户，这类农户的英文表述为 Farming Household；二是对户的经济区位划分，农户是居住在农区的户，它的对立面是城市或城镇户，其英文表述为 Rural Household；三是对户的政治地位或身份划分，农户是一些不享受国家任何福利待遇的户，其政治地位相对低下，其成员的身份多是一些 Peasant（身份意义上的农民），其英文表述为 Political or status Household。三种含义统称为 Household。

从目前国内外已有的关于农户的研究与论述来看，大致有以下观点：①农户是以家庭为基础的。《经济百科词典》对农户的定义为：农户是以血缘和婚姻关系为基础而组成的农村家庭，不少学者在研究中以家庭代替农户；②个体农户与家庭农场的异同。对此前人缺乏明确的论述，但学者们很少将“农户”与“家庭农场”混用，一般在谈到亚洲国家（包括日本）时使用“农户”，在谈到欧美国家时使用“家庭农场”。其中潜在的含义是：家庭农场是社会化大生产的组织形式；个体农户是小生产，规模小，专业化、社会化与市场化程度低，收益最大化动机弱，经营比较封闭，自给自足

程度高；③黄宗智先生（1992）将新中国成立前的小农户也称作家庭农场；④少数学者明确指出，就广义而言，农户既包括发展中国家的个体农户，也包括发达国家的家庭农场；⑤还有学者从发展的角度指出，家庭农场就是种田大户；⑥陈华山（1996）认为，在一定意义上说，美国最早的家庭农场“近似中国的个体农户”；“农场的概念”通常应比农户的概念在经营规模上要大，但这种规模大小也随着时间变迁和农业生产力的发展而发生变化（黄祖辉，2005）。

总结前人的研究分析，农户是农村经济活动的行为主体，是广大农村投资、生产与消费等经济活动的微观行为主体，是农业生产中最基本的决策单元。农户可以理解为：

农户是指生活于农村的，家庭劳动力完全或部分从事农业生产的，并且家庭拥有剩余控制权的、经济生活和家庭关系紧密结合的多功能的基本的社会经济组织单位。农户的本质特征在于它是以家庭契约关系为基础，在于家庭与农业生产活动的相互作用。

农户是由血缘关系组合而成的一种社会组织形式。农户是生产与消费的统一体，它既是一种生活组织，又是一种生产组织；农户又是个体与群体的统一，它既有个体行为特征，也具有一定的群体行为特征。农户的行为不只是个体消费行为，而且是有组织的群体生产行为；作为一种生产组织，在农户内部各家族成员间存在共同的利益，并以此为生产经营活动所遵循的共同目标和行为准则。作为生产经营单位，农户必须承担必要的社会责任，并在社会中通过自我发展不断提高其经济地位。作为消费单位，农户必须设法满足家庭消费需要，并通过增加消费支出、改善消费结构等方式，不断提高其消费质量（王平达，2000）。

农户的经济性质体现为：①农户是市场主体；②农户具有经济理性；③农业劳动力以家庭成员为主；④农户经营和家庭生产、生活联系紧密；⑤农户经济以家庭的持续发展为基本经营目标（丘兴平，2004）。

2.1.2 林地

林地是发展林业的基础（王娟，2008）。林地既是森林、林木赖以生存的基础，又是森林资源和土地资源的重要组成部分（周春生，2004）。国家有关法律都对林地的管理作了规范。《中华人民共和国森林法》对林地管理做出了一系列规范，尤其在林地权属及林地流转的管理中，林地概念是关键。

林地属于《中华人民共和国土地管理法》规定的三类土地中的农用地。现行法律法规中关于林地的概念有：①《中华人民共和国森林法实施细则》第二条第二款规定：林地包括郁闭度 0.2 以上的乔木林地、疏林地、灌木林地、采伐迹地、火烧迹地、苗圃地和国家规划的宜林地；②《林地管理暂行办法》规定：本办法所称林地，包括郁闭度 0.2 以上的乔木林地、竹林地、疏林地、灌木林地、未成林造林地、采伐迹地、火烧迹地、苗圃地和国家规划的宜林地。国营林业局、国营林场、国营苗圃、自然保护区、森林公园等国营林业单位经营范围内的其他土地的保护、管理和利用也适用本办法；③另外，根据《中华人民共和国森林法》第二十二条及《中华人民共和国土地管理法》、《中华人民共和国防沙治沙法》、《中华人民共和国水土保持法》的有关规定，25 度以上的坡地也是林地的重要组成部分。

据此，可以认为，林地是《中华人民共和国森林法》规定的森林、林木的附着地、苗圃地及县级以上人民政府规划的专属培育森林资源的土地。林地的分类如下：①按照林地所有权的不同，可分为国有林地和集体林地；②按照林地使用权的不同，可分为国家使用的林地、集体使用的林地、法人使用的林地和自然人使用的林地等；③按照林地主要功能，可分为生态公益林地和商品林地。生态公益林地分为防护林地、特种用途林地。商品林地分为用材林地、经济林地、薪炭林地和苗圃地；④按照林地的地表状况，可分为郁闭度在 0.2 以上的乔木林地及竹林地、灌木林地、疏林地、采伐迹地、火烧迹地、未成林造林地、苗圃地和县级以上人民政府规划的宜林地。

2.1.3　林地流转

流转在《新华词典》中的含义是指流动、转移。从经济学角度讲，它最早出现在商品流通领域中，指所发生的商品实物的买卖行为，即商品通过买卖行为，实现从生产领域到消费领域的转移过程。其基本特征是：第一，它必须是商品实物的转移。如果只有货币收付，而无商品实物转移，则不属于商品流转（如旅游、修理等服务性行业的经营活动）；第二，它必须通过买卖行为。通过一买、一卖，买方用货币换得了商品，卖方用商品换取货币。如只有实物转移，而无货币收付，也不属于商品流转（如接受捐赠物品）；第三，以商品销售为目的。既有货币收付行为又进行商品实物转移，而不作为商品销售的，不属于商品流转范畴（如购买固定资产、低值易耗品等）。以上是商品流转的三个基本条件，缺一不可（毕宝德，1998）。

马克思主义认为，经济流转是市场经济的必然结果，所流转的是交换价值。构成

经济流转的条件是，以价格为前提的产品、劳动以及非物质成果。马克思在《政治经济学批判大纲》中指出，经济流转不是指单个的交换行为，而是一连串的交换；一种交换总体，川流不息地而且或多或少地呈现于整个社会表面，即一种交换行为体系。生产资料的分配和生活资料的分配，是经济流转中最主要和最重要的领域。林地是最重要的生产资料和商品之一，林地本身虽然不能移动，但是林地权利可以流动，因此，林地权利流转是整个经济流转的重要组成部分。

林地流转，包括广义、狭义两种流转（图 2.1)。广义的林地流转既包括林地权利的流转，又包括林地功能的流转（主要指土地用途的改变)。狭义的林地流转是权利主体将林地权利全部或部分地从一个主体转移给其他主体的行为，即单指林地权利的流转。而林地权利的流转，首先是指林地所有权的流转。在我国，如国家征用土地，致使林农集体所有林地转为国家所有林地。其次，它在我国更多地表现为林地使用权的流转。其中，林地使用权的流转又可以依据林地转出方是否为所有权人为标准，分为使用权的初次流转和使用权的再次流转。如权利转出方为林地所有权人，其转移林地使用权称为使用权的初次流转；如权利转出方为林地使用者，其转移林地使用权为使用权的再次流转（史忠良、肖四如，1993)。

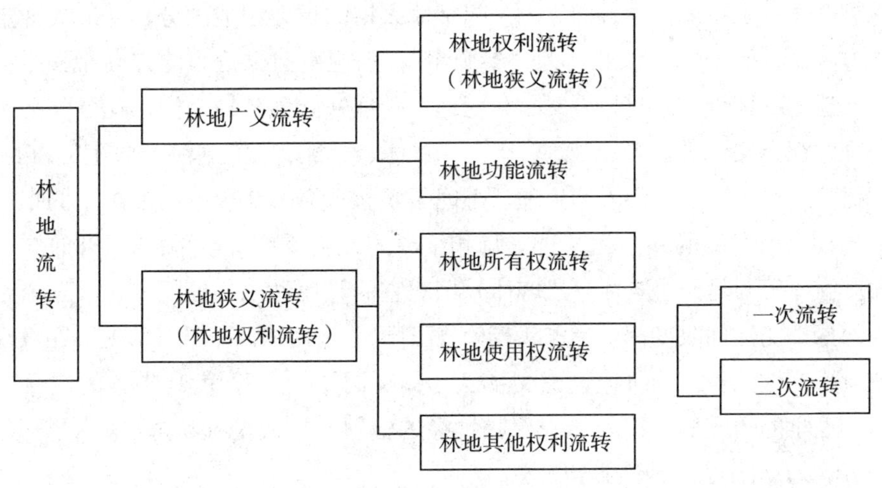

图 2.1　林地流转具体划分

总体而言，林地权利的流转是指林地产权主体之间的变更，它包括林地权利在不同所有制之间、不同组织（团体）和个人之间的变更，它的形式包含有偿有期限（如出租、转让等)、无偿无期限、无偿有期限等林地流转形式。林地功能或用途的流转包括林用地内部的林地功能流转、林用地与非林用地之间的流转、非林用地之间的林地功能流转等。为了更加明确研究对象，清晰界定研究边界，便于针对性地开展研究，本研究中采用“林地使用权流转”而不用“林地流转”。

2.1.4 行为

关于行为，许多科学家都下过定义。哲学家认为，人的行为是受其思想支配而表现在外面的活动；伦理学家指出，人的行为是基于自由意志的动作；生物学家从生物学的角度论述行为，认为是可以观察到的肌肉和外分泌腺的活动，是身体的某一部分的运动以及由泪、唾液等液体表现出来的动作；心理学家认为，行为是人体器官对外界刺激所产生的反应；经济学家则认为，行为是在一定的社会环境中，在人的意识支配下，按照一定的规范进行并取得一定结果的活动。

组织行为学认为，行为是人和环境交互作用的产物和表现。它包括思维、语言及一切外显的可观察的运动、活动和动作。行为主体是具有高度生理发展和精神发展的人。人是一切社会关系的总和。人总是处在一定自然环境及社会关系之中，受社会的经济、政治、思想文化关系所制约。社会对人体的理想期望，通过社会实践和社会教化灌输到个体的思想体系中，促进内化为个体人格的重要组成部分，并形成一定的世界观和方法论，而个体又以此作为“参照系”，来规范自己行为的方向和强度，能动适应，改造客观环境。同时，人又是“生理—心理—社会”的个体，其行为必然受生理、心理、社会文化等因素的制约，因而，机体、个性、文化等便构成了行为的基础。因此，可将“行为”定义为人的生理、心理因素和社会文化因素经参照系的指引，酿成足够的动机而引发的并产生某种影响和结果的社会反应（申平华，1988）。从控制论的角度看，行为是一个实体（或客体）相对它的环境做出的任何变化。一个客体可以从外部探知的任何改变都可称作为行为（王雨田，1986）。李兵（2000）在《辽宁省农户农业生产性消费行为研究》论文中认为：所谓“行为”，就是指人的有目的的活动。从心理学的角度讲，行为起源于脑神经的辐射，形成精神状态，亦即所谓意识，由意识表现为动作时，便形成了行为。

综述上文对行为的不同角度的界定，可以得出如下行为的本质特征：①目的性。任何个体的任何一种行为，都指向一定的目标。主体行为的结果都有一种属性——趋向目的；②动因性。行为科学认为，人的个体行为规律是：需要决定动机，动机支配行为，行为指向目标。个体任何行为的发生，都是有原因的，都为一定的动机所激

发。动机是指外界刺激经过传导神经系统进入中枢神经系统，加上个体的情感体验，根据已经形成的“参照系”（预定目标的信号）进行比较、分析、判断、推理等思维活动，形成某种意向，进而引发行为。除了动机外，人的行为还受环境因素、世界观、生理和心理因素的影响；③过程性。任何一种社会性行为都是由动机、目标——通过计划、准备、实施——达到行为结果所组成的有序的联结系统。这就决定了行为从动机到结果的整个阶段表现为一个过程（成长春，2000）。此外，人的行为还具有可调节性、差异性和可塑性等特征。

上述的行为界定和行为特征分析对于本研究开展农户参与行为研究具有重要的指导意义。本研究将“行为”界定为：行为是主体为了满足自身需要所确定的目标以及为实现这个目标而采取的一系列活动的总称。

2.2　主要研究范畴

本书侧重研究农户林地使用权流转行为，属农户经济学、行为经济学、产权经济学和林业经济学四大核心范畴的交叉研究（图 2.2）。研究中还需运用微观经济学、产权经济学、制度经济学、计量经济学、信息经济学、博弈论、统计学、项目管理、政策学、林业政策学、组织行为学、心理学、社会学、福利经济学、土地经济学、林业经济学、环境经济学、农业经济学、林业生态工程学等相关学科的理论知识或方法。

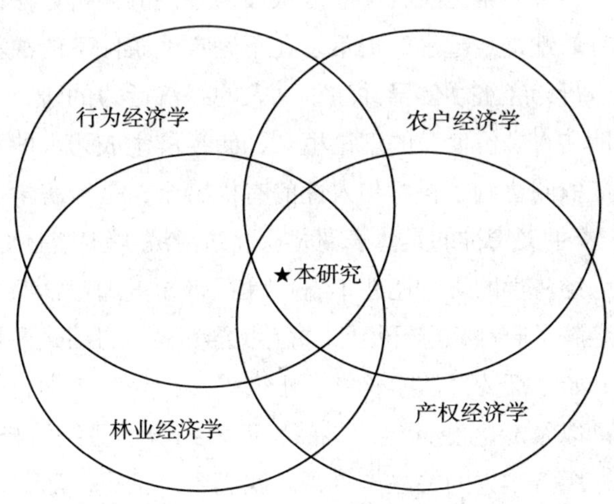

图 2.2　主要研究范畴

2.2.1 行为经济学

农户林地使用权流转行为研究，属行为经济学研究范畴，在此，有必要对行为经济学加以简要评析。国内外学者对行为经济学的研究探索，对于我们了解经济前沿，运用前沿理论分析农户经济行为具有重要的借鉴意义。

早在 20 世纪 50 年代就有人开始研究行为经济学，但早期的研究比较零散。直到 20 世纪 70 年代，才由丹尼尔·卡尼曼（Daniel Kahneman）与特沃斯基（Amos Tversky）对这一领域进行了广泛而系统的研究。1978 年，认知心理学家西蒙（H. A. Simon）由于在"企业组织的决策行为"研究中所作的杰出贡献而获得诺贝尔经济学奖。20 世纪 80 年代以来，行为经济学的发展如火如荼。特别是 2002 年诺贝尔经济学奖授予了研究实验经济学和行为经济学的经济学家丹尼尔·卡尼曼（Daniel Kahneman）和维农·史密斯（V. Smith）以后，行为经济学的研究越来越受到人们的重视。行为经济学的兴起与蓬勃发展标志着学者对经济生活中的心理效应认识的深化和发展。

西南政法大学李树教授（2003）认为："所谓行为经济学，顾名思义，就是指以人类行为作为基本研究对象的经济理论，它通过观察和实验等方法对个体和群体的经济行为特征进行规律性的研究。"行为经济学强调，人们的行为不仅受到利益的驱使，而且还受到多种心理因素的影响。行为经济学以现实为基础构造理论，从而摆脱了传统理论以抽象的假设并且常常是脱离实际的假设为基础的分析方法的束缚，把心理学研究和经济学研究有效地结合起来，揭示了在不确定性条件下的决策机制，开拓了一个全新的研究领域。行为经济学倡导并注重对人的经济行为的研究，为现代经济学建构了一个"充满人性和人类价值"的理论框架，使经济学成为人的科学，人成为经济学的主体，这一价值取向达到了科学与人性的有机融合，是经济学上的一场"行为革命"，也是经济学人本主义精神的具体表现，从而给经济学研究注入了生机与活力。

从总体看，行为经济学的影响还在不断扩大：诸如美国普林斯顿大学、华盛顿大学、芝加哥大学等名牌学府都相继开设了"行为经济学"的正式课程；伊里诺斯大学和弗吉尼亚大学也开始了行为经济学研究；工商界对行为经济学也颇感兴趣，把它应用于广告、促销活动以及养老金计划。显然，行为经济学已经引起人们的广泛注意；而且越来越受到西方经济学界的关注与重视。我们可以预见，随着时间推移和经济学发展，行为经济学向传统经济学提出了挑战，经济学的行为色彩将愈加浓厚，其影响

也将更加深远。

行为经济学的兴起和发展表明，“人及其行为”正在成为经济学研究的核心和主题。因此，行为经济学拓宽了后人研究农户林地流转行为的视野，同时也为本研究提供了一些相应的理论支撑。

2.2.2 农户经济学

农户林地使用权流转行为研究，系农户经济行为研究的一种具体体现，也可归属于农户经济学研究范畴。因此，本节简要地对农户经济学加以概述。

农户经济学，作为经济学理论的应用研究，它的提出是以农村经济体制改革的推进和“科技兴农”方略的确立和实践为背景的（丘兴平，2004）。农户经济学的起源是由于传统经济学理论（企业理论和消费经济学理论）对分析小农经济行为的局限而开始的。从概念上讲，农户经济学是属于微观经济学范畴，它将农户的生产、消费和劳动力供给等决策有机地联系在一起。它的基本假说是：农户是一个效用最大化追求者，农户效用则受农户收入、生产效益和农户休闲需求等因素影响。农户的决策行为受到农户现金、劳动力和技术等资源的限制（张林秀，1996）。

华中农业大学的博士生丘兴平（2004）认为，农户经济学是研究农户的经济行为、农户与其周围主体之间的经济关系、揭示农户发展变化规律的科学。农户经济学的主要研究内容包括：农户的类型与比较；农户的结构与功能；农户和其他经济主体（如公司、合作社等）的关系；农户的社会保障问题；农户的教育培训问题；农户的经营行为问题；农户的消费行为；农户和市场的关系；农户和政府的关系等。

据统计，我国有大约2.4亿个农户。研究农户经济学对于培养农民企业家，办好家庭农场、农业企业，提高农户的经济效益，无疑具有重要的理论意义和现实意义。具体来说，研究农户经济学意义在于：①研究农户经济学，能使人们认识到农户经济是宏观经济的微观基础，有利于丰富和发展经济学理论，加快农村改革和发展；②研究农户经济学，寻求提高农户经济效益的途径，有利于缩小城乡差别、工农差别、地区差别；③通过农户经济学的研究，明了农户经济行为，走有中国特色的“科教兴农”之路，有利于农业现代化的实现；④通过研究农户经济学，了解农户的生产经营行为，更好地健全完善社会化服务体系，有利于推进农业产业化，搞好农业和农村经济结构调整；⑤通过农户经济学的研究，了解农户的多样与层次，尤其是了解贫困农户的情况，进行更有针对性的扶贫帮困，有利于扶贫工作的开展和全面小康社会建设（丘兴平，2004）。

2.2.3 产权经济学

农户林地使用权流转行为研究，涉及林地使用权的流转，属产权经济学研究范畴。产权学派是兴起于 20 世纪 50 年代，广泛兴盛于 90 年代的新自由主义学派。产权经济学是在产权学派对新古典经济学和福利经济学的一些根本缺陷进行批判的基础上逐步形成的。产权经济学是产权学派研究在资源稀缺的条件下，如何通过界定、变更和确定产权结构来协调人与人之间的利益冲突，以达到降低交易成本、提高经济效益、实现资源配置最优的目的，并通过对产权结构、激励机制和人的经济行为之间关系的分析，来探讨不同产权结构对资源配置效率影响状况的经济学分支学科。

产权经济学，又称为“交易费用经济学”、“法经济学”、“新自由主义经济学”、“新制度经济学（The New Institutional Economics)”、“新政治经济学”等，之所以有这么多种称谓，是因为各自命名时所强调的侧重点不同。交易费用理论是产权经济学的核心内容或最核心的范畴，产权经济学的所有理论内容都是建立在交易费用理论的基础上，所以有人称之为交易费用经济学。产权经济学可以说是经济学和法学的交叉学科，产权的界定、保护、调整等都需要法律来规范和明确，而且像科斯等产权经济学的开创者也是法学教授，所以有人称之为法经济学。产权经济学指出产权制度是根本的社会经济制度，主张在产权明确的基础上的自由竞争，依靠“看不见的手”来调节资源配置，因而有人称之为新自由主义经济学。产权经济学摒弃了凯恩斯学派等把政治制度、经济制度和法律制度排斥在经济分析之外的传统，而是把制度重新引入经济分析范畴，并侧重研究制度，重视定性分析，因此，有人称之为“新制度经济学”或“新政治经济学”。

2.2.4 林业经济学

农户林地使用权流转行为研究，涉及林地资源及其价值评估，属林业经济学研究范畴。林业经济学是研究林业部门生产，以及与此相联系的分配、交换、消费等经济活动和经济关系发展运动的规律及其应用的学科。林业经济学作为一门独立的经济学科，产生于 19 世纪的瑞典。当时欧洲林业商品经济有较大发展。由于把森林作为商品木材采伐和林产原料基地来经营，需要计算费用与效益，进行市场预测，从而推动林业经济的研究，逐步形成林业经济学的原理。20 世纪初产生了一批有影响的林业经

济学著作，如瑞典帕特森的《瑞典的林业》(1912)、哈密尔敦的《瑞典森林经济对策》(1915) 等。随着林业商品经济的发展，需要进一步改善林业经营，加强管理，提高效率，节省费用，从而推动林业经济学向深度和广度发展，出现了如林政学、林业经济与组织学，以及木材税收、木材流通等各方面的著作。在欧美，形成了以德国为代表的森林永续经营利用学派；在亚洲，形成了以日本为代表的永续经营保护学派。

中国在春秋战国时期已有对林业经济问题的研究。如《礼记·月令》中写有："孟春之月，禁止伐木。孟夏之月，毋伐大树；季夏之月，树木方盛，乃命虞人入山行木，毋有斩伐；季秋之月，草木黄落，乃伐薪为炭；仲冬之月，日短至则伐木取竹箭。"孟子提到："斧斤以时入山林，则材木不可胜用也。"公元前1世纪汉代司马迁所著《史记·货殖列传》中已有人工经营用材林、经济林的论述。11世纪宋代陈翥的《桐谱》，论述了植桐的经济效益；韩彦直的《橘录》，论及柑橘的生产和运销。14世纪明代俞贞木（一作俞宗本）撰写的《种树书》中，也有对林业经济问题的论述。17世纪清代的《植物名实图考》，论述了森林植物的经济价值。但是，历代虽有不少专题著述，却一直没有形成独立的林业经济学科。到20世纪20年代末、30年代初，西方林业经济学著作才开始传入中国。

在中国，林业经济学的研究内容主要包括：林业生产单位的组织形式及林业经济管理体制；林业中的劳动力、土地资源及其他森林资源的开发和利用；林业生产部门的结构、林业生产布局与林业区划；林业规划和计划；林业投资效果的分析和评价；林业产品贸易与价格，林业财政、信贷及贸金的运用；林业中产品和收入的分配及林业职工的生活消费；森林生态及社会公益经济效益等。

当前，加强林业经济学的研究，根据客观经济规律正确处理林业生产和再生产过程中各方面的经济关系，正确处理技术和经济的关系，运用社会主义的经济手段，协调林业生产建设中的各个环节，使生产者的责、权、利结合兼顾，以提高林业的经济效益，尤其具有重要意义。

2.3 国内外农户行为研究评述

农户林地使用权流转行为研究，是农户经营行为的体现，属农户经济行为范畴。因此，本节从以下几个方面对农户行为研究进展情况加以综述。

2.3.1 国内外农户经济行为理论研究

农户经济行为研究是 20 世纪 70 年代以来才发展起来的。传统经济学往往认为在现代化过程中，农民是被改造、被限制的对象，因此，不屑于研究他们。1964 年 Schultz 的名著《改造传统农业》发表以后，经济学家们不再轻视农业，不再认为农民是反对现代化的。他们认为农业对后进国家的经济发展是极为关键的，并且认为农民的行为并不与现代化有冲突，他们在行为上与其他阶层一样，也会追求自己最大的效用。如果他们的行为与现代化相悖，那是因为这种现代化所赖以推行的政策或体制是不合理的。在这种思想的指导下，再加上 20 世纪 50 年代和 60 年代发展经济学家提出的各种雄心勃勃的发展战略由于缺乏微观经济学的基础，执行效果令人失望，使得越来越多的发展经济学家不再对发展战略感兴趣，而是将注意力转移到经济运转的微观机制研究上，其中对农户行为的研究是一个重要的动向（林光华，1999）。

关于农户经济行为问题的研究，国内外许多专家（包括一些经典作家）都曾有过一些精辟的论述，远的如亚当·斯密、大卫·李嘉图、马克思、列宁、毛泽东等都曾对小农经济条件下农村生产经营单位的农民个体行为进行过论述。就国际研究看，近年来，国内学术界较多地介绍了以小农经济为研究对象的美国经济学家西奥多·W. 舒尔茨和前苏联经济学家 A. V. 恰亚诺夫两种截然相反的代表性学说。同时，国内研究界（庾德昌，1996；李玉红，2000；王平达，2000；雷明国，2000；史清华，2001；申雅静，2003；狄瑞珍，2004；黄祖辉等，2005；等等）也做了许多以农户的经济行为为对象的综合性论述研究。

在中国，深入研究农户行为已成为新兴研究领域。对农户经济行为的研究，国内较早和较系统地研究中国农户经济行为的学者可能是卢迈和戴小京两位先生。卢迈、戴小京（1987）提出了“半自给农户生产行为假说”，即半自给农户具有以其产品直接满足家庭需要和获取最大收入的双重性生产动机。林毅夫（1987）运用计量经济模型的实证研究方法，证实了抑制农户进行农业投入的潜在因素包括耕作规模、信贷环境、土地使用权的稳定性及农户特征等。而于保平先生（1990）可能是较早地对中国农户经济行为进行实例分析的人。马鸿运等（1991）采用问卷调查和观察方法，对我国农户的各种经济行为进行了定性和定量研究。李成贵（1992）从生产和消费角度分析，提出我国农户现阶段经济行为的每一特点，都是农户在收入稳定和收入增长双重目标的支配下，对其所受到的内部约束和外部环境刺激作出的理性选择。宋洪远

(1994) 分析了影响农户行为的经济体制因素；黄宗智（1992）把西方经济学的某些理论，尤其是以舒尔茨和恰亚诺夫为首的两种学派理论应用于对中国农户经济的研究中，认为中国的实际情况是两者的混合体，“包含着两套逻辑”，“任何人试图把中国的实际情况等同于任何一种理论模式就会误入歧途”。国内学者也对农业中存在的风险进行了分析。宋洪远（1994）探究了制约农户经济行为的基本因素，包括利益动机、决策和选择权以及信息传递条件等。郑宝华（1997）在国内较早研究了风险、不确定性与贫困农户行为的关系。李岳云等（1998）提出了“阶段性二元行为”假说。

此外，庾德昌、史清华、黄祖辉等专家学者针对农户经济行为开展了较为系统的研究，其研究进展体现在：

1996 年出版了庾德昌主编的《农民贫富探源：农户经济行为分析》一书，该书用大量的事实材料，论述了农民的经济行为，反映了农民行为的理性特征。书中所阐述的观点，可供各级政府的工作人员参考，同时可为研究小国农村发展的有关人士提供资料，以便对这一问题更进一步地探讨与研究（庾德昌，1996）。

2001 年出版了史清华所著的《农户经济活动及行为研究》一书，该书从农户家庭组织演变入手，对农户家庭经济资源配置效率所引发的经济结构变迁及根源进行了实证，提出了浙江农户经济增长与结构转换的深层根源——政府对农户理性经济行为的尊重。研究结果表明，尽管在农户经济增收过程中，浙江农户经济发展的不平衡性问题也比较突出，但形成这一问题的根源主体在农户家庭自身，诸如家庭决策模式、家庭生命周期、家庭人力资本储备以及家庭自然经济区位等影响因素；而来自农户外部的影响因素相对较小，诸如税费负担。

2005 年出版了黄祖辉教授、胡豹博士、黄莉莉合著的《谁是农业结构调整的主体——农户行为及决策研究》一书。该书以实地考察和问卷调查资料为基础，结合国家农业普查资料，运用农户行为模型及相关理论，采用数量经济分析方法和实证分析方法，对浙江、江苏两省农户在农业结构调整中的决策行为特征及影响因素等问题，进行了比较全面的分析和研究（黄祖辉等，2005）。

综上所述，在国内，家庭承包责任制使农户事实上成为农村的基本生产单位，政策的制定离不开微观经济行为的研究，因而农户经济行为研究备受国内经济学者的青睐。近几年来，学术界对我国农户经济行为的系统研究取得了许多优秀成果，为本研究提供了重要的参考。但是，不可否认，我国农户经济行为的研究仍是不完全的，还没有形成农户行为体系：有的研究成果是在资料有限情况下或有限地域内进行的；有的侧重于定性研究，定量研究不够；有的过于讲究定量计量模型，而缺乏必要的理论分析和支撑。

2.3.2　国内外农户模型研究进展评述

从传统意义上说，农户模型是用来分析农户的生产、消费和劳动力供给行为（即农户生产函数、消费函数和劳动力供给函数等）的模型，它将农户行为的相关变量数量化（陈和午，2004）。

2.3.2.1　国外农户模型研究　在国外的研究派别中，还值得一提的是自 20 世纪 70 年代以来发展起来的农户模型分析。20 世纪 20 年代前苏联经济学家恰亚诺夫（Chayanov）建立的用于分析苏联小农的模型可以说是将农户行为模型化的最早先例。他的研究主要分析俄罗斯农民对劳动力在工作与休闲之间的时间分配行为。虽然 Chayanov 的模型由于受当时历史条件的限制而有许多不足，不能广泛用来研究现时的许多问题，但这一模型仍然是具有开创性的。

加里·S·贝克尔（Gary S. Becker）最早提出家庭生产模型，他认为，一个家庭既是生产要素（特别是劳动的提供者），同时又是使用要素所得收入的基本消费单位。所以一个典型的农户既是生产单位，又是消费单位（林光华，1999）。该模型将家庭中的生产、消费和劳动力供给等决策有机地联系在一起。对其基本的经济含义和应用价值，在 Howard N. Barnam 和 Lyn Squire 合著的《农户模型——理论和实证》一书中有详尽的描述。

Barnam 和 Squire（1979）进一步发展了农户行为模型。Lyn Squire 根据贝克尔的方法，把农户的生产、消费和劳动时间分配结合起来，用标准的求极大值方法，得出农户追求最大效用情况下，劳动力的最佳投入商品和自产品、市场商品及闲暇的最佳消费组合。他提出了可分性原理，认为在劳动市场完全竞争的条件下，农户实际上把生产决策和消费决策分开，先决定最优生产水平，然后在收入决定的前提下再决定最优消费。在 Lyn Squire 的模型中，农户的所有时间被分成两部分：投入农业生产和用于闲暇，他虽然没有考虑兼业问题，但是却为用农户模型研究兼业问题提供了基础。

Scott（1976）首先从风险角度来分析农户的行为目标与动机，以 20 世纪初的东南亚小农为研究对象，将该地区的农业经济环境和农户的社会经济地位描述为：由于多变的地理气候环境，农作物收获量波动很大，不时威胁他们的生计；加之沉重的地租负担；以及外部就业机会少，这些因素使得东南亚农户长期处于艰难的生存环境，其

经济行为是在生产消费决策中把“生计第一”、“安全第一”作为中心目标。Ellis（1988）从理论上讨论了农户可能面临的风险和不确定性以及它们对农户决策的影响。Roe和Graham-Tomasi（1986）将农户模型扩展成动态形式以考察产出风险对农户决策的影响。Ghodake（1989）用数学规划模型和二次风险规划模型分析农户的生产、消费和劳动力供给对各种约束条件和政策变化的反应。Saha和Stroud（1994）分析了小农的消费、储蓄、储藏和劳动力决策，发现在价格风险下，粮食作物的贮存行为仅仅用“风险接受者”或投机行为不能完全解释，问题在于农户对风险的规避和食物安全方面的考虑。除此以外，以后的许多实证性研究都将农户面对的风险看做是农户贫困的一个重要原因，贫困农户抵御风险的能力更差，贫困农户的弱势性是减少预期福利，导致贫困的重要因素（Morduch，1991，1995；Rosenzweig和Stark，1989；Doss，1996；Park，1995；Udry，1995；Jalan和Ravallion，1998；等等）。

随着现代西方经济学的发展，使得农户模型能够被用于描述农户更广泛的特征，并且可以用来做大量的政策分析（张林秀，1996）。以前的农户模型分析主要是在某一个时点上农户资产、价格和农户家庭特征的函数，但是越来越多的学者注意到了跨时决策与农户行为的关系，并发展了跨时优化决策模型（Besley，1993；Deaton，1992）。随着计量经济学的广泛应用，国外一些学者将计量经济模型用于分析风险下的农户决策行为，并使农户模型越来越精致化。

2.3.2.2　农户模型在中国的应用　近年来运用农户模型来研究中国农户行为在学术界取得了一定的成果。文贯中（1989）、张林秀（1996）对农户模型的基本经济含义和应用价值作了较为详细的分析。胡继连（1992）主要以山东省农户经济调查的历史资料为依据，通过对汇总数据的分析论证了农户的就业行为、投资行为、收入分配、消费行为、市场销售行为、资金筹措行为等。马鸿运（1993）根据对江苏吴县、山东泰安县、陕西宝鸡市和安康地区实施的农户调查中回收的468户问卷，按不同收入、不同经营规模对农户的职业选择、投资行为、消费行为、储蓄行为等交叉汇集整理，指出农户行为追求多样性、兼营性，同时既求稳定又求发展，其目标具有多重性。宋洪远（1994）根据山东安丘和河南商丘两地200个农户的调查资料，分析了农户兼业意愿、兼业决策方式、决策依据等，指出农户在生产经营目标选择上表现出明显的兼业化倾向，农户非农就业决策主要是由户主一人决定或全家讨论决定，由非农就业本人作决策的较少。姜长云（1995）、姚明亭和申潞玲（1996）、杨学成和赵瑞莹（1998）分别对安徽天长市504户、山西十村千户、山东35个县343户的兼业情况作了静态或动态的考察。张广胜（1999）也给出了利用农户模型分析农户行为的理论框架。张林秀（1996）在农户经济学理论的基础上，第一次运用规划模型方法，分析了中国张家港和兴化两地农民在不同政策环境下的生产行为以及农户行为对国家政策执行效果的影响。Albert Park 和任常青（1995）建立了一个在面临价格风险和生产风险的条件下，既生产又消费粮食的农户生产决策模型。并且利用陕西省县级数据（1984—1991），运用多重不相关回归法估计了风险条件下的玉米和小麦的生产决策模型，第一次将消费因素引入生产决策模型。但他们在模型中并没有考虑劳动力的作用，也没有对不同类型的农户进行划分。都阳（2000）则从家庭时间配置模型入手，利用 1997 年对中西部甘肃、陕西、河南、江西、贵州、四川六省所做的农户抽样调查资料，对贫困地区农户的劳动供给模式进行了较为系统的实证性研究。曹轶英（2001）利用农户模型对农户的决策行为进行分析，并通过对农户粮食净销售的测定，确定影响农户行为的主要因素；同时通过农户微观行为方程，推断了贸易自由化对粮食安全产生影响的作用机制。以上这些都是把农户作为生产、消费和劳动力供给的综合体来分析中国农户各种行为反应的开拓性研究（黄祖辉等，2005；陈和午，2004）。

2.3.2.3　国内外农户模型研究评述小结　通过对已有文献的考察，我们不难发现，农户模型目前在国外已被大量运用于分析小农行为在社会、经济、市场、政策等因素变化下的不同反应。而在中国，系统运用农户模型来分析农户的生产、消费和劳动力供给等行为的实例尚不多。因此，随着农户经济学理论的不断发展与完善，随着经济学家在农户行为研究上的日益深入，农户模型也由传统的只分析农户生产、消费和劳动力供给方面的行为而扩展为政策分析及溢出效益分析的一个重要工具，其应用范围不断由微观层次向宏观层次拓宽（张林秀，1996）。

一方面，和许多发展中国家的小农一样，中国的农户也具有其他国家小农的特征，即农户的生产是处于半自给与半商业化阶段，农户模型可以应用于分析中国的农户问题（张林秀，1996）。另一方面，党的十一届三中全会以来，以家庭联产承包责任制为契机的农村经济体制改革，取得了举世瞩目的成就。家庭联产承包责任制在中国农村的广泛推行，使千家万户的小农成为了农村社会经济中最重要的经营决策单位。特别是 20 世纪 90 年代中后期以来，随着我国加快农产品贸易开放，农户的行为反应对农产品的总产量、消费量及贸易量产生越来越重要的影响，农户已经成为我国“三农”问题的焦点所在。因此，将农户模型的理论方法应用于中国的具体实践，具有深

远的理论价值和现实意义，这也是今后关于我国农户问题研究的前沿（陈和午，2004）。

2.4 国内外集体林权制度研究评述

从人类社会经济活动的出现和私有制的形成，产权就是最重要和最基础的经济范畴，它既是各种经济活动的基础和前提，也是人类历史不同时期不同制度安排的主要特征体现，许多制度安排都从法律上或经济上给予高度的重视。

2.4.1 国外森林资源产权制度研究的重点及趋势

在国外，林业产权的研究重点主要放在资源产权的研究上，尤其自20世纪70年代以来，随着人口的剧增、环境的恶化、污染的严重、资源的稀缺，生态环境问题日益受到关注。如何加强资源的有效配置和利用，如何实现人口、资源、环境和经济的和谐发展，如何保护资源与环境，已经成为国际关注的焦点。于是利用产权制度对产权交易行为进行规范便成为解决问题的重要举措之一。国外许多专家指出：林业资源产权制度安排是影响林业经营活动中人们经济行为的一个重要工具，它决定着资源的分配效率和利益的分享，对人们的造林、护林以及合理利用森林资源的积极性产生着深远的影响。

国外对森林资源产权制度的研究主要集中在以下几个方面：①森林资源所有制及其评价。所有制是解决森林资源产权的主体问题，回答谁将拥有对森林资源的实际控制权。讨论所有制问题的目的在于研究不同所有制形式的利弊，寻求最佳的制度安排(Danid w. Bromly，1992)；②森林资源产权制度的演变。国外十分重视对森林产权制度历史过程的描述和概括，试图从中发现森林产权制度产生、发展的原因及其规律，了解人们对这种发展、变化所做出的反应，从而为制定林业政策提供依据。国外有关专家经研究，认为森林资源的稀缺性、技术进步和人们对资源需求的变化是森林产权制度演变的根本原因（Peter H. Pearse，1990）。而且，国外的学者认为：在整个历史进程中，产权的界定不是一成不变的，而是发展的、演进的，产权制度安排也随之趋于复杂化；③产权制度的稳定性及权威的维护。外国学者认为，所谓产权制度安排，实质上是定义两人之间或更多的个体（团体）之间的财产关系。许多产权制度安排实践的失败就源于不能保障所有者及使用者收益流的稳定。因此，增加产权关系的稳定性成为各国改善产权制度设计的考虑因素之一（Peter H. Pearse，1990）。此外，国外学者还认为，产权制度必须得到法律和社会的承认，必须有力量来维护所有者的权威。由此可见，国外相关的研究主要侧重森林资源产权制度的基础理论分析。

从历史发展看，随着技术进步、需求的变化，产权概念和产权制度安排是变化发展的。国外森林资源产权问题研究倾向于：①研究林地市场的发展，以及如何通过市场机制调整林地产权制度模式；②研究由于政府调控对原产权所有者和使用者利益造成损害的补偿机制；③研究与私人林地利用相关的外部性和经济物品的衡量指标，如何制定私人产权的公共政策成为新的研究热点和重点；④国有森林资源配置机制的评估。即回答在计划过程中市场的作用是什么，国家与地方计划的关系如何，如何改善在市场经济中资源的计划分配与管理的作用等；⑤产权制度变革的经济及社会影响，以便为制定政策和法规奠定基础；⑥产权制度变革中的利益群体微观行为研究等。

纵观国外对森林资源产权的研究成果，就其方法而言，基本是以定性分析为主，定量分析为辅，今后的研究定量分析将日益重要，包括对人们行为假设的定量测试，对森林资源外部性和公共物品的经济度量等；同时对不同制度安排下的成本与效率的分析和比较等问题，正日益引起研究人员的兴趣和重视。总之，国外的相关研究倾向于产权制度安排模式、机制和政策的理性分析和量化研究。

2.4.2　国内森林资源产权制度研究的重点及趋势

在国内，近几年来，产权和产权制度已成为我国经济学界关注的热门话题，许多专家和学者，都对此开展了相应的研究。对于集体林权制度而言，集体林业产权制度研究是林业经济工作和研究的一个重点和难点，自 20 世纪 80 年代以来，在我国取得了一些研究成果，主要体现在：①基础性理论研究。如南京林业大学的张敏新、肖平（1999）对森林产权要素及产权制度特征及存在的主要问题进行了相应的分析。福建林学院的张春霞、蔡剑辉（1996）对集体林业产权制度改革的趋势进行了研究，指出改革的趋势在于产权运营市场化。福建省社会科学院经济所的吴德进（1997）对林业产权的特点及南方乡村集体林业产权制度的根本缺陷作了探讨，如产权主体虚置、权能不清及外部性等。国家林业局宣传中心的刘宏明（2004）针对林权的若干法律问题开展了较为深入的研究。国家林业局经济发展研究中心戴广翠、张蕾等（2002）针对南方集体林区产权制度存在的主要缺陷进行了研究。南京林业大学的陈幸良（2006）针对南方集体林区产权制度的历史变迁开展研究，揭示了各个产权安排的特点。此

外，四川省社会科学院农村经济研究所对林地、林木权属问题开展了近 2 年的研究；②实证性调查研究。中国林业科学研究院、国家林业局经济发展研究中心、中国社会科学院等都开展了大量关于森林权属方面的调查，对产权改革的基本情况、改革措施和改革效果进行了实地调研。福建省林业经济学会确立“集体林产权明晰和收益分配”课题，着重对集体林产权明晰和收益分配机制改革问题进行专题调查。江红、刘平康（1997）先后深入南平、三明、龙岩等地（市）进行实地调查，还考察了江西省和湖南省的主要林区。此外，中国人民大学、北京林业大学和中国农业大学的一些学者也正在积极参与林改的调查研究，这些工作为系统研究森林权属提供了坚实的基础；③专题研究。如林地产权研究，福建林学院经济管理系的黄和亮（1998，1999）对林地产权市场进行了较为系统的研究，分别就林地产权市场的建立、培育与建设，以及林地产权市场运行的模式和机制展开了相应的讨论。此外，福建省宁德地区林业局的张志雄（1999）从林地产权制度与林地保护的理论分析入手，对林地产权进行了相应的分析。浙江林学院的程云行在其博士论文《南方集体林区林地产权制度研究》一文中，对林地产权制度开展了较为深入的研究；④综合性研究。浙江林学院的徐秀英（2005）在其博士论文《南方集体林区森林可持续经营的林权制度研究》中；东北林业大学的于杰（2000）在其硕士论文《我国森林资源产权制度改革的研究》中；北京林业大学的柯水发（2002）在其硕士论文《中国森林资源产权制度研究》中；华南农业大学硕士先锋（2005）在其毕业论文《集体林业产权问题研究》中，都针对集体林权制度开展了较为全面和深入的综合研究。由此可见，我国当前森林资源产权制度的研究主要集中在集体林业产权的认识，范畴的界定，集体林业产权制度存在的问题、改革的方向和对策措施研究。

随着我国经济体制改革实践的深入，林业出现一些新的发展趋势，在今后一段时期内，产权制度研究将侧重如下几个方面：①资源所有制及评价问题研究。实践证明，森林资源的国有、集体所有、个人所有等不同所有制形式都有其各自的优越性及缺陷，因此有必要加强资源所有制形式及其评价的研究；②产权制度设计研究。产权制度是复杂的体系，不同的所有制形式可以有不同的制度设计，同时也要求有相应的权威维护手段和激励机制，这些都是有待于进一步研究的问题；③森林资源产权制度实证研究。森林资源产权问题研究既是理论问题，更是实际问题。对于森林资源产权研究来说，如何从具体的国情、林情出发，研究从哪些方面改革；如何改革；如何具体操作实施，才会使资源配置处于最佳状态，也是今后研究的重点；④森林资源产权制度保障机制研究。产权制度安排要遵循产权制度演变的历史轨迹，在研究产权问题时，要注意产权界定以及确认、转让和实施的环境或机制，要注重研究森林资源产权制度变革的方向、原则、任务和条件，以及制度运行的保障机制；⑤产权制度的成本效益研究。森林资源产权的核心问题是：不同产权制度安排的成本与效益。每种制度安排或选择，都会有收益，也会有成本；效率是制度选择的重要标准，即界定或改变制度所获得的收益必须大于由此付出的代价，这样的制度选择才是有效的和可行的。因此，注重对不同制度选择、制度变迁的成本和收益的比较分析也是今后的研究重点之一；⑥产权权益实现的研究。森林资源存在着产权基本清楚，但产权权能出现外溢的情况，如何确保这部分权益的实现，如何对产权交易、产权管理进行规范都是今后研究的重点和热点之一。

综上所述，表 2.1 归纳了国内外森林资源产权制度研究的重点和走向。从表 2.1 可见，国内外的研究方法，基本是以定性的理论分析为主，量化分析为辅，今后的研究将更加侧重量化研究，以便于进行精确比较和分析。我国当前森林资源产权制度研究紧随国外，而将来，国内外的研究内容将更为宽泛，研究层次将不断提高，研究体系将日益健全。

表 2.1　国内外森林资源产权制度研究的重点和趋势

项　　目		研究现状及重点	研究趋势
研究方法	国内外	定性分析为主，定量分析为辅	定量分析日益重要
研究内容	国外	森林资源所有制及其评价；森林资源产权制度的演变；产权制度稳定性及权威的维护	林地产权制度模式；补偿机制；外部性和经济物品的度量；国有森林资源配置机制的评估；产权制度变革的经济及社会影响等
	国内	森林资源产权基础性理论研究；森林资源产权实证性调查研究；专题研究，如林地产权专题研究	资源所有制及评价；产权权威维护手段和激励机制；产权制度模式；产权制度成本与收益比较分析；产权权益实现机制研究

2.4.3　国内森林资源产权制度研究方面存在的不足

森林资源产权制度研究是林业经济工作和研究的一个重点和难点，我国森林资源产权制度研究自 20 世纪 80 年代以来，取得了一些研究成果，但也存在着许多不足：①森林资源产权制度研究还处在初级阶段。研究内容偏向于理论表述，内容较为片面，对整个森林资源产权制度体系的研究不足，存在着一些研究空白；②研究的系统

性较差，森林资源产权体系较为零乱，不成体系，缺乏系统性、综合性的研究。很多研究是单项的案例研究或专题研究，即具体针对某一地区的产权改革进行描述，而没有深入地进行系统分析，导致研究成果的应用不具有普遍性；③以往的研究实证性较差，许多研究仅仅停留在空泛的理论上，没有结合相应的国情、林情，没有结合具体的社会背景和改革实践，致使许多研究结论很难应用于实践中；④森林资源产权制度研究的禁锢较多，视角不够开阔，着眼点较窄。通常就林论林，缺乏从全国经济体制改革、可持续发展、生态环境建设和林业经济体制改革的角度对森林资源产权制度进行多层次、多方位的研究。因此，森林资源产权制度研究的方法、研究的角度以及实践的探索，都有待于进一步研究。

鉴于以上的不足之处，结合国内外森林资源产权制度研究的现状，本研究认为，以森林资源产权制度为题，结合我国林业经济体制改革实践，通过系统的关联分析，理清我国森林资源产权理论体系和森林资源产权制度改革的脉络，并对产权制度体系的设计和完善提出相应的建议是具有一定理论意义和实践价值的。

2.5 国内外农地流转研究评述

就国内研究情况而言，当前国内外有关农地流转的文献较多，大多数是就农地流转方式、流转效率以及农地流转影响因素进行研究。国内外大量的农地流转研究成果可为本研究提供参考和借鉴。

目前，国内学者对我国农地流转的研究已经涉及各个方面。例如，农地流转现状与问题、原因与条件、道路与模式、利益分配、机制创新、法律规范等，还有不少进行了较为深入的调研。李录堂（1994）认为，要使农地流转起来，首先要解决农村劳动力转移过程中的农民职业保障问题，而解决这一问题的最佳选择是利用保险手段，以保险公司的社会职业保障功能代替农地使用权对农民的职业保障功能，并在这种代替过程中通过保险公司形成一种实现农地流转集中的机制。通过把农地使用权市场划分为不可规模化农地使用权市场和可规模化农地使用权市场，来进一步优化农地流转市场机制。

张照新（2002）通过对六省农村土地流转市场的调查分析，认为受非农就业机会的限制，农村土地流转市场供给低于需求；通过对各样本土地转让方式的统计分析，认为目前土地转让存在以下几种情况：土地转让规模较小；增加劳动收入是农户进入土地市场的主要目的；范围以组内转让为主，对象并不仅限于亲属；土地期限较短且不稳定；大多数转包无书面合同，没有经过村组集体同意；转包费支付方式多样化。初玉岗（2001）认为土地流转不畅的根本原因不在于流转制度和土地供给方面，而是在于这种流转方面有支付能力的需求不足，现有需求所决定的流转代价不足以调动起外出务工等农户出让其承包土地使用权的意愿，因此，当前促进农村土地流转的重点应是大力培育企业家型的农户和农民。刘红梅、王克强（2001）通过构建土地承包和租赁的典型关系模型，研究农民集体土地流转过程中的利益分配方式。何静（2001）认为必须赋予农地使用权流转一定的法律保障：在法律法规中界定“农村土地使用权”的具体权利；强化使用化的继承权；明确使用权有偿转让的合法性，并对有偿额进行量化；规定各种流转形式的流转期限及因土地流转涉及的乡村税费负担问题。史清华（2001）以固定跟踪观察的农户资料为基础，以内地山西和沿海浙江为对象，对1986—2000年两地农户间农地要素流动行为进行实证分析，认为农户家庭农地流转所遵循的原则依然是经济理性原则，提高农地利用效率是农户农地流转行为发生的根本动机。黄贤金、方鹏（2002）从内在形成机理（农业产业结构调整、农业劳动力转移、农地社会经济功能转变）和外在作用机理（农地非农化市场制度的供求失衡、要素价格作用机制）两个方面分析我国农地流转形成机理，通过对农地流转主体（政府或社区、农户、企业）的分析，分别比较了各种农地流转形式及其权利内容，认为必须规范我国农地流转市场的制度约束，即明晰土地权利、完善政策体系、发展中介市场、强化科学管理、规范流转程序、健全补偿机制。丁关良、李军（2004）对各种形式农地流转的运行机理和操作规程作了更为全面分析和阐述，认为农地承包经营权流转应符合“条件、自愿、规范、有序、依法”的客观要求，以切实维护流转双方的合法权益。黄英良（2005）对市场组织、政府组织（主要指村集体经济组织和乡镇基层政府）和专门的中介组织这三种农地流转组织形式的交易成本分析和比较后，提出介于市场组织和政府组织之间的中介组织是最有效率的，应该设立多种形式的中介组织来实现农地使用权的流转，提高农地流转效率。

在农村土地流转的动力机制研究方面，戴中亮（2004）分析认为，在家庭承包责任制下，人均可耕地面积不到1.98亩，且呈条块分割，制约农机等先进技术的使用。随着技术的进步，实现土地经营和技术利用的规模化就成了农业发展的必然要求，受这一外部利润的吸引，推动了农地流转。樊帆（2002）认为农业是高风险产业，从事土地经营与“高风险、高报酬”的投资原理相悖，与从事第二、第三产业相比，农业

生产经营风险大、风险成本高，从而出现了土地流转需求，土地向种田能手集中。马晓河（2002）、许恒周等（2007）认为，农村第二、第三产业的持续快速发展，为农户土地使用权流转提供了良好的外部条件，在农民人均收入中来自非农产业占绝大部分的时候，农民有流转土地使用权的要求，愿意放弃土地经营，到农业以外寻求新的就业和增收门路。樊帆（2002）从劳动力的机会成本与资金的机会成本两个方面，分析了比较利益是促进农村土地流转的内在动力。吴郁玲等（2006）从农户分散经营和规模化经营之间的效益比较以及从事农业生产和非农产业的收入比较差异两个方面论证了在比较利益的驱动下，农地使用权出现了实现流转的内在动力。詹和平（2007）分析指出，农户自身资源禀赋差异的内在因素是土地流转的动因，表现在人力资本的异质性与家庭劳动力人数分布上。姚洋（2001）的实证研究表明，农户的边际产出是存在差异的，在劳动力市场存在缺陷的约束下，土地的自由流转有助于促进边际产出小的农户将土地租让给边际产出高的农户，较自由的土地转让具有边际产出拉平效应，促进土地的流转。徐旭等（2002）认为由于农村工业化、劳动力非农化、人口城市化的演进，使土地、劳动及资本的相对稀缺性发生了变化，农业劳动变得更加稀缺，会促使政府变革土地及相关制度以增加劳动租金和投入农业的资本收益率，实现土地、劳动和资本的优化配置。具体做法就是通过土地的适度规模经营增加农业产出，使农业劳动得到较高报酬，国家则增加了税收并减少了对农业的转移支付，农地流转在政府看来，有助于实现农业增产、农民增收、农村稳定，所以政府促进农地流转的意愿比较强烈。这可以认为是从制度供给的层面解释了农地流转的动力机制。

关于农地流转机制较为详细的研究，车裕斌出了一本专著《中国农地流转机制研究》(车裕斌，2004)。在这本专著中，他通过大量深入的调研，分析了我国农地流转系统驱动力机制（重点分析了农地流转的市场机制和宏观调控机制、管理机制）的作用机理与我国农地流转机制缺陷及其产生的原因。他认为我国特殊的农地产权利益集团格局和农地流转机制的缺陷，使农地流转的实际作用效果偏离了农地流转宏观目标，现行的农地流转并未达到农地流转制度设计的目标；近期应以农地流转市场的培育为主要任务，以农地租赁制度为主要流转制度基础，并重点建设与农地市场化流转需求相应的宏观调控机制。李明秋和王宝山在《中国农村土地制度创新及农地使用权流转机制研究》(李明秋、王宝山，2004）一书中，从微观、中观和宏观三个层面构造了农地使用权流转机制。从这些国内研究来看，对农地流转及其机制的研究已经逐渐系统化、完善化，但本研究还想试着从新的角度对农地流转机制进行思考和研究。

在国外研究中，由于土地制度的差异，大部分国家实行土地私有制度，农地可以直接进入市场进行交易，并没有明确的“农地流转”概念，各种研究多是对农地市场、地租、地价、产权及交易等的研究。威廉·配第、亚当·斯密、李嘉图以及马克思、恩格斯是较早对土地地租、土地交易进行系统深入研究的经济学家。由于农地流转的本质是产权交易，因此国外很多学者的研究侧重于土地产权和土地市场的研究。Feder、Feeney 等（1993，1998）认为产权清晰的土地资源对提高农业投资和农业生产力有重要作用。明确地权还会降低交易成本，通过把生产要素配置给最有效率的农户，形成规模经营，最终提高农业生产力。Ruden（1999）认为土地产权的安全，不仅受到农业生产类型和农户家庭的影响，更受到市场中土地、劳动力及资金等要素不同配置的影响。Binswanger（1994）指出持续存在的土地、劳力、信用及商品市场的扭曲是资源利用率下降和经济迟缓的主要原因。土地所有权和使用权的流转交易会使土地资源配置更有效，并刺激土地资源开发的深度投资，减少农户的风险规避行为。Claudio Frischtak（1995）提出政府干预会影响土地市场，导致土地市场的低效率和对穷人的歧视，主张改革土地交易管理制度，认为好的土地交易管理须具备完善的制度体制：建立土地信息系统，提供土地价格、附加投资以及地租等信息；建立地界纠纷处理系统，专门调节土地划分的变动，促使土地以较快的速度和合理成本进行交易，解决土地交易争端和实施所有权；建立土地估价系统，依据地块大小、所有关系、产量、投入和产出估计地块的市场价，鼓励土地登记，地方政府和社区提供专门的土地技术支持，对为公共目的进行的土地征用进行合理补偿。Matthew Gorton（2001）通过对 Moldova 地区现有小规模土地经营现状的分析，认为鼓励农业生产的联合经营会减少土地交易的障碍，但如果没有界定清楚的土地所有关系和正式授权的土地证书，土地市场的功能仍然是微弱的。Douglas C. Macmillan（2000）从经济学的角度分析土地市场，认为土地可以在公开市场进行自由交易，但是在交易过程中会发生市场失效，造成土地利用的动荡，因此财政部门应支持政府干预市场以弥补市场缺陷。

上述国外关于土地市场和土地交易等研究对我国完善和创新农地和林地流转机制具有重要的借鉴作用。

2.6　国内外林地流转研究评述

随着集体林权改革和林业市场化进程的不断深入，集体林区林地流转已成为我国

农林经济学界所关注的热门话题，国内外的许多专家和学者，都对此开展了相应的研究，并取得了一些研究成果。

2.6.1 国外林地流转及研究状况

2.6.1.1 国外林地流转状况 日本自第二次世界大战后实行土地改革一直到 1961 年的 15 年时间里，对公司、企业进入林业的问题采取十分慎重的态度，法律不仅严格禁止法人进入直接的林业生产领域，还规定非农业生产者不得拥有林地。对于公司或企业大规模、长时期占用林地，从事直接林业生产经营活动，不仅不鼓励和支持，而且还制定严格的政策加以必要的限制。虽然至今日本的法律仍对公司进入林业直接生产领域有着一系列严格的附加条件，但法律又十分鼓励和支持企业和公司进入林业经营的产前、产后领域为农民提供社会化服务，并鼓励和支持企业和公司对待开发的荒山、荒滩等资源进行投资开发。在农业剩余劳动力尚未能大规模转移之前，必须避免出现大资本排挤小农户现象，避免出现林地的大规模兼并，避免大批农户丧失经营主体地位、不得不沦为雇农的现象。为了规范林地流转和管理，日本专门制定了《国有林特别会计法》，保证其流转与林地管理政策稳定贯彻实施（党养性，2009）。

德国国有林面积占全国森林总面积的 30%，其任务是服从国家生态的需要，为国家提供生态效益。德国政府对国有森林资源实行严格的管理制度，不允许买卖交易。其他 70%的林地主要是商品林，以经营成本最低、经济效益最高为目标，可以采取经营者认为合适的各种形式放开放活，进行交易流转，适宜什么生产经营方式就采取什么生产经营方式（Dominic P. Parker，Walter N. Thurman，2004）。国家对商品林的经营管理，主要从兼顾整体生态环境的角度进行必要的调控和宏观指导，主要是对商品林地的用途进行管制，防止林业用地转为非林业用地和有林地逆转为无林地。德国林地流转是根据该国 400 年来一直实行的《产权记载法案》、联邦和各州的《森林法》及《民法》的相关规定来实施和推进的。德国林地流转的程序为：首先，林地所有者到地方法院申请审查其林地权属资料，由地方法院出具权属证明后方可进行交易流转；其次，森林所有者携带权属证明到林地评估机构对自己所属的林地进行综合估价，提出一个适当的流转指导价；最后，在林地流转市场上进行买卖交易，在买卖双方协商确定了价格之后，通过律师或公证人到地方法院确认交易的合法性，然后签订林地流转交易合同。德国林地的流转一般都有林地中介机构提供相关的撮合服务。

美国对林业实行经营承包、拍卖青山和承包采伐的措施和策略进行管理。各州、县林业局经过调查设计，对林地的立地条件、树种、出材量和交通情况进行综合评估，确定林地价格，组织拍卖会进行公开拍卖，出价最高的采伐承包商才能取得林木采伐权，组织采伐生产（覃海姗等，2007）。

瑞典林业比较发达，森林覆盖率居世界前列，其林业经营管理也十分先进。瑞典规定林地可以进行有偿转让，为了便于买卖双方更好的协商和交易，事先由卖方聘请咨询委员会对林地进行实地调查和评估，对林地做出合理的估价，而后双方在协商一致的基础上进行交易流转。可以说，瑞典林地转让实现了完全的市场化操作。

综观以上林业发达国家在林地流转与管理方面的理论与实践，我们从中可以总结出许多可供我们借鉴的成功经验，有如下几个方面：①林地流转必须建立一套严格规范的流转法律与相关制度规定；②要使林地的效益充分发挥出来必须采用市场的方式来配置林地资源，对林地进行科学严谨的评估，在此基础上以合理的价格进行转让交易；③评估林地时要设立相对独立的评估咨询机构来组织林地评估和进行流转管理行为，按照市场化原则来组织实施林地流转或转让交易；④在规范、完善的政策的指引与稳定实施下，从客观实际出发因地制宜，形式多样地推进实施林地流转；⑤在林地流转过程中注重经济效益与社会效益，最大限度地保护林地经营者的合法权益等。以上这些对于我们深入实施集体林权改革，对进一步规范、完善、有效推进集体林地使用权流转具有十分重要的借鉴意义。

2.6.1.2　国外林地流转研究状况　就国外研究成果而言，由于世界各国有着不同的社会经济制度，有着不同的发展历程，有着不同的国情，因此各国林业的发展道路、林地管理体制和经营模式、林地流转状况及法律保障和政策扶持情况也不尽相同，各有特色。国外直接针对我国林地流转情况加以研究的文献较少，国外学者有关林地流转研究关注焦点在于林地用途转变的影响因素，林地产权变更后伴生的系列问题等方面（谢屹，2008）。有关美国东南部三种典型的私有林地的研究表明，林地用途的转变取决于人口和收入两个主要因素（Alig，Ralph J.，1986）。美国南部地区，也是农地被用作造林的主要区域，农地与林地存在相互替代。究其原因，联邦政府出台了新的自然保护区和农场发展政策以及森林管理制度，林业和农业管理部门对此作出的回应各不一样，因而导致了土地用途转变的发生（Alig，Ralph J. 等，1998）。基于印第安纳州城市化进程的相关研究表明：该州南部地区城市扩张导致林地减少；在城市化过程中，农地被弃耕，从而转变为私有林地。研究结论为：林地转变为城市用地的程度取决于城市住宅地的价值和工业聚集度，而不仅是人口密度（DarlaK. Munroe、

Abigail M. York，2003）。针对营林收益与成本的研究表明，若营林收益高于明确产权、营林成本和将农地转变为林地的总成本，可持续的私有林业、不可持续的公有林、未被开发利用的森林等不同类型森林对应的林地将发生转变（William F. Hyde等，2003）。

2.6.2 国内林地流转研究进展

当前国内针对林地流转的研究文献为数不多，主要集中在：林地流转机制、存在问题及对策定性研究；林地流转实地调查研究；林地流转综合研究。

2.6.2.1 林地流转机制、存在问题及对策定性研究 在林地流转机制研究方面，祝海波（2006）从林地流转的机理出发，对目前出现的林业生产新情况进行了分析，并对林地流转的制度保证进行了有益的探索，认为实行所有权、使用权和承包权“三权分离”是解决我国林地流转最有效的制度。陈永富（1998）也针对林地流转机制开展了一些研究。在林地流转问题和对策定性研究方面，肖艳、曹玉昆（2007）在《国有林区林地流转政策保障体系研究》一文中，以新制度经济学中的交易成本和市场失效为理论依据，在分析林地流转存在问题的基础上，从法律法规、社会化服务和监督管理等角度提出建设国有林区林地流转政策保障体系的具体构想。郑四渭等（2007）对浙江省生态公益林建设中非良性林地流转问题进行了分析。樊喜斌（2006）系统分析了我国林地流转的趋势、存在问题，从法律、制度等方面，对如何推进林地流转提出意见和建议。王耀冬（2004）、季利民（2005）、沈月琴（2000）对林地流转的障碍和困难进行了分析，并提出了相应的对策。

2.6.2.2 林地流转实证性调查研究 徐秀英等（2000）在《林地流转的难点、问题与对策——临安市林地流转的调查》一文中介绍了临安市林地流转的现状和特点，分析了林地流转中存在的难点和问题，并提出了推进林地流转的对策。张蕾等（2000）在《推进林地市场化配置 促进林业可持续经营——四川省林地流转调查报告》一文中，对四川省山地流转的开发利用情况进行了深入调查，从山地流转的转让范围、转让方式、转让合同管理、转让价格、转让年限等方面进行了总结介绍与分析，并从 6 个方面论证了山地流转有利于林业可持续经营。刘春杰（2002）在《滨州市林地使用权流转的调查》一文中，对滨州市林地使用权流转情况进行了深入调查，从林地使用权流转的主要形式与做法、林地界定、林地使用权流转效果等方面进行了总结介绍与分析。对林地使用权流转中存在的林地使用权和林木价值评估、流转监督管理、再次流转管理、转让资金使用管理等问题进行了思考，提出了建议。梁明莲等（2004）对广西贺州市林地流转过程中存在的问题及对策进行了研究。王润章、刘源望（2003）为全面了解湖北省林地流转现状，于 2002 年 3—6 月，在湖北省开展了一次林地使用权流转专题调研；通过调查，他们认为林地流转有待相应的政策支撑和法律规范，存在的问题不容忽视。此外，周新玲（2005）以湖北省为例，从新制度经济学的视角对林地使用权流转进行了分析。徐秀英、石道金（2003）在《浙江集体林地使用权流转的调查研究》一文中，介绍了浙江集体林地使用权流转现状的基础上，分析了制约集体林地使用权流转的主要因素，并提出推进林地使用权流转的对策。钟伟、胡品平（2006）在对广东省惠州、清远、从化三市林地使用权流转调查的基础上，阐述了目前林地流转的基本情况和特点，分析了林地使用权流转中所存在的问题，提出了完善林地使用权流转的建议和对策。来桂林、余一翔（2007）通过考察浙江省淳安县林地使用权流转的变化与现状，总结目前林地使用权流转中存在的主要问题，从研究林地使用权流转的政策法律依据出发，提出建立林地使用权流转机制的建议与措施。此外，中国社会科学研究院、中国林科院、北京大学、中国人民大学、北京林业大学、福建农林科技大学等科研院校也不同程度地开展了一些有关林地产权和林地流转的调查研究。

2.6.2.3　林地流转综合研究　沃燕红（2006）在其硕士论文《广东省森林、林木、林地流转政策问题研究》中，较为系统地阐述了广东省森林、林木、林地流转的主体、范围、形式、原则、程序、特点 6 个方面的内容，并剖析了广东省森林、林木、林地流转在政策方面存在的问题及其对策。王飞（2005）在其博士论文《国有林地流转研究》中较为系统地对国有林地流转的内涵、特点、类别、限制因素进行了分析，最后从规范国有林地流转的标准与方式、建立基础性制度、加强政府行为和恰当选择国有林地流转后的经营管理方式四个方面提出了相应的对策。陈远树（2005）在其博士论文《我国林权流转制度研究》中在对我国现行林权流转制度进行简要述评的基础上，深入剖析了我国现行林地流转制度的弊病及危害，并从宏观、中观与微观三个层面分析了完善我国林权流转制度的基本思路。季利民（2005）在第二届浙江中西部科技论坛上发表的《林地流转问题的研究与探讨》一文中，针对林地流转的概念、意义、目标、原则、范围、形式、程序及存在的问题和对策进行了概述。程云行（2004）在《南方集体林区林地产权制度研究》一文中，以南方集体林区为研究对象，借鉴国内外的研究成果，综合运用产权经济学和新制度经济学的理论和方法，通过对林地产权

制度进行深入的研究和探讨，希望构建一个比较完善的林地产权制度体系。谢屹（2008）在其博士论文《江西省集体林权制度改革中的林地林木流转研究》中，以江西省集体林权制度改革中的集体林地、林木流转作为研究对象，对林地、林木流转的收益状况、农户流转行为的影响因素、农户林地、林木转出和转入行为分析进行了较为系统的分析。

国内外学者对林地流转研究已取得了一些成果，可为本研究的深入开展奠定基础。但同时，前人的研究中也存在着一些不足。当前，有关集体林权制度和集体林地、林木流转的研究多以规范性研究为主，且多数研究延续“现状描述—问题分析—对策提出”模式，缺乏前瞻性、系统性、针对性，常常只扮演了解释和附和国家政策的角色（李周，1998）。此外，宏观研究较多，微观研究不足，缺乏基于农户微观行为的角度研究林地流转，特别是缺乏从农户调查的角度构建计量模型定量分析林地流转行为。

2.7 小结

通过相关文献回顾我们可以看到，国内外学者在农户行为、集体林业产权制度、农地流转和地制度、林地流转研究方面已取得了一些实质性的成果，为后续研究奠定了良好基础。特别是在理论视角选取、研究内容选取、研究方法的选择三个方面为本研究提供了很好的借鉴。

但同时，前人的研究中也存在着一些较为明显的不足，主要体现在：①宏观研究较多，微观研究不足，特别缺乏基于农户微观行为的角度研究林地流转；②定性和理论分析较多，定量和实证分析不足。特别是缺乏从农户调查的角度构建计量模型定量分析林地流转行为；③单角度单科性研究较多，多角度多科性研究较少。前人研究中，多数系从产权经济学或制度经济学角度来加以分析，而缺乏基于行为科学、农户经济学、计量经济学、土地经济学、政策学、管理学、心理学和社会学等多学科的交叉性综合研究。本研究项目的设计恰好可以有效地弥补上述三方面的不足。因此，随着集体林权改革的深入开展和林地流转活动的日愈活跃，从农户微观主体视角，运用定量实证研究方法，探索农户林地流转的影响因素及福利变化研究，将具有重要的理论研究意义和实践应用价值。

第 3 章　集体林业产权改革与林地使用权演变

为了更好地揭示农户林地使用权流转行为，首先需要了解中国集体林权和林改状况。中国林业的发展过程同时也是中国林业产权结构不断调整的过程。产权是最重要的经济权益，它是构成各种经济利益关系的基础，是规范各种经济活动的重要依据。相应地，有效的产权制度是各种经济制度的基础和核心。集体森林资源产权是否明晰，产权制度是否完善，关系到森林资源的有效保护和合理利用，关系到林业的健康持续发展。长期以来，我国集体林经营虽历经多次改革，但仍旧存在集体林产权不清晰，主体收益缺乏保障，经营管理水平落后，收益低下等问题（邱俊齐，2007）。为进一步调整集体林区的林业生产关系和解放集体林区的林业生产力，党中央、国务院于 2003 年颁布《关于加快林业发展的决定》后，我国于 2004 年在福建、江西、浙江、辽宁等省开始了新一轮集体林权制度改革。经过 3 年的试点，此次林权改革于 2006 年起在全国范围内逐步推开。集体林权制度改革成为深化农村改革的重要内容和重大举措。新一轮集体林权制度改革的核心内容为“明晰产权，放活经营权，落实处置权，保障收益权”，其根本目的在于激发林业生产经营的积极性和提高林业生产力水平(谢屹，2008)。当前，关于集体林权制度改革的成果颇丰，但缺乏综合梳理。因此，本章基于前人的相关研究成果，对林业产权理论体系、集体林权的历史与现状，以及现行的集体林权制度改革进行较为全面的梳理和总结。

3.1　森林资源产权内涵、特点、分类及现状

3.1.1　森林资源产权内涵

在森林产权研究方面，随着产权问题研究的兴起，林业经济学界的张春霞、孔明、韩斌、刘家顺、徐国祯、黄和亮、叶艳妹、张志雄等都针对林业产权开展了相应的研究。森林资源产权是人们对上述森林资源资产的一系列权利（或称权利束），是一个集合概念，是一组经济范畴，它包括了对森林资源资产的所有权、使用权（经营权）、收益权、处置权等，是把法律上的所有权转化为实践活动的一组权利（江红、刘平康，1997）。如相关研究关注了林权、森林产权、林地产权、林木产权、林业产权、森林资源产权等概念的差异性定义（徐秀英，2004；乔永平等，2007）。森林资源

产权被认为是森林资产的所有人占有、使用和管理森林资产的权利，相应地也包括对森林资产的所有权、使用权、收益权和处置权等一系列权利（石德金、佘健辉，1995；马爱国，2003）。刘宏明（2004，2006）探析了林权、林权客体、林权主体的基本概念，指出林权内容应包括依法享有占有、使用、收益和处置森林、林木和林地的权利。黄李焰等（2005）将林权归纳为所有权、用益权（权利主体对森林资源进行占有、使用和收益的权利）、担保权（主要指抵押权）。然而，曹祖涛（2006）认为林权作为一个广泛应用的概念，究竟什么是林权，在法律上并没有一个明确的规定。田琳（2004）提出：林权是以森林、林木和林地为客体的权力，凡是有关森林、林木和林地的占有、使用、收益或者处分的权力都可以归入林权这一范畴中。

森林资源产权要素包括：

一是产权主体。产权主体是指享有或拥有森林资源所有权或具体享有所有权某一项权能以及享有与所有权有关的财产权利的人（自然人、法人）、单位、组织和国家。根据《中华人民共和国森林法》的规定，森林所有权的主体是国家或者集体；林木所有权的主体是国家、集体、个人；林地所有权的主体是国家或者集体。换言之，在我国，森林只归国家或者集体所有，个人不享有森林的所有权；林木可以归国家、集体所有，也可以归个人所有；林地只归国家或者集体所有，公民个人没有林地的所有权，但可以依法享有林地的使用权。公民个人对林地的使用权是我国林权制度改革的基本前提。

二是产权客体。产权客体是指产权权能所指向的标的，是产权主体可以控制和支配或享有的具有文化、科学和经济价值的各种森林资源。产权客体种类越多，就表明产权越具完整性。森林资源的界定是森林资源产权分析的基础。据《中华人民共和国森林法实施细则》规定，森林资源的物质内涵是以森林为主，包括林地资源、林木资源和其他动物、植物、微生物等及其生态环境服务。林地资源，它包括有林地、疏林地、灌木林地、未成林造林地、未更新迹地、苗圃地和国家规划的宜林地等。林木资源是森林资源的重要组成部分，它包括乔木、灌木等。由此可见，森林资源的内涵极为丰富。

三是产权权利。产权权利是指产权主体依法对产权客体行使的一组权利和享受的相应利益，是主体对客体的权益关系。产权的四项基本权利是：所有权、使用权、处置权和收益权。其中所有权和收益权是产权最本质的两项权利。1995 年 3 月 6—9 日，在四川省成都市郫县召开的“林地、林木权属与社会林业研讨会”上对林业资源产权结构展开了讨论，现归纳如下：一些代表按我国经济体制改革理论提出的权属结构标准认为，权属应该包括所有权（占有权）、使用权、分配权、处置权、收益权等。林业资源产权，是林业发展的基础，也是林业资源保护的基本条件。林权是林地权和林木权的统一体。目前，我国林地所有权制度是林地公有制，分国有林地和集体林地两类，但林地使用权等权属则有多种形式。而林木的所有制度则有国有林、集体林、私有林之分。

3.1.2 森林资源产权的特点

森林资源产权是一种具体的产权形态，森林资源特殊的自然属性、环境属性和社会经济属性，决定了森林资源产权的特殊性。张春霞（1994）、吴德进（1997）提出了乡村集体林业产权的内容和特点。借鉴吴德进和张春霞的观点，本研究认为森林资源产权具有如下特点：

一是，森林资源产权的外部性。具有很强的外部性，是森林资源产权区别于其他行业产权最重要的经济特征。森林资源的大量存在对周围居民和环境具有不可替代的作用，从而产生了森林资源产权巨大的外部性。

二是，森林资源产权排他的有限性。排他性作为产权最重要的经济特征，保证了产权主体所应有的权益，从而否定了产权主体以外的其他任何人有使用和收益这一财产的权利。作为森林资源产权，其排他性是有限的。森林资源产权具有巨大的外部性，但由于种种原因无法得到补偿。森林资源产权主体成本内在化了，收益外溢了，森林资源产权主体的部分权益被别人所分享。

三是，森林资源产权客体的关联性。森林资源产权的客体，包括林地资源、林木资源、森林生态环境资源，这三者之间是彼此关联的，互为存在的条件，并且相互作用。不同的资源利用目的和利用方式，其所侧重的产权客体是不一样的。当产权进行分割或分离时，森林资源产权客体是彼此制约，互相影响的。如林地资源所有权与林木资源所有权既可分离，又是紧密联系的。而林地资源使用权与林木资源所有权也是互相交融的。

四是，森林资源产权交易的复杂性。森林资源产权的交易极为复杂，不仅有林木资源产权的交易，还有林地资源产权的交易，二者是既相互独立又相互联系的统一整体。产权交易中除有终极性产权——所有权的交易外，更多的是中介性产权，如经营权、支配处置权以及相应的部分收益权的交易。此外，产权交易中存在的诸如承包权

是否可以折价入股，林地和林木折价入股后的借贷抵押等问题，更增加了森林资源产权交易的复杂性。

五是，森林资源产权收益预期的不确定性。产权的一项重要功能就是能够形成进行交易的合理预期。林业生产周期长，资金占用量大，受自然和社会因素的影响较多，不确定性和风险性较大。国家长期以来对林区经济剩余的剥夺以及处理森林资源产权问题的间断性和掠夺性，也在较大程度上造成森林资源产权收益预期的不确定性。

六是，森林资源产权计量的困难性。首先是林木资产的计量存在双重的困难：活立木蓄积测算要求的精度难以保证；林价水平难以确定。其次是林地资产的评估要考虑土地的级差、地理位置的远近；立地类型、交通运输条件、气候状况以及林地上的林木长势，增加了评估的难度。再有是森林资源环境产权的科学计量问题等，这些都在不同程度上增加了森林资源产权计量的复杂性。

七是，森林资源产权界定和保障的不安全性。我国森林资源产权的初始界定，基本是清晰的，但是在林业经济体制改革的过程中，随着政策的变动，经营形式的变革，产权结构出现了多元化，而政府对原始产权的界定却没有进行相应的调整，也没有出台相应的政策或法律保障，使得原本清晰的产权变得模糊，产权的界定和保障具有不安全性。

总而言之，森林资源产权的特点具有复杂性和多元性，这就使得森林资源产权制度安排更具复杂性，森林资源产权利益实现的途径呈现多元化，包括市场化、部分市场化、非市场化途径，部分产权的实现既需要通过市场机制的配置，也需要政府政策与法律法规的约束。

3.1.3 森林资源产权的分类

森林资源产权的分类，有利于加深对森林资源产权内涵和本质的认识，为下文的进一步分析提供基础和依据。分类依据不同，森林资源产权构成便不同，本研究经过综述，将常见的森林资源产权分类归纳如下（表 3.1）。

3.1.3.1 根据产权主体性质不同分类 可分为国有林权、集体林权、私有林权。私有产权是指林业财产的归属主体是私人，并且对所有权利行使的决策完全是私人做出的，私人可以对产权的各项权能做出自由的选择。集体产权是指财产在法律上为集体所有，集体内的每一个成员，都分享这些权利，它排除了集体外部其他主体对集体内权利的分享。国有产权，是指产权归国家所拥有，由国家及其代理人来行使财产权利。产权主体性质是产权分类的基础。产权主体性质的不同决定了利益分配形式和效益实现方式的不同。比如私有产权，其产权的流转较具灵活性，不像国有产权和集体产权所受的约束较多。集体林权是指集体所有制的经济组织或单位对森林、林木和林地所享有的占有、使用、收益、处分等权利的集合。国有林权是指国有经济组织或单位对森林、林木和林地所享有的占有、使用、收益、处分等权利的集合。私有林权是指非国有和集体经济组织、单位或个人对森林、林木和林地所享有的占有、使用、收益、处分等权利的集合。我国法律没有明确界定林权，但有法律明确规定了森林或者森林资源的权属。如《中华人民共和国宪法》第九条规定："矿藏、水流、森林、山岭、草原、荒地、滩涂等自然资源，都属于国家所有，即全民所有；由法律规定属于集体所有的森林和山岭、草原、荒地、滩涂除外。"《中华人民共和国森林法》第三条规定："森林资源属于国家所有，由法律规定属于集体所有的除外。森林、林木、林地的所有者和使用者的合法权益，受法律保护，任何单位和个人不得侵犯。"《中华人民共和国森林法》第二十七条规定："农村居民在房前屋后、自留地、自留山种植的林木，归个人所有。城镇居民和职工在自有房屋的庭院内种植的林木，归个人所有。"

表 3.1　森林资源产权的分类

分类依据	类　　别
产权主体性质	国有产权、集体产权、私有产权
产权客体	林地资源产权、林木资源产权、森林资源环境产权
产权完整与否	完整产权和残缺产权
产权权能	所有权、占有权、使用权、支配权、经营权、收益权、继承权

3.1.3.2　根据产权客体不同分类　可分为林地资源产权、林木资源产权、其他森林生态资源产权。林地资源产权是指以林地资源作为财产客体的各种权利的总和，包括林地所有权、林地使用权、林地收益权、林地处置权等。林木资源产权是指以林木资源作为财产客体的各种权利的总和，包括林木所有权、林木使用权、林木处置权、林木收益权等。其他森林生态资源产权是指以依托森林、林木、林地生存的野生动物、植物和微生物资源为财产客体的各种权利的总和。包括：林下产品采集权、景观利用权、环境生态产权等。然而，在实践中，林地资源产权和林木资源产权通常是相互关联的，很难进行绝对的分割。林地是林木资源的载体，林权通常要受到林地权的制

约。而森林资源环境产权通常难以进行明晰的界定，其产权收益通常也难以进行精确的计量。

3.1.3.3 根据产权权能分类 可分为所有权、使用权、经营权、分配权、处置权和收益权。所有权是所有者把所有物归属于自己并且排斥他人的产权权项。所有权不仅意味着财产主体对财产客体的拥有，而且要通过所有权使财产在运行中为主体带来收益。使用权是使用者按照物的性能用途并不毁损其物或变更其性质而对物加以利用的权利。通过对物的使用给使用者带来实际经济利益。经营权是指财产经营主体对所经营的财产的占有、使用、处分和一定范围内收益的分配权。支配权是指实际营运财产、资本或一定量价值而进行生产和市场交易活动的产权的权项。收益权是要求获得财产在运营中所带来的剩余或收益的一定份额的产权权项。

3.1.3.4 根据产权是否完整分类 可分为完整产权和残缺产权。所谓完整的产权是指产权所有者必须同时具有如下权利：①排他的使用权；②收入的独享权；③自由的转让权。如果产权所有者不同时拥有上述权利，就视为产权“残缺”。在我国，森林资源产权通常表现为残缺产权。如某个集体或个人通常拥有林木资源的所有权和经营权，但往往其转让权和处置权却要受到政策、法律、法规和行政的过多约束和干预，致使部分产权权能和收益无法得到体现或实现。

当然，森林资源的这些产权，是紧密联系的，互相交叉的；这些产权既可聚合于某一产权主体，也可能是分散归属于不同的主体。

3.1.4 林地产权划分

林地是发展林业的基础。林地产权既包括林地所有权和使用权，又包括对依附于林地上的森林进行经营并获得收益的权利。林地作为农业用地的一种，其产权的确定对于森林经营起着关键的作用。而集体林区的林地产权除具有产权的一般特征，还具有它本身的特征，归纳如下：①林地产权属于不动产性质；②作为林地财产权的物质内容的林地资源的供给具有稀缺性的特点，因为相对于无限的需求来说，林地资源总是有限的；③相对稀缺的林地又具有可以重复使用的特性，林地不同于其他财产，通常不会在一次使用中消耗。林地可以反复使用，如果使用与养护结合，则可以永久有效地使用下去；④与上述特点相联系，林地还具有永久收益性特点。

3.1.4.1 林地所有权 林地所有权是指所有人依法对林地所享有的占有、使用、收益和处分的权利（刘宏明，2005）。根据我国《中华人民共和国宪法》、《中华人民共和国土地管理法》、《中华人民共和国森林法》等法律规定，土（林）地所有权只有国家所有（全民所有）和集体所有两种形式。因此，我国的林地也只有国家所有和农村集体所有两种形式，也就是说，我国不存在林地的私人所有权。

《中华人民共和国土地管理法》第二条规定："中华人民共和国实行土地的社会主义公有制，即全民所有制和劳动群众集体所有制。"该条从原则上规定了我国土地制度的基本类型，即土地公有制度，实行全民所有制和劳动群众集体所有制。关于林地的权属规定，《中华人民共和国土地管理法》第十一条作出了明确的规定："确认林地、草原的所有权或者使用权，确认水面、滩涂的养殖使用权，分别依照《中华人民共和国森林法》、《中华人民共和国草原法》和《中华人民共和国渔业法》的有关规定办理。"《中华人民共和国森林法》第三条第一款明确规定了林地的权属："森林资源属于国家所有，有法律规定属于集体所有的除外。"根据《中华人民共和国森林法实施条例》第二条第一款关于"森林资源"的解释，林地是属于森林资源的一种。所以，依据以上法律规定，林地的所有权主体是国家和集体。

国家林地所有权是指国家对其所有的林地占有、使用、收益和处分的权利。国家林地所有权的主体是国家，《中华人民共和国土地管理法》第二条第二款规定："全民所有，即国家所有土地的所有权由国务院代表国家行使。"但是，实践中国家一般不通过直接行使占有、使用等权利来实现所有权，而是通过国有林地所有权与使用权的分离、国家基于所有权而行使林地行政管理权的方式来实现。

集体林地所有权是指农村集体经济组织对其所有的林地占有、使用、收益和处分的权利。关于集体林地所有权，《中华人民共和国土地管理法》第八条、第十条，《中华人民共和国农村土地承包法》第十二条作了明确的规定。《中华人民共和国土地管理法》第八条规定："农村和城市郊区的土地，除由法律规定属于国家所有的以外，属于农民集体所有；宅基地和自留地、自留山，属于农民集体所有。"第十条规定："农民集体所有的土地依法属于村民集体所有的，由村集体经济组织或者村民委员会经营、管理；已经分别属于村内两个以上农村集体经济组织的农民集体所有的，由村内各该农村集体经济组织或者村民小组经营、管理；已经属于乡（镇）农民集体所有的，由乡（镇）农村集体经济组织经营、管理。"《中华人民共和国农村土地承包法》第十二条规定："农民集体所有的土地依法属于村民集体所有的，由村集体经济组织或者村民委员会发包；已经分别属于村内两个以上农村集体经济组织的农民集体所有的，由村内各该农村集体经济组织或者村民小组发包。村集体经济组织或者村民委员

会发包的，不得改变村内各集体经济组织农民集体所有的土地的所有权。”根据这些规定，成为集体林地所有权的主体形式主要是农民集体。直接行使林地所有权权能的则主要是村集体经济组织或者村民委员会或者村民小组（喻胜云，2007）。

3.1.4.2　林地使用权　因为我国实行的是土地公有制度，林地所有权的主体只能是国家和集体，并且土地禁止买卖、出租、抵押或者以其他形式非法转让。但是，作为林地所有权主体的国家和集体在林地所有权行使中是“缺位”的，所以根据所有权和使用权分离理论，有必要创设林地使用权。林地使用权是指人们依法对国有和集体所有的林地进行开发、利用的权利，是从林地所有权中分离出来的具有相对独立性的一项权利，包括占有权、使用权、收益权和一定条件下的处分权（周训芳，2007）。对此，《中华人民共和国民法通则》和《中华人民共和国土地管理法》都有相关的规定。如《中华人民共和国民法通则》第八十条规定：“国家所有的土地，可以依法由全民所有制单位使用，也可以依法确定由集体所有制单位使用，国家保护它的使用、收益的权利；使用单位有管理、保护、合理利用的义务。公民、集体依法对集体所有的或者国家所有由集体使用的土地的承包经营权，受法律保护。承包双方的权利和义务，依照法律由承包合同规定。”《中华人民共和国土地管理法》第十五条规定：“国有土地可以由单位或者个人承包经营，从事种植业、林业、畜牧业、渔业生产。农民集体所有的土地，可以由本集体经济组织以外的单位或者个人承包经营，从事种植业、林业、畜牧业、渔业生产。发包方和承包方应当订立承包合同，约定双方的权利和义务。土地承包经营的期限由承包合同约定。承包经营土地的单位和个人，有保护和按照承包合同约定的用途合理利用土地的义务。”《中华人民共和国农村土地承包法》是专门为农村土地使用权而立的一部法。《中华人民共和国森林法》中更是直接使用了“林地使用权”概念。《中共中央 国务院关于加快林业发展的决定》规定：“14. 加快推进森林、林木和林地使用权的合理流转。在明确权属的基础上，国家鼓励森林、林木和林地使用权的合理流转，各种社会主体都可通过承包、租赁、转让、拍卖、协商、划拨等形式参与流转；15. 放手发展非公有制林业，国家鼓励各种社会主体跨所有制、跨行业、跨地区投资发展林业。凡有能力的农户、城镇居民、科技人员、私营企业主、外国投资者、企事业单位和机关团体的干部职工等，都可单独或合伙参与林业开发，从事林业建设。”因此，林地使用权的主体包括国家、集体、自然人、法人、社会团体等一切社会主体。由于林地使用权依法转让制度的建立，林地使用权已逐步成为一项独立的民事权利。此外，林地使用权还具有以下特征：

第一，林地使用权是依法取得的对国有或者集体林地的占有、使用并获取收益的权利，是对国有或者集体林地所有权实现经济效用的具体化。我国林地所有权的主体是国家和集体，国家和集体所有林地并由国家或者集体直接经营林地是计划经济体制下的典型产物，我国要实行有中国特色的社会主义市场经济，对林地权属关系便要进行改革。因为市场经济体制下，市场经济主体为更好地实现其经济利益，首先便要明晰产权。在此意义上，林地所有权的规定仅仅具有林地归属意义，而难以体现林地效用意义。我国近一轮的林权制度改革也正是在此意义上展开。明晰林业产权，表现在林地森林资源上面，便是如何真正实现林地使用权。

第二，林地使用权是一种特殊的用益物权。林地使用权是用益物权是肯定的。因为林地使用权是从国家或者集体依法取得的林地占有、使用并收益的权利，自然属于用益物权范畴。说其“特殊”，则是因为林地使用权又不同于其他大陆法国家的用益物权，不是私人之间的一种权利安排，不是非所有权人与所有权人之间的权利安排，而是抽象的所有权人与具体的所有权主体之间的权利安排。林地使用权是所有权派生出来的，受所有权制约，但又不能按照传统的用益物权来衡量林地使用权。

第三，林地使用权的权能表现为占有、使用、收益和一定条件下处分四种权能。林地使用权具有独立性、排他性，它不仅赋予对林地的占有、使用、收益的权利，而且可以排除任何不合法的干涉和妨害，维护其权利，实现其利益。所谓占有权，是指林地使用权人对林地享有实际的控制并拥有的权利。收益权是指使用权人通过对林地使用拥有对林地所产生的收益享有的权利。林地处分权是指林地使用人对于所使用林地拥有在一定条件下的处置的权利。如《中华人民共和国森林法》第三条第三款规定：“森林、林木、林地的所有者和使用者的合法权益，受法律保护，任何单位和个人不得侵犯。”而关于处分权权能的设置，有学者论述道：“资源性土地使用权人应当具有受限制的处分权。法律可以规定其进行各种处分的限制性条件和程序规则，以调整资源使用权流转需要，更好地发挥资源性土地使用权财产价值，使其具有融通资金的功能，成为实现其投资和劳动价值的手段。资源性土地使用权应当可以转让、抵押、出租，并且可以继承。”林地使用权作为资源性土地使用权的一种，其权能设置上也应该在一定条件下具有处分的权能。

第四，林地使用权负有特殊的法律义务。林地使用权是负有义务的特殊物权。其义务表现为两个方面：一是对所有权人负有的义务；二是对社会所负的义务。对所有权人负有的义务有两项：一项是不得随意改变林地使用权用途，如《中华人民共和国

土地管理法》第四条规定："国家实行土地用途管制制度。使用土地的单位和个人必须严格按照土地利用总体规划确定的用途使用土地"，《中华人民共和国森林法》第十五条也明确规定"……但不得将林地改为非林地"；另一项是缴纳有偿使用费用。林地使用权人对国家或者社会的义务也表现为两项：一项是缴纳税收；另一项是合理有效地利用林地，保护生态环境，维持生态平衡，实现可持续发展。

第五，林地使用权具有期限性。如《中华人民共和国农村土地承包法》第二十条规定："耕地的承包期为三十年。草地的承包期为三十年至五十年。林地的承包期为三十年至七十年；特殊林木的林地承包期，经国务院林业行政主管部门批准可以延长。"

第六，林地使用权的可转让性。林地使用权是一种特殊的用益物权。"用益物权虽然是直接针对有形物的，但是，用益物权本身在物权理论上被称为无形物。因为，从用益物权人的角度，他拥有的不是物，而是权利。""可转让性是有效率的用益物权所必备的特征。"所以林地使用权可以进行转让。而且，相关法律规定也体现了这一原理。如《中华人民共和国农村土地承包法》第三十二条也明确规定了土地承包经营权的合法流转："通过家庭承包取得的土地承包经营权可以依法采取转包、出租、互换、转让或者其他方式流转。"《中华人民共和国森林法》第十五条也规定："下列森林、林木、林地使用权可以依法转让，也可以依法作价入股或者作为合资、合作造林、经营林木的出资、合作条件……"

第七，林地使用权与林地承包经营权既有联系也有区别。《中华人民共和国农村土地承包法》第二条规定，本法所称农村土地，是指农民集体所有和国家所有依法由农民集体使用的耕地、林地、草地以及其他依法用于农业的土地。《中华人民共和国农村土地承包法》第九条规定，国家保护集体土地所有者的合法权益，保护承包方的土地承包经营权，任何组织和个人不得侵犯。《中华人民共和国物权法》第一百二十四条规定，农民集体所有和国家所有由农民集体使用的耕地、林地、草地以及其他用于农业的土地，依法实行土地承包经营制度。此乃林地承包经营权存在之法律依据。林地承包经营权是指林业生产经营者为了森林、林木的培育种植、经营管理和采伐利用等林业目的，与农村集体经济组织、村民委员会或者村民小组签订林地承包合同，并依据林地承包合同对集体所有或国家所有的由农民集体使用的林地享有占有、使用和收益的权利。林地承包经营权是土地承包经营权的一种类型（周训芳，2007）。根据《中华人民共和国农村土地承包法》的规定，林地承包经营权的主体应该包括集体组织内部成员，及以采取招标、拍卖、公开协商等方式取得承包经营权的一切社会主体。林地使用权是林地承包经营权物权化的适当形式。林地承包经营权仅仅是林地使用权的一种典型表现形式，林地使用权的表现形式不仅仅局限于林地承包经营权。例如，以林地使用权作价入股而表现出来的股权便是林地使用权的另一种典型形态。但二者区别在于：林地承包经营关系的当事人之间通常存在着行政隶属关系，而林地使用权的流转双方是平等主体之间的民事关系。取得承包经营权的法定形式是承包经营合同，承包权不可流转，经营权可以流转。

3.1.5　中国林业产权现状

目前，我国林地所有权制度是林地公有制，包括国有林地和集体林地两类，但林地使用权和林木产权则可以有国有、集体和私有之分（表 3.2）。林地所有权是一种财产所有权，即所有者依法对自己的林地（财产）享有占有、使用、收益和处置的权利。根据《中华人民共和国土地管理法》和《中华人民共和国森林法》规定，林地所有权只存在国家所有和劳动人民集体所有两种形式，农民无私有土地和林地。国家、集体对森林、林木、林地享有所有权，而公民个人只能对林木享有所有权，对林地只有使用权，不能享受所有权，这是我国生产资料社会主义公有制决定的，也是《中华人民共和国森林法》所规定的。而林地使用权和林木所有权、使用权状况可分为国家、集体和个人所有三种形式：①国家所有。即林地、林木权属都归国家所有，国有林由国有林业企事业单位经营管理。国有林地的特点是集中连片，有林地多，疏林地少，荒地少。②集体所有。主要指农村集体经济组织可以依法享有林地、林木所有权，有依法使用有林地及承包、经营森林资源的承包经营权。一般有五种形式：自留地、责任山、集体林场、联合办林场以及承包山。③个人所有。根据国家有关法律规定，公民可以合法享有林木所有权，享有使用集体或国有林地的使用权，承包经营集体或国有森林资源的承包经营权。

表 3.2　中国林业产权分类状况

权属类型	林木资源产权		林地资源产权		其他森林生态资源产权	
	所有权	其他权能	所有权	其他权能	所有权	其他权能
国有	√	√	√	√	√	√
集体	√	√	√	√	√	√
私有	√	√		√	√	√

历次森林资源清查结果显示（表 3.3），根据林地所有权权属，国有有林地面积呈小幅下降，集体有林地面积呈小幅上升趋势。根据第七次森林资源清查结果，中国现有有林地面积 18 138.09 万公顷。按土地权属分，国有 7 246.77 万公顷，占 39.95%；集体 10 891.32 万公顷，占 60.05%。按林木权属分（表 3.4），有林地面积国有 7 143.58 万公顷，占 39.38%；集体 5 176.99 万公顷，占 28.54%；个体 5 817.52 万公顷，占 32.08%。全国森林总蓄积为 133.63 亿米^3，其中国有 878 812.35 万米^3，占 65.77%；集体 290 427.90 万米^3，占 21.73%；个体 167 019.21 万米^3，占 12.50%。全国 15 558.99 万公顷乔木林中，国有占 45.11%，集体占 30.98%，个体占 23.91%。全国 2 041 万公顷经济林中，国有占 4.94%，集体占 12.38%，个体占 82.68%；全国 538.1 万公顷竹林中，国有占 4.51%，集体占 19.36%，个体占 76.13%。非公有制林业成效突显，所有制形式和投资结构趋向多元化。

表 3.3　历次森林资源清查有林地面积权属状况

林地所有权类型	时期	有林地面积（百万公顷）	百分比（%）
国有	1984—1988	52.71	45.30
	1989—1993	58.20	45.28
	1994—1998	63.89	41.58
	1999—2003	70.16	41.51
	2004—2008	72.47	39.95
集体	1984—1988	63.65	54.70
	1989—1993	70.33	54.72
	1994—1998	89.75	58.42
	1999—2003	98.86	58.49
	2004—2008	108.91	60.05

表 3.4　第七次森林资源清查林木权属构成状况

指标		国有	集体	个体	合计
有林地	面积（万公顷）	7 143.58	5 176.99	5 817.52	18 138.09
	所占比例（%）	39.38	28.54	32.08	100
乔木林	面积（万公顷）	7 018.66	4 820.18	3 720.15	15 558.99
	所占比例（%）	45.11	30.98	23.91	100

（续）

指标		国有	集体	个体	合计
经济林	面积（万公顷）	100.83	252.68	1 687.50	2 041
	所占比例（%）	4.94	12.38	82.68	100
竹林	面积（万公顷）	24.27	104.18	409.66	538.1
	所占比例（%）	4.51	19.36	76.13	100
森林蓄积	蓄积量（万米^3）	878 812.35	290 427.90	167 019.21	1 336 259
	所占比例（%）	65.77	21.73	12.50	100

3.2　集体林权改革进程中的林地使用权演进

回顾和总结我国集体林业产权改革的进程，有利于从中发现问题，汲取经验和教训，为以后的深化改革提供宝贵的借鉴。1949 年以前，山林权属有三种形式：即国有、共有和私有三种所有制形式。第一部《中华人民共和国森林法》于 1914 年颁布，1915 年公布了《中华人民共和国森林法实施细则》。1932 年修改公布了《中华人民共和国森林法》和《中华人民共和国森林法实施细则》。在条款中，明确山林权属分为国有、公有和私有三种所有制形式。国有林是指国家所有的森林，包括一切无主的天然林；公有林是指省有林、县市有林、乡镇有林或公共法人所有的森林；私有林是指自然人或私人依法取得其林地的所有权或使用权后进行投资经营的森林。为涵养水源，防止水风潮害，保存名胜古迹，把大江大河两岸的森林，大片天然林，均编为保安林。保安林范围内的私有林收归国有。这一时期，森林大多数归国家所有，如东北地区面积占全国 1/3、蓄积占全国 2/3 的森林归国家所有。

新中国成立以来，我国的林业产权制度经历了频繁的变迁，具体经历了如下进程：①1949—1952 年土改时期；②1953—1957 年初级农业合作社化和高级农业合作社化时期；③1958—1976 年人民公社化及“文化大革命”时期；④1978—1992 年林业“三定”改革时期；⑤1993—2002 年林业产权市场化探索时期；⑥2003 年至今集体林业产权制度系统深化改革时期。各个时期的林业产权制度变迁概况、产权制度的绩效及制度变迁类型请参见表 3.5。

国内关于集体林权制度变迁的历程划分不尽一致，综合起来可分为如下几个阶段。

表 3.5 中国集体林业产权制度变迁进程

进　程	产权制度变迁概况	产权制度绩效	制度变迁类型	变迁特点
①1949—1952 年土地改革时期	全国的大森林、荒地、荒山均收归国有，国家在东北、西南、西北原始林建立了一批全民所有制大林场、森工企业，在中原和南方组建了一大批国营林场。在广大农村，通过土地改革，农民分得了个体所有的山林，山林所有者可自由地就自己所有的山林进行采伐、利用、出卖和赠送	这一时期，林农对个人所有的山林拥有支配权。由于打破了旧的、落后的生产关系，社会生产力得到极大解放，农民植树造林的积极性高涨	强制性变迁	林业产权私有化；林地所有权和使用权私有，可以自由流转
②1953—1957 年初级农业合作社化和高级农业合作社化时期	农民个人仅拥有自留山上的林木及房前屋后的零星树木的所有权，山权及成片林木所有权通过折价入社，转为合作社集体所有	社员对入社的林业资产不再享有直接的支配权、使用权和占有处分权，但并没有丧失财产的所有权。制度安排持续时间短，制度能量没有充分发挥出来	诱致性与强制性制度变迁相呼应	林地所有权私人所有，但林地使用权集体化
③1958—1976 年人民公社化及“文化大革命”时期	在计划经济体制之下，不仅林木、林地，而且所有重要的生产资料都属于公有（国有或集体所有）。国家和集体拥有森林、林木和林地所有权。公有产权成了惟一的产权类型，农民只有名义上的生产资料，农民的退出权大受限制	产权集中化，高度共有产权，产权的残缺，高昂的强制成本、劳动组织成本和监督成本，林业效率没有提高。公有产权这时实际上已经暴露出一些问题。林业资源受到严重破坏。林农对林权权益分配不满	强制性制度变迁	林地使用权公有化

（续）

进　　程	产权制度变迁概况	产权制度绩效	制度变迁类型	变迁特点
④1978—1992 年林业“三定”改革时期	实行“稳定山权林权，划定自留山，确定林业生产责任制”三定政策，在集体林区实行开放市场，分林到户的政策，使农民拥有较充分的林地经营权和林木所有权。同时，在国有林区实行以让利放权为主要特征的承包责任制，使部分国有林业企业的经营权转到了经营者的手上	由于配套政策没有跟上，加上经营者对改革政策缺乏信任，南方出现比较严重的滥砍乱伐现象，导致此次改革以停止告终，产权仍旧模糊，产权激励不足	既有诱致性制度变迁，也有强制性制度变迁	林业产权去集体化，多数地方林地使用权分林到户
⑤1993—2002 年市场化改革探索时期	试行林业股份合作制；对宜林荒山、荒沟、荒沙、荒丘（简称“四荒”）等荒地的拍卖工作也在全国展开，允许这些土地的用益权自由转让。林地的承包期可以延长到 70 年	产权进一步细分，产权形式出现多元化，呈现产权市场化导向，加速林业产权的交易流转，激活产权经营主体的积极性	既有诱致性制度变迁，也有强制性制度变迁	林地使用权市场化和多元化
⑥2003 年至今林业产权制度系统市场化改革时期	将林业产权制度改革纳入到整个农村工作中，林业产权制度改革与农村税费改革、机构改革和社会保障体制改革相结合。进一步落实林农的收益权，加快推进林业产权的合理流转，放手发展非公有制林业，进一步深化了林权制度改革	系统性地深化推进林业产权制度改革。促进产权经营主体多元化的实现，加快了产权的界定、流转，保障了产权权益的实现，进一步解放林业生产力	既有诱致性制度变迁，也有强制性制度变迁	林地使用权和林木产权私有化，推进合理流转

3.2.1 土地改革时期（1949—1952年）

旧中国实行的是封建土地制度，占乡村人口总数不到10%的地主、富农占有70%～80%的土地，而占农村人口总数90%的贫、雇农和中农却没有耕地。

新中国成立后，立即在31 000万人的新解放区着手土地改革，由于共和国成立之前在有一亿二千万农业人口的老解放区进行了土地改革，这为土改提供了经验。

1950年6月30日，中央人民政府公布了《中华人民共和国土地改革法》，成为土地改革中山林权属处理的依据。当时，各地政府依靠政权的力量通过没收、征收地主、富农、祠堂、教堂等封建土地，分配给无地、少地农民。新解放区土地改革的总路线是：依靠贫农、雇农，团结中农，中立富农，有步骤、有分别地消灭封建剥削制度，发展农业生产。

1951年2月2日，政务院发布《关于一九五一年农林生产的决定》，指出："实行山林管理，严禁烧山和滥伐，划定樵牧区域，发动植树种果，推行合作造林……公有荒山荒地，鼓励群众承领造林。造林后，林权归造林者所有。"

同年4月21日，政务院发布的《关于适当处理林权，明确管理保护责任的指示》中规定：正进行土地改革地区，地主的森林和一般大森林，按《中华人民共和国土地改革法》分别处理；暂不进行土地改革地区，一切较大的森林提前收归国有，设林业机关协同地方政府管理保护；未明确划定林权的森林，其较大者应明令公布为国有财产，由当地人民政府和林业机关管理保护；零星分散的山林，按《中华人民共和国土地改革法》规定分别进行清理和确定林权，由县人民政府发给林权证明；西北、西南、中南等少数民族地区的森林，一般仍按其旧有的管理习惯不变。

这一时期全国建立了一批全民所有制大林场、森工企业。在农村，农民分得了个体所有的山林，山林所有者可自由地就自己所有的山林进行采伐、利用、出卖和赠送。农民产权的取得，尤其是收益的独享权，极大地激发了农民的生产积极性，从而取得了比较好的产权制度绩效。但是，由于农村生产力极其落后，土改后个体农民拥有的生产工具严重不足，资金也十分缺乏，不少农民在生产中力量相当薄弱，积累率很低，有的地方甚至连简单的再生产都难以维持，根本无法抵御林业生产过程中遭遇的突如其来的各种自然灾害的侵扰，更没有能力采用先进的生产工具和技术。于是，1951年9月9日中共中央召开了全国第一次互助合作会议，通过了《中共中央关于农业生产互助合作的决议（草案）》。在该文件的指导下，以互助组为主要形式的互助合作组织迅速兴起，在一定程度上克服了小农经济的局限性。

土地改革，摧毁了封建的土地所有制，建立了以农民个体所有为主的森林所有制度。解放初，《中华人民共和国土地改革法》规定大森林、大荒地、大荒山等均归国家所有，同时政府颁发了《土地证》，将私有山林权属同耕地一样固定下来。废除民国时期土地所有制，实行了农民土地所有制。在土改过程中，地主所占有的山林，予以没收；富农和林业经营者出租的山林、祠堂、庙宇等各种“社会占有”的山林，予以征收；属于农民所有和小林业经营者的山林不予征收。没收和征收的山林，原则上分配给无山和少山的农民。土地改革完成后，地主、富农的山林面积占山林面积的比重减少，贫农的山林面积上升。并且山林所有者个人对山林培育改造所获得的林木及产品，其采伐、利用、出卖、赠送，有完全的自主权。

3.2.2　初级合作社化和高级合作社化时期（1953—1957 年）

3.2.2.1　初级合作社化时期　所谓初级合作社化，是指在保护农民土地个体所有制的基础上实行的农业合作化，它的组织形式就是初级合作社。初级合作社并不改变“耕者有其田”的政策主张，是在个体所有制基础上发展起来的具有社会主义性质的合作经济，方向是正确的，农民是能够接受的。但是，当时推行得过快过急，违背了农民自愿入社的原则。

1953 年 12 月 16 日，中共中央通过的《关于发展农业生产合作社的决议》强调指出：“为了进一步提高农业生产力，党在农村工作的最根本任务，就是要逐步实行农业的社会主义改造，使农业能够由落后的小规模生产的个体经济变为先进的大规模生产的合作经济。”1954 年初，很快掀起了大办农业合作社的热潮。当时，农民个人仅保留自留山上的林木及房前屋后的零星树木的所有权，山权及成片林木所有权通过折价入社；经营权归合作社，所有权归林农，所有权和经营权分离，开始了规模经营、合作造林、谁造谁有、合造共有。初级合作社时期的林地资源产权安排如下：个人拥有林地所有权，合作社拥有林地的使用权，收益权在林地所有者和合作社之间分配，所有者获得土地分红，但这种分红必须在公积金、公益金扣除后兑现，处分权也受到了很大制约，所有者不能再按照自己的意志来处分土地了，社员不能出租或出卖土地，但农户有退社的自由。

这一阶段土地产权制度改革使所有权与使用权分离，即私人拥有土地的所有权，合作社拥有土地的使用权。农民以土地入股参加农业生产合作社，保留了社员土地的

私有权，并以入股土地分红成为农民在经济上实现其土地所有权的基本形式。这种产权安排没有从根本上剥夺农民的利益，同时有利于合作社对土地实行统一规划，合理利用，打破家庭生产的局限性，改善了林业生产条件，取得了规模经济效益。但由于这种产权制度建立的时间过早过快，合作社规模越办越大，与农村生产力、干部经营管理能力不相适应，在发展过程中出现了强迫命令的现象。另外，由于林地不能出租和买卖，不利于林地资源的合理流动和优化配置。

3.2.2.2　高级合作社化时期　1955年10月4日，中共七届六中全会通过的《关于农业合作社问题的决议》提出："要重点试办农业生产合作社，在有些已经基本实现半社会主义合作化的地方，根据生产需要、群众觉悟和经济条件，从个别试办，由少到多，分期分批地由初级社变为高级社。"从1956年开始，初级社还没来得及巩固，高级社在全国就进入了大发展阶段。1956年上半年，北京、天津、上海及河北等12个省市，加入高级社的农户已占各省市总农户的90%～95%。1956年的下半年，湖南、江西、安徽三省已基本完成了农业高级社，加入高级社的农户占各省总农户的百分比分别为90%、94%、97%以上；江苏、浙江、内蒙古加入高级社的农户占各省区农户总数的80%以上。

1956年11月，全国加入高级社的农户已经占全国农户的96%，原计划用15年时间，或者更长一些时间完成农业社会主义改造，结果只用了4年时间就完成了。只用短短1年的时间就把半社会主义性质的初级合作社变为完全社会主义的高级合作社。它的关键就是否定农民生产资料的个体所有制，实现农民生产资料的全面公有化。

这就是对农民生产资料实行变相的剥夺，因而违背了农民的意愿，引起农民群众普遍的抵制。抵制的形式是"闹退社"，刮起一场"退社风"。当"退社风"被压下去后，一些地方的农民群众又发明了一种迂回斗争的策略，在保持高级合作社的组织架构的情况下，改变高级合作社内部生产分配关系。

高级农业合作社时期开始废除了土地私有制，除少量房前屋后零星果木仍属社员私有外，山林被完全的集体化，合作社拥有森林、林木、林地的所有权、使用权、收益权和处分权。使土地由农民所有转变为合作社集体所有，这是林地所有制的又一次重大变革。在高级社里，除社员原有的坟地和宅基地不必入社外，社员私有的土地及地上附属的私有的塘、井等水利设施，都无代价地转归合作社集体所有。土地由集体统一经营使用，全体社员参加集体统一劳动，取消土地分红，按劳动的数量和质量进行分配。高级合作社时期，南方集体林地产权实现了由农民私有向合作社集体所有的转变，国家通过集体化控制集体林的采伐。公有产权成了唯一的产权类型，农民只有名义上的生产资料，农民的退出权大受限制。

3.2.3　人民公社化和“文化大革命”时期（1958—1976 年）

3.2.3.1　人民公社化时期　1958 年 3 月，中共中央通过了《关于小型的农业合作社适当地合并为大社的意见》，指出“在有条件的地方，把小型的农业合作社有计划地适当地合并为大型的合作社是有必要的。”同年 4 月，该文件经政治局正式批准下发，全国各地迅速开始了小社并大社的工作。1958 年 8 月，中共中央又通过了《关于在农村建立人民公社的决议》。此后，各地争先恐后，纷纷并社组建人民公社，人民公社化运动很快在全国农村范围内广泛展开。林地制度的性质在人民公社化的过程中并没有根本的改变，林地仍然属于集体所有，由集体统一经营。但这时的集体已经由高级合作社转变为人民公社。

1960 年《中共中央关于农村人民公社当前政策问题的紧急指示信》中作出了“对劳力、土地、耕畜、农具必须固定给生产小队使用”的规定，进一步推动了农业生产资料的公有化进程。

1961 年 6 月 26 日，中共中央颁布《关于确定林权、保护山林和发展林业的若干政策规定（试行草案）》。该规定指出：天然的森林资源和在人民公社以前已经划归国有的山林，仍然归国家所有。高级合作社时期，划归合作社，生产队集体所有的山林和社员个人所有的山林，应该仍然归生产大队、生产队集体和社员个人所有；原来划归国有的山林当中，有些分散小片的，国家不便专设机构经营，归公社、生产大队、生产队经营，对于山林的保护和发展更为有利的，可以划归附近的社、队所有，或者包给他们经营。同时还对山林所有权、山林的经营管理和收益分配、木材的采伐和收购，以及群众造林等有关政策做出了明确规定。

1962 年 9 月，党的八届十中全会召开，通过了《农村人民公社工作条例修正草案》（简称“六十条”），确定人民公社实行以生产队为基础的公社、生产大队和生产队三级所有制；恢复农民的自留地和家庭副业，取消公共食堂和部分供给制。该条例第十二条规定“为了保护、培育和合理利用山林资源，公社所有的山林，一般应该下放给生产队所有；不宜下放的，仍旧归公社或者生产队所有。归公社或者生产大队所有的山林，一般地也应该固定包给生产队经营；不适合生产队经营的，由公社或者生产大队组织专业队负责经营。这些山林的所有权和经营权，定下来以后，长期不变。”

通过人民公社化运动，农业生产资料的公有化程度明显提高。从高级农业合作社到人民公社再到“三级所有，队为基础”，林地所有权属于集体所有，集体所有的范围由小到大，再由大到小。总体上是四权统一于一体的产权安排，集体拥有所有权、使用权、收益权、处分权。在某种程度上忽视了农民的个人利益，极大地影响了农民生产的积极性。

3.2.3.2 “文化大革命”时期 农村出现并社并队，没收自留山、自留地、自留树，开展所谓的“割资本主义尾巴”，取消社员家庭副业，将社员私有的林木作为资本主义尾巴统统“割”给集体所有，几乎没收私人所有的树木，国家、集体林地也大都被砍光，山林权属再次遭到严重破坏。

这一时期，我国处于计划经济体制之下，不仅林木、林地，而且所有重要的生产资料都属于公有（国有或集体所有），主要由政府机构、国有企业和集体来进行经营，公共牧场的悲剧在这一时期一览无遗。

3.2.4 林业“三定”时期（1978—1992年）

始于1981年，以稳定山权和林权、划定自留山、确定林业生产承包责任制（有的地方称之为林业“两制”，即所有制和责任制）为主要内容的林业“三定”改革，是中国森林权属变化史的分水岭。1981年3月8日，中共中央、国务院发出的《关于保护森林发展林业若干问题的决议》指出：“要稳定山权林权，根据群众需要划给自留山，由社员植树种草，长期使用，社员在房前屋后、自留山和生产队指定的其他地方种植的树木，永远归社员个人所有，允许继承。并落实林业生产责任制。社队集体林业应当推广专业承包、联产计酬责任制，可以包到组、包到户、包到劳力，联系营林造林成果，实行合理计酬、超产奖励或收益比例分成。”到1984年，全国南方9省（不包括海南省）已有3/4的县和4/5的乡村完成了林业“三定”。稳定山权林权是将国家、集体所有的山林树木或个人所有的林木和使用的林地，以及其他部门、单位的林木，凡是权属清楚的，予以承认，并由政府颁发权属证书，以明确资源所有权的法律地位。划定自留山是指农村集体经济组织划给村民长期经营的荒山、荒坡或荒沙荒滩，由政府确定其使用权，所有权保留集体所有制度。确定林业生产责任制是指国有林场和农村乡村把林业生产经营管理各环节的工作，由专人负责，并明确责任范围的管理制度。对于乡村集体林业可以采取承包的办法，实行合理报酬。

分山到户后，农户有了一定的生产经营自主权，实现了按劳分配和按要素分配相结合的分配制度，调动了森林经营者的积极性，大大提高了劳动效率，尤其是庭院经济发展迅速。

1985 年 1 月 1 日，中共中央、国务院颁发《关于进一步活跃农村经济的十项政策》，决定进一步放宽山区、林区政策。山区 25 度以上的坡耕地要有计划有步骤地退耕还林还牧；集体林区取消木材统购，开放木材市场，允许林农和集体的木材自由上市，实行议购议销；国营林场，也可实行职工家庭承包或与附近农民联营。

林业"三定"通过"分林到户"、开放集体林区木材市场的政策，使农民拥有较充分的林地经营权和林木所有权，取得了一定的成效。但也暴露出一些问题：①分割细碎，"一山多主、一主多山"的现象普遍存在；②集体经济被削弱，产生了许多"空壳村"；③由于当时工作中配套措施不到位，导致了大规模的乱砍滥伐。

基于以上原因，1987 年 6 月 30 日中共中央、国务院发布了《关于加强南方集体林区森林资源管理坚决制止乱砍滥伐的指示》。文件要求"要完善林业生产责任制。集体所有集中成片的用材林，凡没有分到户的不得再分。已经分到户的，要以乡或村为单位组织专人统一护林，积极引导农民实行多种形式的联合采伐，联合更新、造林。"一些地方出现了"两山并一山"的情况，或者将已经分包下去的山林又收归集体统一经营，造成了农民对政策的不稳定感。

3.2.5　林业产权市场化探索时期（1993—2002 年）

3.2.5.1　20 世纪 90 年代初开始的林业股份合作制和宜林荒山拍卖使用权的试点

1992 年中国共产党第十四次全国代表大会提出："我国经济体制改革的目标是建立社会主义市场经济体制。"1993 年党的十四届三中全会通过了《中共中央关于建立社会主义市场经济体制若干问题的决定》，指出社会主义市场经济体制是同社会主义基本制度结合在一起的，建立社会主义市场经济体制，就是要使市场在国家宏观调控下对资源配置起基础性作用，进一步为森林权属改革提供了法律依据。当时在南方集体林区，许多集体经济组织没有能力开发林地，造成统管山日趋荒芜，而社会资本投资林业积极性日趋高涨，这样林地使用权的有偿流转便应运而生。

20 世纪 90 年代，林地资源流转速度加快，规模迅速扩大，成为我国农村林业规模化经营的主导力量。在南方集体林区先后出现了以林权为对象的新一轮林业资源产权制度变革，相继出现了联户经营、折股联营、股份合作制经营、跨所有制和跨行业

的联合经营等合作经营新形式以及租赁经营形式，有力地推进了林地资源、资金与管理资源合理配置。

林业股份合作制最初是在福建三明市、湖南怀化市及广东始兴县开始试点并进行推广，其主要特征是按“分股不分山、分利不分林”的原则，对责任山实行折股联营；宜林荒山使用权的拍卖只在西南地区和吕梁地区的部分县市进行了试点，其主要做法是通过宜林荒山和部分疏林地使用权的拍卖将林地的经营权交给林农。这一阶段的产权改革到目前为止还没有在全国展开，只在部分地区进行了试点和推广。

3.2.5.2 1998—2002 年的新一轮延长承包期改革及规范时期 为了进一步规范林权流转，1998 年修订后的《中华人民共和国森林法》规定商品林的森林、林木所有权和林地使用权可以依法转让，也可以依法作价入股或者作为合资、合作造林、经营林木的出资、合作条件，但不能将林地改为非林地。1998 年 8 月，第九届人大常委会第四次会议修订的《中华人民共和国土地管理法》第九条规定：“国有土地和农民集体所有的土地，可以依法确定给单位或者个人使用。”2002 年 8 月 29 日，第九届全国人民代表大会常务委员会第二十九次会议通过的《中华人民共和国农村土地承包法》第二十条规定：“…林地的承包期为三十年至七十年；特殊林木的林地承包期，经国务院林业行政主管部门批准可以延长。”

进入 21 世纪，非公有制林业作为林业经营组织形式的改革主要方向，林地、林木资源市场化流转将成为林权非公有制化改革的重要内容，也是决定非公有制社会林业能否成功的关键。林权改革的核心是要稳定林地所有权，放活使用权和经营权，保证受益权，积极推行承包制、股份制、股份合作制等，以拍卖、租赁、股份合作等多种形式推进林权重组，鼓励社会各方面的力量参与林业生态和产业建设。新一轮的森林资源产权制度深化改革正在酝酿之中。

3.2.6 林业产权制度系统市场化改革时期（2003 年至今）

2003 年 6 月 25 日，中共中央、国务院发布了《关于加快林业发展的决定》，决定要求“进一步完善林业产权制度。这是调动社会各方面造林积极性，促进林业更好更快发展的重要基础。要依法严格保护林权所有者的财产权，维护其合法权益”、“已经划定的自留山，由农户长期无偿使用，不得强行收回。自留山上的林木，一律归农户所有”、“分包到户的责任山，要保持承包关系稳定”、“对目前仍由集体统一经营管理的山林，要区别对待，分类指导，积极探索有效的经营形式。凡群众比较满意、经营状况良好的股份合作林场、联办林场等，要继续保持经营形式的稳定，并不断完善。对其他集中连片的有林地，可采取‘分股不分山、分利不分林’的形式，将产权逐步明晰到个人”。

《关于加快林业发展的决定》同时指出要“加快推进森林、林木和林地使用权的合理流转。在明确权属的基础上，国家鼓励森林、林木和林地使用权的合理流转”、“森林、林木和林地使用权可依法继承、抵押、担保、入股和作为合资、合作的出资或条件”、“要进一步明确非公有制林业的法律地位，切实落实‘谁造谁有、合造共有’的政策”。

在深化改革时期，不仅出现了“分股不分山、分利不分林”的林业股份合作制，而且对宜林荒山、荒沟、荒沙、荒丘（简称“四荒”）等荒地的拍卖工作也在全国展开，允许这些土地的使用权自由转让。

2003 年 6 月福建在全国率先开展集体林权改革，2006 年按照国家林业局的部署，这项改革开始大力推进。2007 年 12 月，国家林业局发布了《关于进一步加强森林资源管理促进和保障集体林权制度改革的通知》，进一步规范和加强产权改革管理。2007 年的中央 1 号文件和全国人大通过的《中华人民共和国国民经济和社会发展第十一个五年规划纲要》，将集体林权制度改革确定为深化农村改革的重要内容和重大举措，一场涵盖我国 70％国土的重大林权改革全面展开（王娟，2008）。2008 年制定了林改总要求，即：坚定信心，明确思路，按照“主体改革全面展开，配套改革适时跟进”的要求，全面推进林改。2008 年 6 月 8 日，中共中央、国务院下发了中央 10 号文件《关于全面推进集体林权制度改革的意见》，标志着产权改革正式在全国范围内全面推进，并作出了“加快推进森林、林木和林地使用权的合理流转”的规定。为依法管理和规范流转行为，维护广大农民和林业经营者的合法权益，促进林业又好又快发展，国家林业局于 2009 年 10 月 15 日出台了《关于切实加强集体林权流转管理工作的意见》。根据《关于全面推进集体林权制度改革的意见》，集体林权制度改革是指在坚持集体林地所有权不变的前提下，依法将林地使用权和林木所有权落实到户，明晰山林权属，落实经营主体，放活林业经营，落实处置权，保障收益权，重新确定集体林地的生产关系，实行以家庭承包经营为主、多种经营形式并存的集体林管理体制，建立经营主体多元化，权、责、利相统一的集体林权经营管理新机制，实现“山有其主、主有其权、权有其责、责有其利”的目标，充分调动农民经营林业的积极性，进一步解放和发展林业生产力。这项改革是农村土地承包经营制度由耕地向林地的拓展和延伸。

2003 年以来开展的集体林权制度改革被纳入到整个农村改革工作中，以“还林于

民、还利于民”为宗旨的新一轮林权制度改革全面推开，广大林农和其他森林经营者的积极性被有效调动起来，集体林发展呈现出良好的势头。这一阶段的林权改革具有系统性、普遍性和深远性。截至2007年底，全国已有27个省（自治区、直辖市）成立了集体林权制度改革领导小组及其办公室，18个省由省委、省政府出台了集体林权制度改革的文件。全国已完成承包的林地约7.1亿亩（4 730多万公顷），占集体林业用地的27.9%。

纵观集体林地使用权的变动过程，我们不难发觉，我国的产权制度变迁与经济体制改革密不可分，林业产权随我国经济体制改革而不断发生变迁。长期以来，我国理论界、法律界接受前苏联理论界和法律界关于社会主义公有制下不存在所有权以外的其他物权的观点影响，把包括林地在内的土地使用权界定为债权，实践中造成了一定的负面影响，只是近年来随着实践的发展才逐步承认并不得不恢复其物权性质（杨烨，2009）。在林权变迁的过程中，多数属强制性变迁，林业政策多数属长官意志，缺乏充分尊重林农的利益和需求，没有充分考虑林业产权的特殊性，林权政策的出台也缺乏相应的保障机制和配套措施，没有有效地协调处理好各种利益群体的产权关系，使得产权变更出现了反反复复，林业资源遭受巨大的破坏（柯水发、温亚利，2004）。当然，自1992年以来，随着我国建立社会主义市场经济体制的确立，我国的林业产权制度变迁进入了一个新的阶段，诱致性制度变迁与强制性制度变迁相结合的倾向日益明显。林业权属日趋多元化，权属改革的市场化导向日趋明显，权属改革日趋深入而有效。

3.3 小结

综合本章分析，可以得出如下研究结论：①中国现行的林地所有权制度是林地公有制，包括国有林地和集体林地两类，即林地资源的所有权归国家或集体所有，但林地使用权和林木产权则可以有国有、集体和私有之分；②集体林权改革的前提和基本原则是坚持这一公有制体系，现行的集体林权制度改革主要针对林地资源的使用权和林木产权，即尽可能地将林地使用权和林木产权承包到户，也就是在坚持林地公有制的前提下私有化林地使用权和林木产权；③现行集体林权制度改革的核心内容为“明晰产权，放活经营权，落实处置权，保障收益权”，其根本目的旨在激发林业生产经营的积极性和提高林业生产力水平；④林业产权随我国经济体制改革而不断发生变迁，在林权变迁的过程中，多数属强制性变迁，缺乏充分尊重林农的利益和需求，没有充分考虑林业产权的特殊性，林权政策的出台也缺乏相应的保障机制和配套措施。

第 4 章　林地使用权流转机理与实践体系

南方集体林区分布着我国 37.12％的森林面积，保存着全国 15.97％的森林蓄积。南方省（自治区）90％的林业用地面积的所有权归属集体所有，80％活立木总蓄积为集体或林农个体经营（曹兰芳等，2006）。林地既是森林、林木赖以生存的基础，又是森林资源和土地资源的重要组成部分。林地使用权是从林地所有权中分离出来的，包括对林地的占有权、经营权、收益权和一定条件下的处分权。林地使用权流转是市场经济条件下林业发展的客观必然。我国法律规定，林地属于国家和集体所有，这是由我国的社会主义公有制性质所决定的。随着我国市场经济体制的建立和完善，社会对资源的配置方式已经逐步由计划配置转向市场配置。林地作为一种具有资本属性的自然资源，只有通过引入市场机制，通过流转，进行优化和合理配置，才能最大限度地实现其开发利用价值（周新玲，2005）。

但是，随着改革的不断深入和市场经济的发展，由于林地使用权流转活动是在理论准备不足和实践经验缺乏、法律体系建设滞后的情况下在民间自发开展的机制创新活动，出现了一些新情况、新问题尚待研究、规范与解决（季利民，2006）。因此本章拟从林地使用权流转机理、流转意义、流转制度的历史沿革、流转市场状况、流转范围、流转法律依据、流转原则、流转形式、流转程序等角度，对林地使用权流转的理论体系加以梳理和总结，以期能对现实的林业使用权流转实践提供相应的理论指导。

4.1　关于林地使用权流转

我们通常所讲的林地流转实际上是指林地使用权的流转（王志清，2008；刘振江，2009）。林地使用权流转是实现林地资源有效配置的重要方式。林地流转是指在不改变林地所有权和林地用途的前提下，将林地使用权按一定的程序，通过招标、拍卖、协议等方式，有偿或无偿地由一方转给另一方的经济行为（石山，2003；梁永伟，2003；薛海，2007；石娟，2008）。林地的所有权人或是依法获得使用权的使用权人将林地使用权转移到非所有人手中。原来的林地使用权人称为转让方，新的林地使用权人是受让方。林地使用权的流转通常是基于自主自愿的原则，在平等的民事主体之间流转，但也不排除某些特殊情况下，为了国家或地方政策的需要而发生的流转。通过

流转所形成的法律关系，既要受到《中华人民共和国民法通则》、《中华人民共和国合同法》的调整，也要受到《中华人民共和国森林法》、《中华人民共和国土地管理法》、《中华人民共和国农村土地承包法》的调整。林地使用权流转包括一级市场流转和二级市场流转（徐秀英，2004）。一级流转系在集体林权制度改革的过程中，集体林地使用权通过“确权到户”流转至各个农户。二级流转系农户获得林地使用权后，二次流转给其他利益主体进行经营的行为过程。林地使用权流转是林地产权流转的重要构成（图 4.1）。集体林地使用权的流转可以在集体间、农户间、或集体与农户间进行。

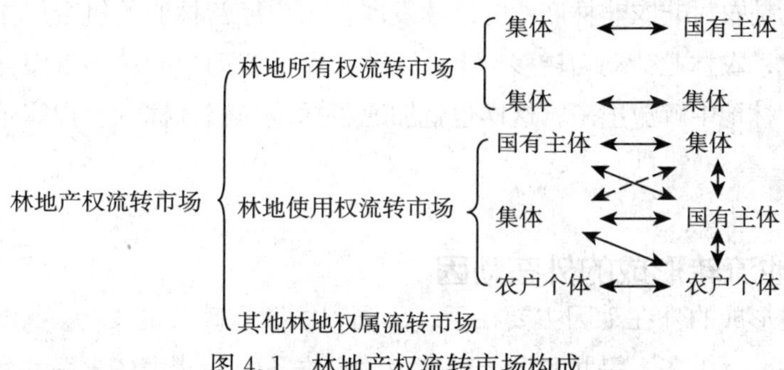

图 4.1　林地产权流转市场构成

4.2　林地使用权流转的动因分析

4.2.1　林地流转形成的内在动因

林地流转形成的内在动因主要在于：①比较利益差异是林地使用权流转的内在根源。新制度经济学理论认为，制度变迁是一种收益更高的制度对一种收益更低制度的替代过程，其根本动力是市场行为主体对更高预期收益的追逐。林地使用权流转是伴随林地产权分割形成的次生性制度变迁，相关利益主体基于比较利益或机会成本的选择结果是其形成的根本原因。换言之，林地流转行为是竞争性市场中理性交易双方综合权衡收益与机会成本的结果（钱忠好，2002）。具体而言，当林地转出方获得的转让收入及其从事其他非林行业的收入大于其继续从事林业收入时，其才有转出动力。同样，只有当通过转入的林地及林木的预期收入大于其支付成本及其他机会成本时，转入方才愿意转入经营。②林地规模经营是农村林地使用权流转的内在引力。林地适度规模经营并没有改变承包制的内核，是承包制在容量上的提高，是承包制在实践中的发展和完善。诺斯研究认为，外部利润来源于规模经济、外部性、风险以及交易费用。林地使用权流转能有效解决农村林地细碎化问题，提高林地经营规模。显然，林地的规模经营不能通过强制性的行政手段，如果通过行政手段实施土地调整，不仅会使农民采取短期行为，并降低他们投资林地的积极性，使得林业生产率受到损害，而且，还会带来很高的谈判成本。而采用农村林地使用权流转，则有利于农民自主选择林地流转的形式和方向，进而实现林地规模经营。③农村劳动力转移是农村林地使用权流转的内在推力。林业劳动力向非林产业转移，农业劳动力向非农产业转移，农村人口向城市转移，是世界各国经济发展过程中的普遍现象。随着我国工业化水平的不断提高，尤其是农村非农非林产业的迅速发展，农户经营林业的机会成本增大了，受比较利益诱致，农林业劳动力转移也十分迅速。农村劳动力的转移就使得农村剩余劳动力从农地、林地中解放出来，这样也就加速了林地向部分林业大户等企业或者个人集中。

4.2.2　林地流转形成的外在动因

林地流转形成的外在动因主要在于：①国家法律和政策的支持。《中华人民共和国土地管理法》、《中华人民共和国土地管理法实施条例》、《中华人民共和国农村承包法》、《中华人民共和国物权法》、《中华人民共和国森林法》等法律、法规基本形成法律规范体系。这些法律法规为林地使用权流转在各地兴起提供了法律政策上的保障，各地能够根据实际情况选择合理的形式进行林地使用权的流转。②农村林地产权制度改革的推进。长期且稳定的林地承包权既是避免农户短期行为的关键，而且也是实现农村林地有序流转的基础。集体林权制度改革将集体林地经营权和林木所有权落实到农户，确立了农民的经营主体地位，实现了家庭承包经营制度从耕地向林地的拓展和延伸，有利于进一步解放和发展农村生产力，有利于充分调动和激发农民发展林业生产的内在积极性，同时，明晰的产权界定，安全的产权安排也为林地使用权的流转奠定了良好的基础。③市场化的因素增多。林地是林业生产最基本的要素。按市场配置林地是社会主义林业市场经济的必然要求。在当前，由于经济的快速发展和改革的持续深入，分林到户经营所导致的林地“碎裂化”问题将进一步显现，通过建立合乎市场要求和农民意愿的林地流转模式和流转机制可以有力地解决这一问题。农村林地使用权的市场化，即农民在“自愿、依法、有偿”原则下进行林地交易，从而实现林地资源的优化配置和合理利用。目前，全国各地也都在积极建立和规范林地交易市场，并探索成立林地流转中介组织，为农村林地使用权的市场化提供了相应的市场化交易平台。

4.3 林地使用权流转的意义

林地使用权流转，可以充分发挥市场的配置功能，可以充分利用闲置林地资源，是深化林业经营体制改革的有效措施，是提高林业生产力的有效手段，有助于促进林业经营的规模化，集约化和效益化，有助于促进森林可持续经营目标的实现（薛海，2007；季利民，2005；刘春杰，2002）。具体体现在：

4.3.1 可以有效激发经营主体从事森林经营的积极性

林地使用权的有偿流转，使林地使用者为使用林地支付了成本。因此，通过利益驱动来激励经营主体的积极性是最为有效的手段，为了实现其投资的预期收益，林地使用者极其珍惜获得使用权的林地资源，经营主体积极主动加快造林绿化步伐。同时，在利益的驱动下把林业当做自己的资产经营，为保证林木的成活保存率，加大向林地投资投劳，采用良种大苗造林，采取浇水、施肥、病虫害防治等措施，加强林木抚育管理，从根本上解决了林业生产中粗放管理问题，提高了林木经营水平，促进了林地资源的可持续经营。

4.3.2 可以促进森林的规模化经营

森林资源分户经营往往会造成森林资源的破碎而破坏了森林生态系统的整体性，单户经营由于人力资源、技术等原因往往是低水平、粗放的经营状态，而且由于林地使用权固化的状态，阻碍了林地向有能力从事经营的主体手中集中。然而林地使用权流转通过市场有效配置促进资源的流动，使林地向有能力从事大规模集约化经营的主体流动，从而可以优化产业结构。

4.3.3 可以促进科技兴林

经营者通过有偿的形式获得林地使用权后，在经营上越来越重视依靠科技提高经济效益，从而可以促进科技手段在森林经营中的应用，在造林和管护中注重“规划设计合理化、造林施工程序化、树种选择良种化、栽培抚育科学化”，多数造林户主动聘请当地林业技术人员给予技术指导，主动了解林业相关法规，主动学习林业新技术新成果，从而改变了过去林业科技推广难的问题。

4.3.4　拓宽了林业投资渠道

林地使用权流转盘活了林地资产，实现了林地资源的资产化，为吸引跨地区、跨行业、跨所有制形式的单位和个人投资造林创造了条件。林地使用权流转的方式成为了引入社会外部资金介入森林经营的桥梁，因而可以促进全社会办林业，可有效缓解林业资金紧张的状况。长期以来林业投资不足始终是制约林业发展的重要因素。过去造林投资主要是国家和集体，由于受财力的限制，导致林业投入严重不足。实行林地使用权流转后，逐步形成了多方投资，国家、集体、个人一起上的新局面，彻底改变了过去那种以国家、集体为主的投资方式，使农民成为林业生产的投资主体，形成了以林地资源置换资产的良性循环。

4.3.5　有利于林地的保护

林地分散的家庭单户经营，造成森林资源的碎化，带来管理上的困难。林地使用权流转促进了林地的集中，并且通过有偿流转方式获得林地的森林经营者，和通过分配无偿获得林地的经营主体相比，保护林地就是在保护属于自己一部分财产权利，因而其保护的主动性更强。在利益机制的驱动下，把森林当做自己的资产经营，十分爱护森林，也就使林地得到更好的保护。

总之，林地使用权流转实现了林地资源通过市场有效而合理的流转，提高经营主体的积极性，促进了森林的规模化、集约化经营，有效地保护了林地资源。因而促进了南方集体林区的森林可持续经营目标的实现。

4.4　林地使用权流转的政策进程及法律依据

回顾和总结我国林地使用权流转的政策演进过程（表 4.1），可以将我国的林地使用权流转划分为流转初探、流转制度建立和完善、鼓励和规范流转三个阶段。在我国，有关集体林地使用权流转的初步尝试，是在林业“三定”之后开始的。当时国家制定的一些政策和法律法规，对于林地使用权的流转起到了一定作用（石娟，2008）。《中共中央关于 1984 年农村工作的通知》，首次提出“在荒山、荒沙、荒滩种草种树，谁种谁有，长期不变，可以继承，可以折价转让”的政策，是改革开放以来第一个关于流转的政策（李周等，2009）。

表 4.1　林地使用权流转的主要政策演进

年份		政策文件	颁布者	相关内容或规定
流转初探阶段	1984	关于1984年农村工作的通知	中共中央	“在荒山、荒沙、荒滩种草种树，谁种谁有，长期不变，可以继承，可以折价转让”
	1988	宪法	全国人民代表大会	“国有土地和集体所有土地的使用权可以依法转让”
	1993	农业法	全国人民代表大会	“国有土地和集体所有土地的使用权可以依法转让”
流转制度建立和完善阶段	1995	林业经济体制改革总体纲要	原国家经济体制改革委员会和林业部	“要以多种方式有偿流转‘四荒地使用权’，允许通过招标、拍卖、租赁、抵押、委托经营等形式，使森林资产变现”
	1995	关于森林资源资产产权变动有关问题的规范意见（试行）	林业部与国有资产管理局	“森林资源资产产权变动是指由于出让、转让、合资、合作、股份经营、联营、租赁经营、抵押、拍卖、企业清算等引起的森林、林木和林地资产产权的变动”
	1998	土地管理法	全国人民代表大会	“土地使用权可以依法转让”
	1998	森林法	全国人民代表大会	“林地使用权可以依法转让”
	2002	农村土地承包法	全国人民代表大会	对土地承包经营权流转的形式、应当遵循的原则、流转合同的内容、流转的必备手续等作了规定
	2002	关于林地使用权转让行为征收营业税问题的批复	国家税务总局	明确了林地使用权流转行为营业税征收与减免问题
鼓励和规范流转阶段	2003	关于加快林业发展的决定	中共中央国务院	“在明确权属的基础上，国家鼓励森林、林木和林地使用权的合理流转”
	2007	物权法	全国人民代表大会	土地承包经营权可以转让、入股、抵押或者以其他方式流转
	2007	森林资源资产评估管理暂行规定	财政部和国家林业局	明确规定了林地使用权流转需进行资产评估
	2008	关于全面推进集体林权制度改革的意见	中共中央国务院	“加快推进森林、林木和林地使用权的合理流转”
	2009	关于切实加强集体林权流转管理工作的意见	国家林业局	加强集体林权流转管理和指导工作，依法管理和规范流转行为

1998 年 4 月修订出台的《中华人民共和国森林法》第十五条中规定了“在不改变林地用途的情况下，用材林、经济林、薪炭林的林地使用权；用材林、经济林、薪炭林的采伐迹地、火烧迹地的林地使用权；国务院规定的其他森林、林木和其他林地使用权可以依法转让，也可以依法作价入股或者作为合资、合作造林、经营林木的出资、合作条件”，这标志着林地使用权流转这一制度得以正式确立。

2003 年 6 月中央 9 号文件《中共中央国务院关于加快林业发展的决定》提出：“在明确权属的基础上，国家鼓励森林、林木和林地使用权的合理流转。”2008 年 6 月 8 日中央 10 号文件《中共中央、国务院关于全面推进集体林权制度改革的意见》作出了“加快推进森林、林木和林地使用权的合理流转”的规定。为依法管理和规范流转行为，国家林业局于 2009 年 10 月 15 日出台《关于切实加强集体林权流转管理工作的意见》。当前林地使用权流转行为既要受到《中华人民共和国民法通则》和《中华人民共和国合同法》等的约束，也要受到《中华人民共和国森林法》、《中华人民共和国农村土地承包法》和《中华人民共和国土地管理法》等相关流转法规和政策的规范（刘振江，2009）。由此可见，随着相关政策和法规的不断调整和完善，林地使用权流转经历了由无序流转，到加快流转，再到目前的逐步稳定、规范流转的发展轨迹。

4.5 林地使用权流转实践状况

随着政府鼓励流转的相关政策和法规的不断加强，各地区林地使用权流转出现了快速增长的势头（王娟，2008）。以湖北省为例，20 世纪 90 年代初湖北省开始尝试林地使用权流转，直到 2000 年底，林地使用权流转的宗数只有 17 957 宗，面积只有 138 万亩。但从 2001 年开始，该省的林地使用权流转进入高峰时期，2001—2003 年，不管是流转宗数还是流转面积都在逐年递增，且每年平均单宗流转面积也在逐年增加，分别为 108.1 亩、124.5 亩和 131.9 亩（周新玲，2005）。又如江西省 2004—2007 年底的林改期间，共流转林地面积 43 500 公顷，流转宗地数量为 3 598 宗。其中，大部分林地和林木流转发生在 2006 年下半年和 2007 年（谢屹，2008）。据钟伟、胡品平（2006）研究，2002 年广东从化市非公有制造林 3 家，流转面积 346.7 公顷；2003 年非公有制造林发展到 17 家，流转面积 1 133.3 公顷；2004 年非公有制造林发展到 25 家，流转面积为 1 666.7 公顷。2004 年广东惠州市林地流转面积达到 19 224 公顷。2004 年广东清远市非公有制经济投资造林 52 619 人，投资额合计 55 258 万元，营造

商品用材林 11.80 万公顷，营造经济林 3.57 万公顷，营造公益林 666.7 公顷，营造其他林 66.7 公顷，林地流转面积达 15.44 万公顷。据福建省对南平、三明、龙岩 3 个重点林区的调查和不完全统计（李周、许勤，2009），从 20 世纪 80 年代初到 2005 年，三市森林资源流转共有 17 万宗地，流转面积 131.6 万公顷。其中，国有森林资源流转 28.9 万公顷，乡村集体森林资源流转 93.3 万公顷，个人和家庭责任山流转 9.5 万公顷。2004 年，福建永安市成立了全国第一家林业要素市场，并在乡（镇）设立林权登记管理分中心，实时联机操作，为森林资源流转提供服务。2004—2005 年，永安市共发生森林资源流转 1.88 万公顷，交易金额 2.51 亿元。

国家林业局经济发展研究中心于 2007 年 9—11 月，针对全国集体林权制度改革的 4 个代表省江西、福建、辽宁和云南的 9 个县（市）18 个乡（镇）32 个行政村的 305 个农户（有效问卷 292 份）的林地使用权流转行为进行了调查。结果表明（文彩云、张蕾，2008）：农户林地流转的发生率还较低，但林改后较林改前有显著提高；农户林地流转尚未达到一定规模，距离真正的林业规模经营还相距甚远；农户林地流转的范围主要局限在本村村组内部，但林改后这种情况有所改观；林地流转的期限比较确定，林改后租赁期限明显较林改前租赁期限长。林改前，农户间发生林地租入的农户占样本农户的 1.37%，租入面积仅为 8.53 公顷，占样本农户林地总面积的 0.68%；发生林地租出的农户占样本农户的 1.71%，租出面积为 35.87 公顷，占林地总面积的 2.85%。林改后，发生林地租入的农户增加了 75%，林地租入面积增加了 32 倍，占林地总面积的比重增加了 13.89%；发生林地租出的农户增加了 1.2 倍，林地租出面积增加了 3.5 倍，占林地总面积的比重增加了 5.49%。虽然林改后林地流转户数和面积都有所增加，但总量仍然很低，参与林地流转的农户数只有 18 户，仅占样本农户的 6.17%。林改前户均林地流转规模仅为 0.152 公顷，其中户均租入规模为 0.029 公顷，户均租出规模为 0.123 公顷；林改后户均林地流转规模为 1.55 公顷，其中户均租入规模为 0.99 公顷，户均租出规模为 0.55 公顷。可见，林改前农户林地流转规模相当狭小，林改后农户林地流转规模增加比较显著，但是总体上看也尚未形成一定的规模。另外，值得注意的是，林改前农户的林地租入规模明显小于租出规模，而林改后则正好相反，农户的林地租入规模明显高于租出规模。造成这种情况的原因可能是林改后农户认为林地的产权更加清晰了，对林地的稳定性经营预期更加看好，因此，更加愿意租入林地进行耕种。林改前，农户租入、租出林地依然局限在本村范围内，其中同一小组农户是样本农户租入租出林地的最主要来源。林改后，在发生林地租出的农户中，租给不同小组农户的占 9%；而租给其他人（建材公司、国有林场或乡、村集体林场）的占 91%。可以看出，林改后农户林地流转的范围有所变化，特别是租出范围，并不局限于本村农户。林改前后农户在发生林地流转时对租赁期限都是比较确定的，林改前租期以小于等于 20 年为主，而林改后租入林地和租出林地的租期大于 20 年的农户都明显增加，这大大增加了租赁双方的安全感和租赁关系的稳定性，有利于租入农户对林地的长期投入。

另据国家林业局编制的《2011 中国林业发展报告》数据显示，截至 2010，全国有 26 个省（自治区、直辖市）成立了 851 个林权管理服务机构，618 个资产评估机构。累计流转集体林地 813.33 万公顷，占已确权林地的 5%，流转宗地 4 089 万宗，流转总金额 178 亿元。

另据福建省林业厅统计，截至 2008 年 1 月底，福建省共有县级森林资源产权市场交易平台 66 个，几乎涵盖了福建省所有的县、市，而乡镇一级的森林资源产权市场交易平台的个数则高达 466 个。截至 2009 年底，江西省共建立了 64 个县（市）级森林资源产权市场交易平台，建立了一个省级森林资源产权市场交易平台，即南方林业产权交易所。

2009 年 11 月 23 日，中国林业产权交易所在北京正式揭牌运营，交易所注册资金 1 亿元，是国内唯一从事全国林业要素与资源的综合性交易和服务机构。林业产权交易所由林业要素交易中心、林权交易托管登记中心、森林资源资产评估中心、大宗林业商品综合交易中心等业务部门组成，提供全国范围林木和林地交易托管及信息查询服务、林权证抵押融资、森林资源资产评估、大宗林业商品交易等服务；通过电子显示屏公开发布林权流转交易、林权证抵押融资、林木交易市场行情等相关信息。这是我国林业体制改革迈出的重要一步，将有利于减少流转信息不对称与信息操纵，实现林权的有序流转，切实保护林权交易相关人的合法权益。

4.6　林地使用权流转的原则

在林地使用权流转过程中，应注意遵循如下原则（何传才，2005；季利民，2005）。

4.6.1　坚持林地所有权和用途不变的原则

开展森林、林木和林地使用权流转不能改变林地的所有权性质。坚决防止借投资

发展林业为名，擅自改变林地用途，将林地改变为非林地。根据《中华人民共和国土地管理法》的规定，我国实行土地的社会主义公有制，即全民所有制和劳动群众集体所有制，而林地在法律性质上属于土地全民所有即国家所有。因此，林地所有权主体只能是全民即国家和劳动群众集体。《中华人民共和国森林法》也确认了林地所有权主体是国家和劳动群众集体。

4.6.2 流转登记原则

对不动产产权实行登记，是多数国家的共同态度。我国原国家土地管理局1989年制定的《土地登记规则》明确规定，土地、房屋等不动产的取得、变更或转让未经登记均为无效。因此，在集体林地使用权流转中，应确立登记原则，以明确土地使用权归属，有利于保护使用权人，确保土地使用权流转的安全有效。贯彻登记原则的具体措施是：健全林地使用权制度，对进行一次流转的林地发放林地使用权证或林权证并办理登记手续，使林地使用权再次流转就是使用权证或林权证的流转，这样既简捷又达到公示的意义。

4.6.3 自愿、效率、公平、公开、公正原则

森林、林木和林地使用权流转必须体现转让方和受让方的意愿，按照市场经济规律，公开流转程序及结果，赋予社会各方平等参与和监督的权利。自愿就是对林地流转形式不强求一律，不搞一种模式，采取不同的林地类型不同的流转方式。无论采取何种形式，都必须尊重市场规律，尊重群众的选择，尊重林地产权所有者的处分权。

建立新的林业发展机制，跳出传统林业的束缚，打破地域、所有制界限，坚持利益驱动这一市场经济的基本原则，把拍卖、承包、租赁、股份制等多种形式引入林业生产，只要有利于林业发展、有利于群众收入提高、有利于生态环境的改善，都应该大胆地试、大胆地闯，建立起多形式、多渠道、多元化的投入机制，促进社会要素向林业聚集，为向林业发展的深度和广度进军提供资金保障。

《中华人民共和国民法通则》第四条规定，民事活动应当遵循公平原则。公平原则作为一项法律原则，要求参与林地使用权流转的法律关系主体本着公平的原则从事流转活动，即林地使用权流转主体的机会平等，有同等的机会参与流转活动。考虑到林地属于集体经济组织内农民集体所有、林地又是农民的主要生产资料的状况，本集体经济成员在同等条件下享有优先权。同时，主体在享有权利和承担义务上要公平，

即在取得自身利益时必须付出相应的义务为代价。

公开、公正原则主要指林地使用权在森林资产评估机构评估的基础上，尽量采用招标、竞标的形式进行，促使林地向经营能人流动，提高林地资源的配置效率。流转方案要经过村民代表会议或村民大会讨论通过，流转的过程、结果要公开，在公平条件下，实行阳光作业，让群众参与并接受群众监督。同时对依法取得林地使用权的单位或个人，在确定的经营期限内应实行“自主经营、自我投入、自负盈亏、自我得益”的经营机制。在流转获得的林地上种植的任何作物，必须坚持“谁种谁有、谁投入谁收益”的原则。

4.6.4　相对稳定原则

稳定农村林地承包关系，赋予林农长期而有保障的林地使用权，是落实中央政策、确保农村稳定安定的需要。要保持政策的稳定性和连续性，坚持尊重历史、尊重现实，正确处理深化改革与保持政策稳定性的关系，取信于民，对其他经营效果好的生产责任制形式不搞打乱重来，一律予以稳定。林地流转不是将林农的林地使用权从承包权中分离出来，而是要进一步巩固林农的承包权，使林农知道自己在林地上的权利，并能行使相应的权利；将坚持林地承包的稳定与实现林地有序流转有机地统一起来，在政策上明确规定林地承包权归承包者所有并保持长期稳定，同时允许承包者采取拍卖、转让、转包等多种形式将林地使用权用活用好。

4.6.5　依法规范流转原则

强化法制观念，要依据林业的有关法律法规，严格按照政策和法律办事。在流转过程中，要处理好林地所有者和经营者之间以及国家、集体和个人的利益关系，特别是对生态防护林，只允许生态景观的借用，不允许对林地开发利用。在流转中，不得改变林地用途，不得造成林地上现有林木资源的人为毁坏。林地流转过程中的所有手续一定要规范，尤其是流转合同。流转合同一般应包括流转双方单位（姓名）及地址；流转林地的地类、面积、地点及四至（附万分之一地图）；流转的期限和起止日期；流转的用途；流转价款及支付方式；双方当事人的权利、义务；违约责任等。合同应当经过公证机关公证。

4.6.6　有利于森林资源的保护和培育原则

林地流转的目标是解放和发展生产力，盘活林地资产，使资源、资金、技术等林

业生产要素的组合达到最优化，提高科学经营森林的强度，最大限度地发展森林资源，增加森林资源总量，加速实现林业历史性的转变和真正意义上的跨越，最终达到有利于国家生态安全、有利于经营者致富、有利于解放林业生产力，实现林业可持续发展，建设生态文明世纪。因此，林地流转的一切活动都必须服从和服务于这个目标的实现，不管采取哪种流转模式，都必须做到有利于森林资源的保护、培育和发展，有利于林地资源的合理开发与利用，提高林地产出，最大限度地发挥林地资源的功效。

4.7 林地使用权流转的形式

关于林地使用权流转形式，刘春杰（2002），徐秀英、石道金（2003），梁永伟（2003），王润章、刘源望（2003），何传才（2005），季利民（2005）、王志清等（2008）等都进行过相应的论述。综合前人的研究成果和相关文献，林地使用权流转包括集体林地使用权一级流转和农户林地使用权二级流转，林地使用权流转的形式见表 4.2 所示。

表 4.2 林地使用权流转的主要形式与特点

流转类别	形式	特 点
集体林地使用权一级流转	家庭承包	承包经营权是用益物权；须经法定承包程序；承包者必须是集体内的农户；承包权可以继承；可以采取单户承包或联户承包方式；实践中多数采用均分的单户承包模式
	招标	公开竞标确定；竞标者可为本集体内部成员，也可是集体外成员；承包方定期向发包方上交承包金，或按比例与发包方分红；不可擅自改变林地用途；招标方式可使买方的效益最大化；经营主体的权利与义务明确；且有利于扩大规模经营
	拍卖	公开竞价确定；竞拍者可为本集体内部成员，也可是集体外成员；只适用于不能采取家庭承包的荒山、荒沟、荒丘、荒滩等；受让方所获得的“四荒”使用权可以二次转让、出租、入股、抵押、继承等，但禁止改变林地的用途；拍卖方式可使卖方的效益最大化
	租赁	林地租赁权是一种债权，承租者交纳租金；承租者可为本集体内部成员，也可是集体外成员；租赁者不可改变林地的用途；租赁的形式产权关系明晰，责任与义务明确；许多企业、造林大户以及外商投资造林采用租赁方式

（续）

流转类别	形式	特　点
集体林地使用权一级流转	股份合作	林地使用权折价参股、合股或入股，享有股权收益；集体经济组织可与集体、企业、个人、国有经济单位或外商合作；出资者对自己所投入的那部分股份拥有所有权和收益的权利；但是出资者的退出权受到限制，不能退股，只能内部转让；南方集体林区福建省三明市等地是这种经营方式的典型代表
	反租倒包	由集体租回农户承包的林地使用权后再进行承包；有利于林地利用率的提高；实际工作中通常表现为政府的干预行为；实践中负面影响较大
农户林地使用权二级流转	转让	转让形式包括拍卖、招标、协议等；实质是林地使用权的让渡与转移；须经发包方同意；原承包人与发包人的土地承包关系终止；转让可以采取拍卖、招投标和协议转让形式进行；转让应当在依法设立的产权交易机构中进行；必须符合国有资产评估、交易程序，严格依法进行
	转包	转包林地使用权，收取转包费；转包后承包人与发包人的承包关系不变；转包方应为同一集体的其他农户；采取转包方式流转的，应当报发包方备案；接包方按转包时约定的条件对转包方负责
	出租	出租林地使用权；收取租金；原承包关系不变，但应当报发包方备案；承租方可以是本集体经济组织以外的单位或个人
	互换	交换林地使用经营权，以方便经营；承包权利、义务关系可保持不变，若经原发包方同意后也可随承包山林互换而转移
	入股	农户自愿联合或入股进行股份合作；按股分红，享有股权收益；山权不变、林权共有、利益分享、责任共负、风险共担；实践形式多样，具体有林农之间自愿组合，以林地、劳力、资金入股，联合开发，按股分红
	抵押	林地使用权作为抵押品进行权利抵押获取贷款；依法承包并经发包方同意可以抵押；债务人不履行债务时，债权人有权优先受偿
	托管	林地使用经营权委托管理；委托方与受托方互惠互利；是一种重要的现代林业市场经济运作模式；托管的优势在于在确保农户不失林地的情形下又有助于实现林地经营的规模化、效率化和科学化

4.7.1　集体林地使用权一级流转形式

《中华人民共和国农村土地承包法》第三条规定："农村土地承包采取农村集体经济组织内部的家庭承包方式，不宜采取家庭承包方式的荒山、荒沟、荒丘、荒滩等农

村土地，可以采取招标、拍卖、公开协商等方式承包。”因此，可以得出林地承包经营权的取得方式有两种，即家庭承包和其他形式的承包；其他形式的承包，包括以招标、拍卖、公开协商等方式进行的承包。

4.7.1.1 家庭承包 家庭承包方式，其承包方是本集体经济组织的农户，并非农户的户主或者其他个人；但是与发包方签订土地承包合同的承包方一般并非农户的全体，而是代表农户的户主或者其他人。《中华人民共和国农村土地承包法》第三十一条第二款规定：“林地承包的承包人死亡，其继承人可以在承包期内继续承包。”合同签订后，由农户全体成员共同经营、共享收益、共负亏损。以家庭承包方式承包土地的，须经过法定发包程序。发包程序不合法而签订的土地承包合同，最后有可能被确认无效。通常情况下，对本集体经济组织内部农户的承包一般都采取家庭承包方式。对于本集体经济组织以外的单位或者个人，不能采取家庭承包方式。在现实的林地使用权流转实践中，家庭承包可以采取单户承包或联户承包方式，有采取均分承包的模式，也有采取指定承包的模式。集体林权改革过程中，多数地区基于公平受惠的原则，采取了均分的单户家庭承包模式。

4.7.1.2 招标承包 招标承包经营是按照所有权与经营权相分离，责权利相结合的原则，采取招标方式承包给个人经营的方式。《中华人民共和国农村土地承包法》第四十五条规定：“以其他方式承包农村土地的，应当签订承包合同。当事人的权利和义务、承包期限等，由双方协商确定。以招标、拍卖方式承包的，承包费通过公开竞标、竞价确定。”承包方定期向发包方上交承包金，或按比例与发包方分红。招标承包者可为本集体内部成员，也可是集体外成员，其过程通过招标的形式进行。承包期大多在50年以内，承包方一次性或分阶段或逐年缴纳承包费，或者按照林木收益与发包方分成。在承包期内承包者拥有林地的使用权，但不可擅自改变林地用途。承包经营的对象大多是按年收益的经济林以及农林间作和宜林荒地。经营者拥有林地的收益权和经营权，如果是承包的有林地，则林木的收益一般是经营者与林木所有者按比例分成。招标承包经营是农村土地承包经营的发展，经营主体的权利与义务明确，违约责任清楚，并且招标应是有利于扩大规模经营的主要形式，一般的家庭联产承包的形式有过于分散的问题（梁永伟，2003）。

4.7.1.3 拍卖 拍卖经营是指将集体拥有的荒山、荒滩、荒地、荒沟渠路、采伐迹地等林地使用权，按照公开、公平、公正的原则，通过公开竞标、竞价一次性折价卖断给单位和个人开发经营，并按要求自主经营、自负盈亏，受让方一次性或分期交纳拍卖金。符合规定采伐林木时，缴纳有关税费后，其余收益全部归经营者所有。林地使用权的拍卖的期限一般较长，为 50～70 年。拍卖方式一般只适用于不能采取家庭承包的荒山、荒沟、荒丘、荒滩等，并应遵循其他相关法律程序。

使用权的受让方不仅包括本集体的成员，而且包括集体经济组织以外的成员，甚至有外商的参与。通过拍得林地使用权，经营者拥有林地的使用、收益和处分的权利，而且拥有林木所有权和由此而来的收益及处分的权利；在林木采伐时，缴纳林业部门的各种税费后林地的收益完全归经营者。受让方所获得的“四荒”使用权可以二次转让、出租、入股、抵押、继承等，但禁止改变林地的用途；并且负有遵守林业政策和规定以及接受林业部门指导、监督的义务。“四荒”拍卖是权属状况最为清楚的一种林地使用权流转方式，出让方拥有林地所有权，有配合林业部门对经营者进行监督的权利和维护经营者合法权益的义务。而林地使用权和收益权及一部分处分权则通过一次性作价卖了出去，它将荒山的使用权由承包关系变为买卖关系。拍卖林地使用权的方式，是林地产权在市场中交换最直接的体现。

在实践中招标与拍卖容易混为一谈，在此对其主要联系和区别作一点补充说明：招标和拍卖都具有竞争和公平的特性，两种交易方式都是在固定的时间、固定的地点，按照固定的程序和条件进行的。但拍卖与招标有本质的区别：招标方式可使买方的效益最大化；拍卖方式可使卖方的效益最大化。拍卖的最大特点是价高者得，即将物品或财产权利卖给出价最高的人；而招标最大的特点却是购买满足招标文件要求的投标人中要价最低（但不低于成本价）的人的货物或服务。拍卖时，竞买人一般可以多次出价；而招标时投标人却只能报一次价。拍卖时的出价是公开的，在拍卖会场上的所有人都能当场知道每个竞买人的出价；而招标时，每个投标人的出价都是保密的，只有在开标时才知道。

4.7.1.4　租赁　租赁经营是指在一定时期内，将林地使用权以租赁形式转给本村村民或社会上有经营能力的单位或个人营林、造林、种果栽竹，经营单位或者个人根据租期年限，分期支付或者一次性支付林地租金。这种形式，村集体只拥有林地所有权，收取林地使用费，其他权利均归林地租赁者，租赁者从经营中获取收益。承包期内承包方投资造林、管护，定期向山主缴纳租赁费用，期满后将山场退还山主（李燕凌，2001）。林地租赁经营与承包经营的主要区别在于土地租赁权是债权，而土地承包经营权是用益物权。

承租方既可以是本集体内部人员也可以来自本集体之外。租赁经营的年限一般

比较长，有20～70年不等，租金普遍较低，有些租金是按所租赁的林地面积一次性收取使用金；有些则是根据起始年限和租金标准，按年收取。租赁形式的责任与义务明确，违约责任清晰。出租者拥有林地的所有权，有协助承租人办理森林经营所需手续和维护承租者合法权益的义务；并且承租人如果在规定期限内没有经营管护，出租者有收回林地和要求承租者负一定的经济补偿的权利。租赁者拥有林地的使用权（经营权）以及合法收益的权利，并且租赁者对其投资的林木拥有所有权；有按时缴纳林地租用费和按时组织生产的义务。若林地是用来营造用材林的还有接受林业部门的指导、检查和验收的义务。并且租赁者不可改变林地的用途。有的地方还允许租赁承包人在合同范围内将土地使用权进行转让、转租和抵押或者继承。这种林地使用权流转的形式产权关系明晰，权利义务清楚，是南方集体林区林地流转中较为普遍的一种方式，许多企业、造林大户以及外商投资造林都采取这种方式。

4.7.1.5 股份合作 股份合作制运行的主要方式是将集体统一经营的林地、林木所有权，农户的林地使用权和林木所有权，其他单位、部门或者农户个人的资金、劳力、技术等生产要素全部折成股份，实行股份合作开发经营。股份合作制中的出资者对自己所投入的那部分股份拥有所有权和收益的权利，但是出资者的退出权受到限制，不能退股，只能内部转让。同时出资者有权选择企业的管理者以及重大决策等权利，而且以其出资额为限承担企业债务的有限责任；而企业则承担维护出资人权益，并承担有出资者资产的保值、增值的责任，而且以其全部的法人财产承担民事责任，享有独立占有、支配和处理法人财产的权利（邓华锋，1998）。南方集体林区福建省三明市等地是这种经营方式的代表，并且取得了较好的效果，促进了林业产权的明晰，符合了林业规模化生产的要求，并且有效调动农民从事森林经营的积极性，成为我国南方集体林区林业经济体制改革的典范（梁永伟，2003）。

4.7.1.6 反租倒包 反租倒包是对林地使用权重新分配的一种形式，主要适用于两个方面。一是对原人均户有的承包造林地，因未按期完成绿化造林任务，由集体作价租回后再行承包。二是对部分新规划林地，由集体统一从原土地（耕地）承包者手中租回，完成造林后再进行招标承包或拍卖等模式。这一模式，实质上是林地所有者改变原来土地使用权安排的一种形式，实际工作中表现为政府的干预行为。反租倒包模式有利于林地利用率的提高和林地细碎化的克服，具体运作中，反租倒包应该建立在原林地使用者自愿前提下进行，并且反租的价格是公平议价情况下形成的。如果只是靠行政干预而使原土地使用者利益受损，虽然造林速度加快，但是从林地产权制度的执行上看有较大的负面影响。

4.7.2　农户林地使用权二级流转形式

2002 年《中华人民共和国农村土地承包法》第三十二条规定："通过家庭承包取得的土地承包经营权可以依法采取转包、出租、互换、转让或者其他方式流转。"上述规定中，包含了从林地承包经营权中派生出来的林地转包权、林地出租权、林地互换权和林地转让权等。2003 年《中共中央 国务院关于加快林业发展的决定》中指出"森林、林木和林地使用权可依法继承、抵押、担保、入股和作为合资、合作的出资条件"，2007 年《中华人民共和国物权法》第 128 条规定："土地承包经营权人依照《中华人民共和国农村土地承包法》的规定，有权将土地承包经营权采取转包、互换、转让等方式流转。"根据上述这些法律政策规定，我们可以推断出农户林地使用权的二级流转方式主要包括转让、转包、出租、互换、抵押、入股，等等。

4.7.2.1　转让　根据《中华人民共和国农村土地承包法》第四十一条、《农村土地承包经营权流转管理办法》第三十五条的规定，农村土地承包经营权转让是指承包方经承包方申请和发包方同意，将部分或全部土地承包经营权让渡给其他从事农业生产经营的农户，由其履行相应土地承包合同的权利和义务。农村土地承包经营权转让是对经营承包权的一种根本性的让渡，转让后原土地承包关系自行终止，原承包方承包期内的土地承包经营权部分或全部丧失。无论是《农村土地承包经营权流转管理办法》，还是《中华人民共和国农村土地承包法》都规定，农村土地承包经营权转让，应当经发包方同意。

农户林地使用权转让是指农户将依法承包获得的林地使用权在一定期限内全部或部分依法转移让渡给其他从事林业生产经营的单位或个人，林地使用权主体变更，受让方向出让方支付转让金，取得林地使用经营权，受让方接替履行相应的权利和义务，自主经营，自负盈亏，一次性或分期交付林地使用权转让金，林地所得收益除缴纳有关税费外全部归经营者所有。转让后原山林承包关系自行终止，原承包方承包期内的权利部分或全部灭失。转让可以采取拍卖、招投标和协议转让形式进行。转让应当在依法设立的产权交易机构中进行。必须符合国有资产评估、交易程序，严格依法进行。林业局应按照国家规定向社会和本林区公开转让公告，征集受让方。在交易过程中，交易价格低于评估结果时，应当暂停交易，在获得主管部门书面同意后方可继续进行。转让价款可采用多种方式付清，对于一次付清的给予一定的优惠条件。对于

一次付款有困难的，可以采取分期付款方式。

4.7.2.2　转包　根据《中华人民共和国农村土地承包法》第三十九条、《农村土地承包经营权流转管理办法》第三十五条的规定，土地经营权的转包，是指承包方将部分或全部土地承包经营权以一定期限转给同一集体经济组织的其他农户从事农业生产经营。转包后原承包土地关系不变，原承包方继续履行原土地承包合同规定的权利和义务，接包方按转包时约定的条件对转包方负责。采取转包方式流转的，应当报发包方备案。因此，对于具体的农户林地使用权而言，转包是指农户将部分或全部承包山、自留山的林地使用权，以一定期限转给同一集体经济组织的其他农户从事林业生产经营。家庭方式承包的山林转包后原承包关系不变，原承包方继续履行原林地承包合同规定的权利和义务。接包方按转包时约定的条件对转包方负责。

转让与转包的主要区别在于：转让林地使用权，需要双方签订书面合同，并经发包方同意并备案，并且承包人与发包人的土地承包关系即行终止，转让人不再享有该土地使用权，转让后新的承包方应当与发包方建立新的承包关系；而林地使用权转包，承包人与发包人的承包关系不变。

4.7.2.3　出租　出租是指农户将部分或全部承包山、自留山的林地使用权，以一定期限出租给其他个人或单位加以经营。经营者根据租期年限，向林地原权利人分期支付或者一次性支付租金。家庭方式承包的山林出租后原承包关系不变，原承包方继续履行原林地承包合同规定的权利和义务，承租方按出租时约定的条件对承包方负责(王志清等，2008)。采取出租方式流转的，应当报发包方备案。转包与出租的主要区别在于：一是承包方与第三方建立的关系表达不同，转包收的是转包费；出租收的是租金。二是选择新的承包方范围不同，转包是本集体经济组织的成员，出租可是本集体经济组织以外的单位或个人。

4.7.2.4　互换　互换是指同一集体经济组织的农户之间，或农户与其他林地使用权拥有单位之间，通过协商，为方便林地经营管理，或方便同一树种集中栽植和就近栽植，或其他各自需要，全部或部分交换承包林地的使用经营权。互换后，促进了林地的连片规模经营，原承包合同规定的权利义务可仍由原承包农户履行，但若经发包方同意后也可随承包山林互换而转移。

4.7.2.5　入股　《中华人民共和国农村土地承包法》第四十六条规定："荒山、荒沟、荒丘、荒滩等可以直接通过招标、拍卖、公开协商等方式实行承包经营，也可以将土地承包经营权折股分给本集体经济组织成员后，再实行承包经营或者股份合作经营。"

农户林地使用权入股是指农户之间为发展林业经济，将部分或全部承包山、自留山的林地使用权作为股权，自愿联合或入股组成股份公司、合作社等从事林业生产经营。经营收益由经营者与林地原权利人按股分红。林业股份合作制是实行民主决策和管理，按资分红与按劳分配相结合，自主经营，自负盈亏，并以企业全部法人财产独立承担民事责任的一种新的企业制度形式（邓华锋，1998）。在实践中股份合作经营的形式包括：林农之间自愿组合，以林地、劳力、资金入股，联合开发，按股分红；外商企业以资金或技术入股，林农以林地、管护入股，股份合作办林场经营，按股分红；能人牵头，社会各界投资创办林业合作社，投入荒山开发经营，收益按协议分成；以森林资源为主要经营对象，依法组建股份有限公司，将林地等森林资源评估折股资产化运营，股票上市等。其主要特点是山权不变、林权共有、利益分享、责任共负、风险共担。股份合作制结合了股份制和合作制的特点，吸收了现代企业制度模式，既达到林业生产规模效益的要求又调动了农户从事森林经营的积极性，实现了劳资的有效结合，并且容纳了多种所有制。

4.7.2.6　抵押　依照《中华人民共和国担保法》第三十四条的规定，依法承包并经发包方同意规划为林地的荒山、荒丘、荒滩等荒地的土地使用权可以抵押。抵押是指债务人或者第三人不转移对抵押财产的占有，将该财产作为债权的担保。债务人不履行债务时，债权人有权依照法律规定以该财产折价或者以拍卖、变卖该财产的价款优先受偿。目前，已在一些地方有相应的实践。2003 年，福建屏南县甘棠乡农民自发成立了乡村营林贷款促进会，林农以林木反担保通过乡促进会担保向农村信用社贷款，产生了林业抵押贷款的萌芽。2004 年福建省林业厅与国家开发银行福建省分行签订了国内第一个林业行业与金融机构的《开发性金融合作协议》，当年协议贷款金额 1.9 亿元，当年发放贷款 5 500 万元。从 2006 年起，福建全省逐步推开了林业小额贷款的机制。到 2008 年 10 月底，福建省累计发放各类林业贷款 60 多亿元，其中林权抵押贷款 21.57 亿元，林业小额贷款 17 亿元，受益农户约 8 万户。浙江省 2000 年 9 月至 2008 年 10 月，林权抵押贷款累计达到 3 亿元；江西省截至 2008 年 6 月底共办理林权抵押贷款 38.3 亿元；辽宁省截至 2008 年 10 月底，共有 30 家县级农村信用联社、217 家信用社开办了林权抵押贷款，共计 1 917 笔，贷款金额 5.17 亿元（李周、许勤，2009）。

4.7.2.7　托管　托管简单而言就是委托管理。林地使用权托管是指拥有林地使用权的农户，通过口头或书面协议形式，将林地使用经营权委托给具有较强经营管理能力

并能承担相应经营风险的单位或个人进行有偿或无偿经营的行为。林地使用权托管是一种重要的现代林业市场经济运作模式，其优势在于：一方面可以确保农户不失林地，另一方面又有助于实现林地经营的规模化、效率化和科学化。

在具体的林地使用权流转实践中，对一次流转的林地，由林地所有权主体在紧密联系实际和充分调查的基础上确定采取何种形式，并经过村民代表大会讨论通过；对二次流转的林地，通常由流转双方自行选择流转形式。通常，农户作为转出方，采取协议方式进行流转的，一个完整的流转可在40日左右完成；而采取拍卖、招标方式进行流转的，一个流转需60日左右时间。林权交易市场内流转活动多发生在春、冬季。其中，林木流转多在春季，即当年采伐限额下达、可确定全年木材生产计划的时候；而林地流转多在冬季，所转入的林地可直接在来年开展营林活动（谢屹，2008）。

4.7.3 林地使用权市场化流转类型

林地使用权流转实质上是农村林地使用权和经营权的交易过程，是优化农村林地资源的重要手段，是提高农村林地规模效益，节约要素费用，减少市场费用的途径。作为理性的经济人，农村林地流转主体选择哪一种流转类型，不仅取决于当地的经济发展水平，更重要的是取决于交易双方是否可获得最大化的收益。

市场化流转就是在充分尊重和保障农民林地承包权的基础上，林地使用权按照市场经济运行规律在不同经营主体之间进行有偿、有序、合理让渡，使林地经营规模扩大、土地收益水平提高、劳动者充分就业的林地流转方式。市场化流转是一个循序渐进的过程，随着市场发育程度而逐步完善。因此，在现行流转形式的基础上，应积极探索市场化形式，推动农村林地流转。

在现行农村林地流转形式中，互换、有偿转包、有偿转让等形式具备市场化流转性质但属于初级的市场化流转形式，这种类型的林地承包主体流转林地使用权的目的是既腾出劳力从事非农产业，又可以从林地承包权中直接获取收益，该形式有交易竞争机制，是农户之间的较长期行为。虽然林地互换缺乏价格形成机制，但互换双方之间以追求较大利益为前提，形成价值补偿，也是市场机制发生作用的结果。租赁、股田制、反租倒包、林地托管等形式则属于市场化流转形式，这种类型的土地承包主体流转土地使用权的目的完全是追求利益最大化，价格形成机制、交易竞争机制等市场运行机制在土地流转中充分发挥作用，林地流转的规模大、周期长，生产的专业化强、产业链长，农户既可得到林地的直接收益，而且可以得到林地作为资本的增值收入。因此，当前的农村林地流转制度要发挥更大的制度绩效，必须完善并规范农村林地市场化流转机制，根据当地的经济发展水平和市场发育程度，因地制宜地选择林地流转形式。

4.7.3.1　自发型林地流转　自发型林地流转，主要形式有互换、转包、转让和合营等。其特点是：第一，自发流转多发生在亲朋好友和本村村民间，基本上是口头协议，转让金额数不确定，相对于转包给外村，转包费较低；第二，自发流转无法纠正土地的细分化倾向和短期行为。自发流转的期限较短，受外界宏观经济环境的影响较大，流转双方都没有稳定的预期，林地的掠夺性经营就难以有效避免，也不利于地块的合并和对林地的投资；第三，农户之间的流转也不利于为农村剩余劳动力的转移积累资金，对农村产业结构的调整作用也相当有限。自发流转的面积较小，转让金额有限，不足以使转出户有充足的资金去非农领域创业，转入户也难以进行长期的规划和大面积的规模经营；第四，自发流转还与农民对承包经营权不变的心理安全预期有关。在这种心理预期下，在已经具备了土地流转条件的地区，农民也难以把林地长期流转出去。

4.7.3.2　集体推动型流转　集体推动型流转，主要形式有反租倒包、租赁制、股田制和林地信托等。这种流转一般期限较长，规模较大，流转规范。其特点是：第一，存在强迫流转行为，农户的主体地位难以得到有效保障，农民的谈判地位缺失，利益受损；第二，存在集体利益侵犯个人利益的行为，集体的代言人借机从中渔利的可能性也大为增加，经营大户和村干部之间的设租寻租行为创造了流转前后的租金落差和租金的分配，肥了集体及其代言人，亏了个人；第三，在不具备条件的地区强制性流转使农民失地失业，从而危及社会稳定。

由此可见，从社会角度看，农民自发流转方式是相对无效率的，规模小，期限短，交易费用高，谈判成本高，流转收益少，不能有效缓解土地的细分和短期行为；但从农民角度看，却是他们在信息不对称和不完全对称状态下的最优选择。相对于集体推动型流转的弊端，自发流转既在低交易费用下满足了自己暂时流转土地的要求，增加了收益，避免利益的流失，又消除了林地被强行流转的风险。而集体推动型流转则刚好相反。所以，两种流转方式很难有效结合，这也使得农村林地流转的制度绩效大为降低。

4.8　林地使用权流转的实践程序

规范的林地使用权流转程序，有助于公平、公开、公正地实现流转双方的流转收

益。关于流转程序，杜东亚（2001）、季利民（2005）、谢屹（2008）等曾开展过一些研究，现综合前人的研究成果和相关文献，将林地使用权流转程序进一步梳理、总结和规范如下：

4.8.1 场内与场外流转的程序

场外流转通常是由转出方通过公开或非公开方式发布流转信息，以搜寻转入方，并通常通过协商签订口头或书面协议，并最终完成权责流转，不需要到相关的产权管理机构或林业管理部门办理变更登记。这种流转方式因手续简单、流转成本较低、操作方便而受到流转农户的偏好，但同时这种林权流转的规范性和法律保障性较差。

场内流转的一般程序包括提出申请、接受申请、林权状况公示、调查评估、流转交易公告、组织交易、签订合同、产权交易、林权变更等九个环节（图 4.2）。场内流转符合法律规定的不动产流转登记原则，其流转行为受法律严格保障；同时，场内流转趋于程序化，有助于确保流转各方的切身利益，也有助于确保流转不造成森林资源破坏。但其不足是场内流转手续及操作过程较场外流转复杂，流转操作的交易成本也相对较高。

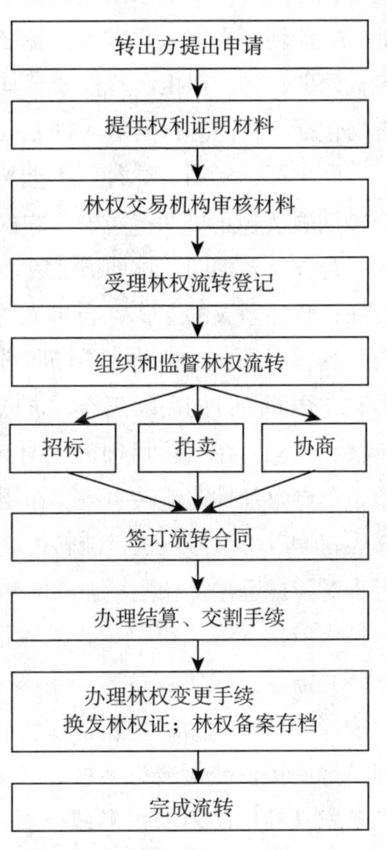

图 4.2　林地使用权场内流转程序

就场内流转而言，其详细的主要操作程序如下：①申请程序。由林地的所有权人或使用权人向核发拟流转的林地所有权或使用权证的县级以上人民政府林业主管部门和林权交易市场或交易机构提出法律认可的书面申请文件，如流转申请书、身份证明、流转资格证明、林权证明、森林资产评估报告及有关材料。对于林地使用权转让申请的，还要求农户递交村委会同意流转证明，目的在于要求村委会履行初审的职能，减少农户非自愿性流转的发生。就村集体作为转出方的一次流转而言，原则上要求必须进行林地、林木资产评估，以避免集体资产流失。②受理程序。县级以上的林业主管部门和林权交易机构接到书面申请后，应认真进行审查。属于自己审批权限内的申请，且符合受理条件，应当在七日内作出是否受理的决定。对于不属于自己审批权限内的申请，应当在七日内把申请材料转送给具有审批权限的其他林业主管部门。③审批程序。受理的林业主管部门或林权交易机构应当认真审查上报申请材料是否具备要求的条件，并对提交的申请和相关材料作出审批意见；经审查后，具有审批权限的林业主管部门应当在一定时日内（通常为三十日内）作出是否同意转让的书面答复，预期未作出书面答复的，视为同意流转。主管部门并应在申请人所在地（具体到村一级），就林地林木资源、权利主体情况，进行为期一个月的张榜公示。对于存在异议的申请，暂不进入下一环节，而进行资源权属的进一步核实。对于公示期间无异议的，则进入下一步程序。④签订合同程序。指转让方与受让方共同签订林地使用权流转合同。《中华人民共和国农村土地承包法》第三十七条规定："土地承包经营权采取转包、出租、互换、转让或者其他方式流转，当事人双方应当签订书面合同。采取转让方式流转的，应当经发包方同意；采取转包、出租、互换或者其他方式流转的，应当报发包方备案。"流转合同通常应当包括下列内容：当事人姓名（名称）、住所；流转的森林、林木、林地的坐落、四至、面积及示意图、林种、主要树种、蓄积量等；流转价款和支付方式、支付时间；流转期限及起止日期；当事人的权利和义务；合同期满时森林、林木、林地的处置方式；合同有效期内，林地被征收、征用，所得补偿费用的分配比例及处理方式；违约责任；解决争议的方式；当事人约定的其他内容；等等。⑤组织流转交割操作程序。合同签署后，交由林地交易场所进行信息发布和负责具体的流转操作，并负责做好流转双方合同签订的后续工作，进一步明确双方的责权利关系，完成林权流转标的物的转移和交割。在一些目前尚无林地交易场所的情况下，可由乡镇林业站组织操作班子，负责办理林地流转事务。在组建操作班子时应尽量吸收乡镇法律事务所的人员参加。就通过协议方式进行流转的，林业主管部门或林权交易机构监督协议的签署和执行；对于通过拍卖和招标方式流转的，林权交易市场按照有关法律法规组织交易，对参拍人或投标人进行登记，并收取抵押金，聘请拍卖公司或投标公司主持拍卖或招标，并监督达成协议的执行和交接。⑥林权变更换发证程序。林权流转达成协议，完成标的物交割后，涉及林权证转移或换发的，需到县级以上林业主管部门申请办理林地使用权变更登记手续，领取新的林权证。对于一次流转的林地，由县人民政府签发《林地使用权证》或《林权证》；对二次流转的林地，《林地使用权证》或《林权证》随之流转的，需向林业主管部门办理林地使用权变更登记手续。至此，完

成林地使用权流转过程，转入方拥有新转入的林地使用权，通过经营可享有相应的经营收益。

4.8.2 不同流转方式的流转程序

对于林地使用权招标流转而言，其操作程序一般包含以下几步：第一，明晰产权。拟流转的林地必须权属清楚，具有林权证书，权属不清或没有林权证书的林地不能流转；第二，制订方案。内容包括林地现状、四至范围、经营目的等；第三，资产评估；第四，确定底价、公开招标；第五，签订合同。投标者中标后，要与权属所有者签订合同，明确双方的权利义务关系；第六，办理林权变更登记手续。

对于林地使用权拍卖流转而言，其操作程序一般包含以下几步：第一，对拟拍卖林地向社会公告；第二，对买卖人进行资格审查登记；第三，对林地资产评估及四至范围勘界；第四，现场拍卖，公开竞标，一锤定音；第五，交清钱款，签订合同；第六，办理林权变更登记手续。

对于以林地使用权作为合资、合作条件的股份合作经营而言，其操作程序一般包括：第一，寻找合作、合股者；第二，准备入股材料和办理相关手续；第三，签订股份合作合同；第四，到林地所在地的县级以上林业主管部门办理备案手续，但不需办理林地（林木）权属变更登记手续。

对于林地使用权转让而言，其操作程序一般包括：提交申请；提供证明材料；相关机构审核；受理林地转让；签订转让协议；完成权属变更手续。申请林地转让一般应提供下列材料：第一，林地类型、坐落位置、四至界址、面积及地形图、现有林木状况（包括林种、树种、林龄、蓄积量等）；第二，基础设施和其他附着物现状；第三，意向书及森林资源管理责任状；第四，林权证书；第五，其他应当提供的材料。

4.9 小结

本章较为系统地梳理了林地使用权流转的理论体系，包括流转机理、流转意义、流转依据、流转原则、流转状况、流转形式、流转程序等，为后文的进一步分析奠定了相应的理论基础。分析表明，林地使用权流转是指在不改变林地所有权和林地用途的前提下，将林地使用权按一定的程序，通过招标、拍卖、协议等方式，有偿或无偿地由一方转给另一方的经济行为。林地使用权流转既有动因，也有碍因。相关的政策法律条文规定为林地使用权流转奠定了相应的基础。林地使用权流转需要遵循一些相关原则。当前林地使用权流转尚未大规模开展，但呈理性增加趋势。实践中林地使用权流转的形式多样，各具优缺点。林地使用权场内流转需遵循一定的流转程序。

第 5 章　林地使用权流转利益相关者博弈分析

林地使用权流转是市场经济条件下林业发展的客观必然（季利民，2005）。林地使用权流转实质上就是一个各利益相关主体利益关系博弈和调适的过程。博弈论自 20 世纪 80 年代引入中国以来，许多学者开展了卓有成效的理论研究和应用研究（谢识予，2002）。如今，博弈理论已广泛应用到各行各业各种利益主体间的行为关系研究中。文献研究表明，孙海兵（2006）、康雄华（2006）、陈翠芳（2007）、李亚成（2008）等一些学者已针对农地和建设用地流转开展了博弈研究，然而目前尚缺乏运用博弈论专门针对林地使用权流转加以分析的研究成果。因此，本研究在借鉴前人相关研究成果的基础上，尝试从多元动态博弈的视角对林地使用权流转的利益博弈关系加以分析，旨在为进一步规范林地使用权流转行为，完善林地使用权流转机制提供研究参考。

5.1　林地使用权流转利益相关者分析

林地使用权流转利益相关者分析是林地使用权流转行为博弈分析的基础。通过利益相关者分析，有助于更好地发现主要的利益相关者及其行为博弈关系。根据利益相关者理论，结合本研究需要，在此将林地使用权流转利益相关者界定为：与林地使用权流转有着利害关系的个人、团体或机构；也可以理解成林地使用权流转对那些有着直接、间接或潜在正面或负面影响的个人、团体或机构，他们对林地使用权流转起着促进或阻碍作用。林地使用权流转过程中涉及中央政府、地方政府、林业主管部门、村集体组织、转出户、转入户等诸多利益相关者（图 5.1）。

在利益相关者分类方面（付俊文、赵红，2006），Clarkson 根据相关群体与企业的紧密性，分为首要的和次要的利益相关者；Starik 从动态角度考察，提出了潜在利益相关者的概念；Mitchell 将其分为确定型利益相关者、预期型利益相关者和潜在的利益相关者。在综合上述 3 种分类方法的基础上，根据相关者与林地使用权流转的紧密性及其利益影响程度，将利益相关者分为：直接利益相关者、间接利益相关者和潜在利益相关者。①直接利益相关者，是指直接介入实际林地使用权流转过程，并与林地使用权流转有着密切的直接利益影响关系的群体、机构或个人，具体包括：转出方、

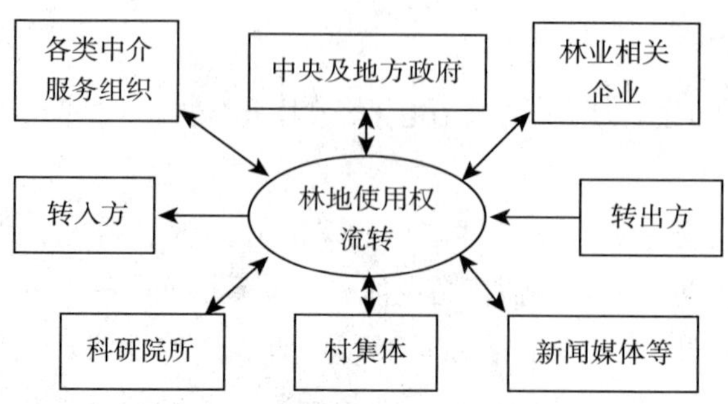

图 5.1　林地使用权流转的利益相关者

转入方、流转中介及相关服务组织等。转入方和转出方是林地使用权流转的最直接的利益关系主体，是林地使用权流转的具体执行主体，是林地使用权流转的受益者或受损者，同时也是林地使用权转入和转出的风险承担者。流转中介及相关服务组织在林地使用权流转过程中起着桥梁作用，获取中介、咨询、担保等服务性收益，同时也可能承担相应的连带责任。②间接利益相关者，是指与林地使用权流转有着间接利益影响关系的群体、机构或个人，具体包括：中央政府（以国务院为代表）、地方政府（省、市、县、乡政府）、林业主管部门（内涵包括国家及地方林业局）和村集体组织等。中央政府是具有强权属性的利益相关者，是林地使用权流转的政策制定者和其他利益相关者行为的规制主体。其利益目标旨在规范和推进林地使用权流转，促进社会总福利的改善和优化。地方政府是林地使用权流转政策落实的执行者和管理者，地方政府既考虑林地使用权流转的社会公平和社会保障目标，也追求林地使用权流转的效率和经济目标。林管部门（指各级林业管理机构，包括国家林业局、各级林业厅局等）是林地使用权流转政策的具体执行、协调和督导单位，利益目标在于追求通过林地使用权流转，提高林业生产力，提升林业部门绩效。③潜在利益相关者，是指与林地使用权流转有着潜在利益关系的群体、机构或个人，一旦介入林地使用权流转，就会转化为主要利益相关者或次要利益相关者，主要包括：科研教学机构及人员、新闻媒体、国内外非政府组织、非流转户、潜在厂商（如林业企业）、周边村社、相关财税部门等。他们是林地使用权流转的潜在参与者和影响者，作为理性主体，也追求各自潜在利益的最大化。

林地使用权流转的实际过程就是一个上述各利益主体间复杂的多元博弈过程。在各利益相关者复杂的责任、权利和利益关系中，各利益主体之间有共同的利益结合点，但同时也存有差异，各方都希望能在林地使用权流转过程中达到自己的最优目标

或实现利益的最大化，其过程就是一个多方博弈的行为过程。

5.2 林地使用权流转利益博弈分析

在上述各利益相关者的复杂博弈关系中，最值得关注的是政府部门（林管部门）、村集体（村干部为代表）和参与流转农户之间的博弈，他们是行为博弈分析的重点。因此，下文拟通过构建博弈模型，针对此三方博弈主体的利益博弈关系加以分析。

5.2.1 基本假设

根据博弈分析框架，为了便于分析，需作出以下假设：

5.2.1.1 理性局中人假设 本研究的局中人就是政府部门（林管部门）、村干部和农户三方，是博弈的决策主体和策略的制定者。农户是参与博弈的直接当事人之一。在此把所有的农户都看成是一个博弈的决策主体和策略的制定者。随着集体林权制度改革的不断深入，以保障林农福利和明晰产权为手段的分户承包经营体制全面展开，南方集体林区已呈现出以分户经营为主体的基本经营格局（罗攀柱等，2009），农户已日益成为一个拥有自主决策权的决策主体，有权利就自已所拥有的林地使用权是否进行流转进行决策。政府部门是另一个参与博弈的直接当事人。中央政府与地方政府在利益关系上虽有所差异，但在当前中国现行的集权体制下，不同层次的各级政府在一些基本问题上认识一致，在此可以把其视为一个博弈的决策主体和策略制定者。林管部门是政府的一个职能部门，是政府利益的代表者，是林地流转行为的重要博弈方。在本研究中用林管部门直接替代政府部门。林管部门是否允许林地流转会对其他的利益主体产生重要影响。

此外，村干部也是重要的博弈利益主体，村干部是村集体经济组织决策及利益的代表者。按照《中华人民共和国宪法》第十条规定，农村和城市郊区的土地（含林地），除由法律规定属国家所有的以外，属集体所有。《中华人民共和国农村土地承包法》第四十五条规定："以招标、拍卖方式承包的，承包费通过公开竞标、竞价确定；以公开协商等方式承包的，承包费由双方议定。"可见，村集体组织是村民自治组织，拥有林地所有权，有权管理本村集体资源，有权收取林地使用费。在集体林权制度改革过程中，《中共中央 国务院关于全面推进集体林权制度改革的意见》规定："集体统一经营管理的林地经营权和林木所有权的流转，要在本集体经济组织内提前公示，依法经本集体经济组织成员同意，收益应纳入农村集体财务管理，用于本集体经济组织内部成员分配和公益事业。”在二次流转过程中，林地使用权流转需告知村集体，并由村集体出具相关证明材料。可见，村集体在林地使用权流转过程中也是一个重要的利益集团。村集体是否积极配合和遵守政府部门相关的流转规定，对博弈方的利益会产生影响。因此，村干部是另一重要博弈主体。

5.2.1.2　行为策略空间假设　本研究假设林管部门有鼓励和限制流转两种策略；村干部有积极配合和消极配合两种策略；而农户的策略空间为流转和不流转两种。

5.2.1.3　动态博弈次序假设　本研究中的博弈次序假定为由政府首先作出选择鼓励或限制流转的决策，其次由村干部作出选择积极或消极配合的决策；最后由农户作出是否选择流转决策。

5.2.1.4　完全信息假设　假设林管部门、村干部和农户彼此都了解对方的行为策略空间和收益函数，即对对方都具有完全信息。

5.2.1.5　收益假设　当所有的局中人采取的策略确定以后，他们各自就会得到相应的“收益”。这里采用支付函数表示局中人从博弈中获得的收益，具体如下：

在林管部门鼓励流转的情形下，农户若进行流转，农户进行流转的收益为 R_H，则村干部积极配合取得的收益为 R_C；村干部消极配合取得的收益为 0；林管部门取得的收益为 R_F。若农户未进行流转，农户不流转的收益为 0；而林管部门的绩效目标未实现，收益为 0，村干部的收益也为 0。在林管部门限制流转的情形下，若农户发生流转，则林管部门限制流转的目标没有实现，林管部门收益为 0，村干部的收益为 0；若农户未进行流转，则林管部门的收益为 R_F，村干部收益为 R_C。

若林管部门鼓励流转，而村干部消极配合，设置流转障碍，则农户的流转需额外支出 ΔR_H，即农户流转收益会损失 ΔR_H。若林管部门限制流转，而村集体积极配合，积极干预流转行为，则农户的流转需额外支出 ΔR_H，即农户流转收益会损失 ΔR_H。

林管部门鼓励或限制流转的成本为 ΔF_C；村干部因积极配合付出成本为 ΔC_C。若林管部门鼓励流转，但村干部消极配合，若要让农户选择流转，林管部门需多支付促进成本 ΔC_F；若林管部门限制流转，但村干部消极配合，若要让农户选择不流转，林管部门需多支付激励成本 ΔC_F。

5.2.2　动态博弈模型构建与说明

根据前文假设分析，可以画出政府、农户与林管部门三者间的动态扩展式博弈树

(图 5.2)。

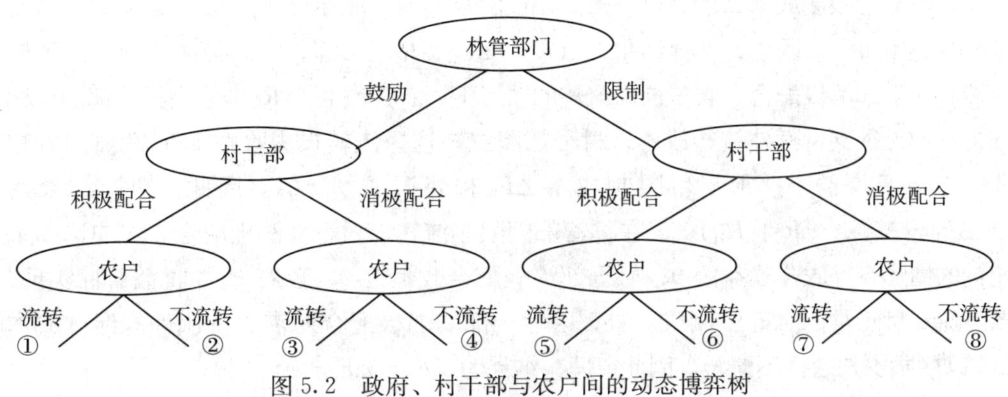

图 5.2　政府、村干部与农户间的动态博弈树

根据博弈树不难确定出参与人的博弈结果（表 5.1)：①在林管部门鼓励流转、村干部积极配合、农户选择流转的情形下，农户流转收益为 R_H；村干部因积极配合付出成本为 ΔC_C，因农户流转村干部获得收益为 R_C，因此村干部收益为 $R_C-\Delta C_C$；而林管部门因农户流转，目标实现获得收益为 R_F，因鼓励农户流转支付成本 ΔF_C。因此，达成的博弈结果为（$R_F-\Delta F_C$，$R_C-\Delta C_C$，R_H）。②在林管部门鼓励流转、村干部积极配合、农户选择不流转的情形下，则农户因没有发生流转行为，收益水平为 0；村干部也无流转收益，且需支付积极配合的成本为 ΔC_C；林管部门也需支付鼓励流转的成本 ΔF_C，因此得出此种情形的均衡结果为（$-\Delta F_C$，$-\Delta C_C$，0）。③在林管部门鼓励流转、村干部消极配合、农户选择流转的情形下，农户的收益会因村干部消极配合、设置流转障碍，致使农户的正常流转收益损失 ΔR_H；村干部因消极配合，无成本支出，也无法获得正常收益水平 R_C，因而收益为 0；而林管部门因村干部的消极配合，在原鼓励成本 ΔF_C 的基础上需多支付 ΔC_F 来促进流转。因此，此种情形的博弈结果为（$R_F-\Delta F_C-\Delta C_F$，0，$R_H-\Delta R_H$）。④在林管部门鼓励流转、村干部消极配合、农户选择不流转的情形下，农户的收益水平为 0；村干部因消极配合无成本支出，但因农户选择不流转需支付消极配合的责任成本，在此假设等同于 R_C；政府无流转收益，且需支付先前的鼓励成本 ΔF_C。因此博弈结果为（$-\Delta F_C$，$-R_C$，0）。⑤在林管部门限制流转、村干部积极配合、农户选择流转的情形下，农户要完成流转行为，需多支付成本 ΔR_H；农户若进行流转，则林管部门的限制流转目标未实现，收益为 0，同时还要支付 ΔF_C的限制成本；而村干部因积极配合需付出配合成本 ΔC_C。因此，博弈结果为（$-\Delta F_C$，$-\Delta C_C$，$R_H-\Delta R_H$）。⑥在林管部门限制流转、村干部积极配合、农户选择

不流转的情形下，农户收益为 0；政府因农户选择不流转实现预期目标，收益为 R_F，但同时需支付限制成本 ΔF_C；村干部因积极配合实现不流转收益目标 R_C，但同时需支付配合成本 ΔC_C。因此，博弈结果为（$R_F-\Delta F_C$，$R_C-\Delta C_C$，0）。⑦在林管部门限制流转、村干部消极配合、农户选择流转的情形下，农户收益为 R_H，且因村干部消极配合，农户无须支付额外流转成本；村干部因农户选择流转损失收益 R_C；政府因农户选择流转无收益，且须支付限制成本 ΔF_C 和处置成本 ΔC_F。因此，博弈结果为（$-\Delta F_C-\Delta C_F$，$-R_C$，R_H）。⑧在林管部门限制流转、村干部消极配合、农户选择不流转的情形下，农户收益为 0；村干部消极配合收益为 0，政府 R_F 的收益目标实现，同时除支付正常的 ΔF_C 限制成本外，因村干部的消极配合还需支付额外的促进成本 ΔC_F 以激励农户选择不流转。因此，博弈结果为（$R_F-\Delta F_C-\Delta C_F$，0，0）。

表 5.1　局中人博弈结果矩阵

序号	博弈状态	博弈矩阵
①	林管部门鼓励流转、村干部积极配合、农户选择流转	（$R_F-\Delta F_C$，$R_C-\Delta C_C$，R_H）
②	林管部门鼓励流转、村干部积极配合、农户选择不流转	（$-\Delta F_C$，$-\Delta C_C$，0）
③	林管部门鼓励流转、村干部消极配合、农户选择流转	（$R_F-\Delta F_C-\Delta C_F$，0，$R_H-\Delta R_H$）
④	林管部门鼓励流转、村干部消极配合、农户选择不流转	（$-\Delta F_C$，$-R_C$，0）
⑤	林管部门限制流转、村干部积极配合、农户选择流转	（$-\Delta F_C$，$-\Delta C_C$，$R_H-\Delta R_H$）
⑥	林管部门限制流转、村干部积极配合、农户选择不流转	（$R_F-\Delta F_C$，$R_C-\Delta C_C$，0）
⑦	林管部门限制流转、村干部消极配合、农户选择流转	（$-\Delta F_C-\Delta C_F$，$-R_C$，R_H）
⑧	林管部门限制流转、村干部消极配合、农户选择不流转	（$R_F-\Delta F_C-\Delta C_F$，0，0）

5.2.3　博弈均衡解分析

综合上述博弈结果，可得出如下博弈均衡解为：

5.2.3.1　就林管部门和村干部的角度而言，在鼓励流转的情形下，最优解为①；在限制流转的情形下，最优解为⑥。作为理性的行为主体，林管部门之所以鼓励流转，是基于流转的利大于弊而进行的行为决策。林管部门之所以限制流转，是基于流转的弊大于利这一前提而进行的行为决策。农户选择流转是基于流转可获利前提而进行的行为选择。因此，在林管部门鼓励流转的情形下，农户选择林地流转，则表明流转有助于实现林地资源的优化配置和林业生产率的提升，农户、村集体和林管部门都可从流转中获利。在林管部门限制流转的情形下，流转会使农户受损，农户选择不流转，则

农户、村干部和林管部门都可从中获利。理论上，林管部门期望村干部和农户都能积极响应林管部门关于林地使用权流转的相关决策。由于农村集体经济组织与地方政府在行政组织上存在从属关系，大多情况下农村集体经济组织是地方政府“行政命令”的传达者。因此，村集体作为一个自治组织，在强势的政府部门面前，村干部通常会积极响应政府号召，积极配合宣传并开展鼓励或限制林地使用权流转活动，以一小部分利益损失获取次优的收益选择。另外，在强势的政府态度和鲜明的舆论导向中，农户会选择跟随林管部门和村干部的行为导向。

5.2.3.2 就农户角度而言，最优解为①和⑦。即不论是限制流转还是鼓励流转，无论村干部是积极配合还是消极配合，只要流转的净收益为正，也就是说通过流转可以改善自身福利，农户就会千方百计地寻求流转，并尽可能地通过场外流转，以减少交易成本。

上述均衡解中，最优解①系三方利益主体可共同接受。这一均衡解也正好解释了当前的林地使用权流转实践情况，即当前林管部门大力鼓励林地使用权流转，村干部积极配合流转，农户也愿意积极参与流转。相关研究成果（周新玲，2005；周新玲，2006；冉光念等，2007）也表明，在明晰经营主体林业产权的前提下，通过公平公正和合理有序的林地使用权流转，各利益主体积极参与林地使用权流转，实现林业规模经营，增加林业经营收益和社会福利已成为共识。

5.3 博弈分析小结与启示

综合上述分析，可以得出如下简要结论：①林地使用权流转的实际过程就是一个涉及农户、村干部、林管部门等多元主体的利益博弈过程。在市场经济环境中，每一个理性主体会尽可能地去追求利益的最大化。在各利益相关者复杂的责任、权利和利益关系中，各利益主体之间有共同的利益结合点，但同时也存有差异，各方都希望能在林地使用权流转过程中达到自己的最优目标或实现利益的最大化，其过程就是一个多方博弈的行为过程。因此，在林地使用权流转过程中，多个博弈关系交织的情形下，正确认识他们的博弈关系和利益诉求，并在林地使用权流转的实践中兼顾到这些不同利益主体的利益需求，以达到不同利益主体间的共赢或多赢，对于规范和推进林地使用权合理流转至关重要；②在上述各利益相关者的复杂博弈关系中，最值得关注的是政府部门（林管部门）、村集体（村干部为代表）和参与流转农户之间的博弈，他们是行为博弈分析的重点；③文中的农户、村干部和林管部门三方动态博弈分析结果表明，三方博弈的最优解为：林管部门鼓励流转、村干部积极配合、农户合理选择流转，取得的收益水平为（$R_F-\Delta F_C$，$R_C-\Delta C_C$，R_H）。农户林地使用权流转的成本和收益状况、村干部积极配合或消极配合的成本和收益等状况、林管部门激励或限制流转的成本和收益状况均会对三方的博弈收益及博弈均衡产生影响。

综合上述分析，我们可以看出林地使用权流转过程中利益博弈的关键在于：①农户的流转成本与收益；②林管部门激励或限制流转的成本和收益；③村干部积极配合和消极配合的成本和收益。

当出现如下几种情形时，旧的博弈均衡会被打破，以形成新的利益均衡。即：①当林管部门的激励或限制流转的成本 ΔF_C 过大时，超过给林管部门激励或限制流转所带来的收益水平 R_F 时，旧的博弈均衡会被打破，新的博弈均衡会重新形成。②当村干部配合林管部门开展激励或限制流转行动的成本 ΔC_C 超过其所带来的收益水平 R_C 时，村干部也有可能重新进行自身的行为选择，以改善自身的收益状态。③当农户逆林管部门鼓励或限制流转政策而采取反方向的策略行动时，农户要为此多支付额外的成本 ΔR_H，以实现其策略选择，当这一成本高过其选择流转或不流转的收益水平 R_H 时，农户的策略选择也会发生相应的变化。

第 6 章　农户林地使用权流转态度与行为调查分析

南方集体林区分布着我国 37.12%的森林面积，保存着全国 15.97%的森林蓄积。南方省（区）90%的林业用地面积的所有权归属集体所有，80%活立木总蓄积为集体或林农个体经营（曹兰芳等，2006）。随着集体林权制度改革的不断深入，以保障林农福利和明晰产权为手段的分户承包经营体制全面展开，南方集体林区已呈现出以分户经营为主体的基本经营格局（罗攀柱等，2009）。因此，在明晰经营主体林业产权的前提下，农户成为林地使用权流转的重要主体，他们的意愿和行为直接影响林地使用权的流转，是诱发林地制度改革的微观基础，林农的林地使用权流转认知及意愿情况关系到农户具体的林地流转行为。文献研究表明，当前研究成果宏观研究较多，微观研究不足，特别是缺乏基于农户微观主体角度对农户的林地流转认知和意愿加以研究。因此，本研究旨在通过农户调查数据的分析，客观揭示农户对林地使用权流转的认知、判断、意愿及行为状态，以期揭示农户林地使用权流转行为的形成机理，本研究对于探索农户林地流转行为发生、发展和变化的规律，促进林地使用权流转实践具有一定的研究意义和实践参考价值。

6.1　调查说明

福建省和江西省是南方集体林区重点林业省，森林资源丰富。作为全国林权制度改革的两个主要试点省份。福建省政府于 2003 年 4 月出台了《关于推进集体林权制度改革的意见》(闽政［2003］8 号)；江西省委、省政府于 2004 年 8 月出台了《关于深化林业产权制度改革的意见》(赣发［2004］19 号)，并在全省开展了新一轮集体林权制度改革。推动规范流转成为此次林权改革的重要内容。两省皆通过网络等媒介搭建了信息平台，通过要素交易市场构建了交易平台，将部分采伐指标赋予林权交易市场，诱导流转主体参与场内流转，并联合金融部门推动了抵押市场的发育，形成了相应的激励机制。以江西省为例，自 2004 年到 2007 年底的林改期间，江西省共流转林地面积 4.35×10^4 公顷，流转宗地数量为 3 598 宗。其中，大部分林地和林木流转发生在 2006 年下半年和 2007 年度。全省 11 个设区市中，吉安市、宜春市、赣州市为流转最为活跃的地区，其流转面积总量占全省比重为 78.39%，这三个市也是江西省森林资源最为丰富的地区（谢屹，2008）。

为了实证研究农户对林地使用流转的态度，即认知、判断及意愿，本研究所采用的资料主要来源于农户问卷实地调查。样本农户的选择采取分层典型抽样的方式，抽样时考虑选择不同收入水平、不同林地规模等不同家庭特征的农户加以调查，以确保所调查的研究样本具有一定的典型代表性。在实地调查过程中，系在样本乡林业工作站人员和样本村干部的协助下完成典型农户的抽样。在江西，选择江西林权改革与林权流转的典型地区宜春市的铜鼓县和靖安县作为调查县；在福建，选择典型地区南平地区邵武（县级市）和三明市的尤溪县作为调查县。2009 年 7 月和 9 月进行了江西省农户调查，2010 年 12 月进行了福建省农户调查，调查方法采取一对一入户调查方式。

在江西的调研中，在铜鼓共抽取 6 个典型乡（镇），8 个典型村，92 户典型农户进行调查；在江西靖安共抽取 4 个典型乡（镇），10 个典型村，88 户典型农户进行调查；调查样本共涉及 2 个县，10 个乡（镇），18 个村的 180 户农户，其中有 16 份农户调查问卷因关键数据缺失视为无效问卷加以剔除，共计有效问卷数 164 份，铜鼓 80 份，靖安 84 份，问卷有效率为 91.1%。

在福建的调研中，在南平地区邵武（县级市）共抽取 3 个典型乡（镇），4 个典型村，共 134 户典型农户进行调查；在三明的尤溪县共抽取 2 个典型乡（镇），4 个典型村，共 78 户典型农户开展调查；福建调查样本共涉及 2 个县 5 个乡 8 个村 212 户农户，其中有 10 户因关键数据缺失视为无效问卷加以剔除，共计有效问卷数 202 份，邵武 126 份，尤溪 76 份，问卷有效率为 95.3%。

两省的总调查样本共涉及 4 个县 15 个乡 26 个村的 392 户农户，其中有效问卷 366 份，问卷总体有效率为 93.4%。

农户调查的内容包括：①农户基本情况调查，包括农户家庭成员状况调查、农户林地资源状况调查、农户家庭收支状况调查、农户劳动力投入状况调查等；②农户林地流转认知调查，调查农户对林地流转政策、林业税费政策、林权政策、林业补贴政策及其他林地经营相关政策法规方面的认知情况；③农户林地流转意愿及原因调查，了解农户林地转入和转出意愿及原因；④农户林地流转行为调查，包括流转原因、流转形式、流转手续、流转途径、流转年限、受让方情况、流转条件、流转交易成本及

费用情况、流转收益情况、流转服务及保障状况、流转满意度、流转中存在的问题、流转产生的影响等。本研究采用 Excel 软件和 SPSS 统计分析软件对调查结果进行描述性统计分析和计量回归分析。

6.2 理论框架

态度是社会个体对于客观对象的一种心理倾向，这种倾向包括认知、情感判断、意向（意愿）三种要素，任何一种心理倾向如果在某种程度上包括了上述三种要素，都可以称为态度（刘宗粤，2003）。认知是指个体经由意识活动对事物认识与理解的心理历程；情感判断是个体对于客观对象的内心体验，表现为个体在情感方面的情绪反应，即个体对某对象作好坏、肯定、否定之情绪判断；意向是指个体对于客观对象的预备反应，表现为个体在行为方面的倾向即个人对态度有所行动表现时之准备状态。在三种要素中，认知因素是核心内容，个体的情感判断以及意向总是通过一定的认知而形成的，但是特定的认知并不一定导致相关的情感和意向。至于态度与行为的关系，目前普遍认为态度在很大程度上影响甚至是决定行为，行为往往是态度的外部表现，而行为往往又会通过反馈机制促进态度的演进。

综合上述分析可知，认知、判断、意愿三种要素构成了态度；而态度与行为有着较强的相关性，这种相关性可能是一致性，也可能是非一致性。态度在很大程度上影响甚至是决定行为，行为往往是态度的外显状态表现，也就是说态度在内外力的作用下往往会具体体现为一种行为举动（图 6.1）。上述这一理论体系架构为本研究的实地调查及后文的调研分析提供了重要的理论指导和支撑。

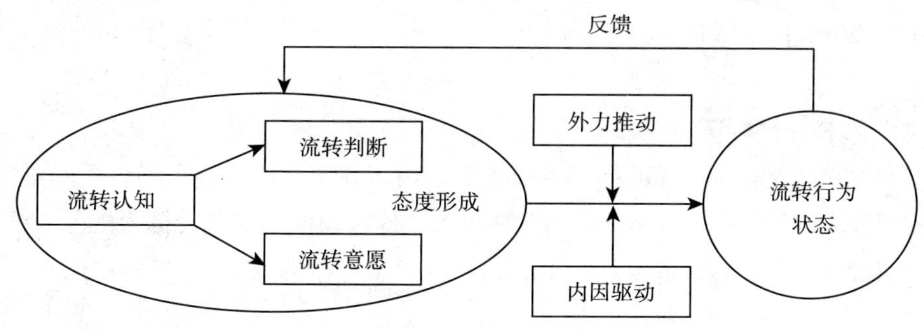

图 6.1 认知、判断、意向及行为状态关系

6.3　农户林地使用权流转调查分析

6.3.1　林权流转政策认知及满意度

农户对林权政策的认知程度是林权流转政策有效实施的基础。福建省人大于 2005 年 9 月公布了新修订后的《福建省森林资源转让条例》，江西省人大于 2004 年 9 月通过了《江西省森林资源转让条例》，对流转范围、流转管理、流转费用等流转政策内容作了明确规定，以规范林地林木转让行为，保障流转双方的合法权益，保护林地林木资源，促进林业可持续发展。

调查表明，70％的农户表示了解林权流转政策；30％的农户表示不了解林权流转政策。不了解林权流转政策的农户多数系弱势群体，这些农户或居处偏僻、消息不灵，或家境贫困，或文化素质较低、信息的获取和吸收能力差。由此可见，样本地区的林权流转政策宣教取得了一些成效，但同时仍有部分农户并不了解林权流转政策，政策宣教工作需进一步加强，特别是要加强针对弱势群体的政策宣传。

在林权流转限制性规定认知方面，有 52％的农户认为林权流转没有限制性规定。有 20％的农户认为林权流转需经村小组同意，有 19％的农户认为流转需经村委会同意，有 9％的农户认为林权流转不得转给外村人。在流转的限制性规定方面，农户的认识存有差异，一方面是农户本身的素质存有差异而产生不同的认知，另一方面也表明了林权流转政策的宣传方面也存有差异。

在林权流转政策满意度方面，81％的农户表示满意，认为林权流转政策给了林农受益空间；但仍有 19％的农户表示不满意，主要原因有两方面：林权流转政策不够明细；林权流转受到过多的政策约束。可见，多数农户满意现行的林权流转政策，但林权流转政策仍有待于进一步细化和完善。

6.3.2　农户对林权流转判断

在农户对林权流转存在的问题判断方面，由于我国林地流转市场体系尚不完善，林地使用权流转的历史还较短，目前还缺少细化的林地使用权流转行为规范，流转的程序、原则等等有待具体落实，因此，我国目前的林地使用权流转实践中还存在着一些问题有待解决。

调查显示（图 6.2），56％的农户认为存在流转信息不畅，不能及时有效、充分地

了解和掌握流转信息；35%的农户认为存在流转不公平问题，认为流转价格偏低，流转分配不公平，弱势群体无力参与流转；25%的农户认为流转程序复杂，流转效率低下，流转中存在较强的政府的计划性和控制性；16%的农户认为流转中介太少，不能有效地提供相关流转服务；12%的农户认为流转政策不合理，需待进一步完善；11%的农户认为林权不稳定，担心未来林权及流转政策再次发生大的调整。

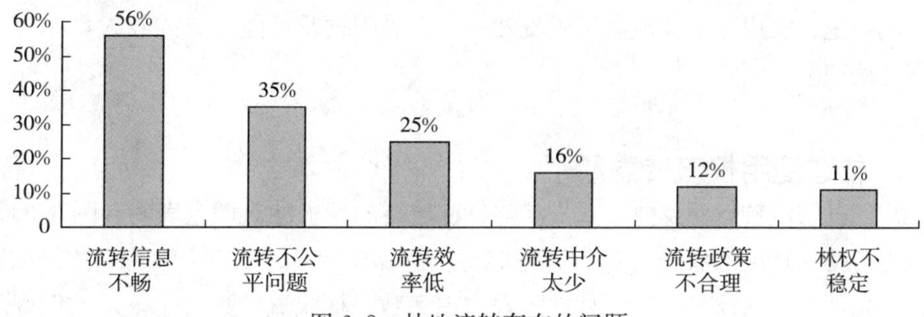

图 6.2　林地流转存在的问题

在林权流转对农户收入预期影响的判断方面，集体林权改革之后，集体林地承包到户。林地使用权成为了农户拥有的一种资源性产权。林权流转对农户的收入福利或多或少地产生了一些影响。基于农户视角的调查显示（表 6.1）：林权转入对农户收入影响方面，47%的农户认为，短期内会减少收入，长期内会增加收入；17%农户认为短期内会增加收入，但长期内会减少收入；21%农户认为短期和长期内都会增加收入；仅有 5%的农户认为长期和短期内会减少收入；而认为没有影响的农户占 10%。在林权转出对农户收入的影响方面，69%的农户认为，短期内增加收入，但长期内减少收入；14%农户认为短期和长期内增加收入；8%农户认为长期和短期内减少收入；4%农户认为短期内减少收入，长期内增加收入；仅有 5%的农户认为林权流转对农户收入没有影响。可见，林权转入对农户收入影响呈现较大的差异性，由于农户的家庭类型、兼业经营程度以及林地经营兴趣和能力差异，不同的农户对林权转入的收入预期不同。而多数农户对林权转出的收入影响预期较一致，普遍认为林地转出会对自己长期的收入福利产生负面影响。

表 6.1　农户对林权转入转出对收入影响的判断

林权转入会对您家收入产生何种影响	比例（%）	林权转出会对您家收入产生何种影响	比例（%）
短期和长期内增加收入	21	短期和长期内增加收入	14
短期内增加收入，但长期内减少收入	17	短期内增加收入，但长期内减少收入	69

（续）

林权转入会对您家收入产生何种影响	比例（%）	林权转出会对您家收入产生何种影响	比例（%）
长期和短期内减少收入	5	长期和短期内减少收入	8
短期内减少收入，长期内增加收入	47	短期内减少收入，长期内增加收入	4
没有什么影响	10	没有什么影响	5

由此可见，农户对于林地使用权流转中存在的问题及可能带来的收入影响有着较为清晰的认识。

6.3.3　林地使用权流转意愿

农户的林权流转意愿反映了农户参与林权流转的积极性。调查表明（图 6.3），表示愿意进行林权转出的农户占 26%；不愿意进行林权转出的占 74%。在目前的政策环境及收益条件下，选择自己经营林地的农户占多数，林权流转具备了一定的但尚不广泛的群众基础。愿意转出的农户多数为由于外出打工或家庭缺乏劳动力而无能力经营所以愿意转出。农户不愿意转出的主要原因有如下几种：认为自己经营收益更高；目前林价不够高；林地自己经营有安全感等。

在林权转入意愿调查方面（图 6.4），愿意转入林权的农户占 71%，不愿意转入林权的占 29%。表明多数农户愿意转入林权。愿意转入林权的主要原因在于：农户认为林地就像土地一样，是家庭财富的重要构成，也是社会安全保障的重要形式。不愿意转入林权的主要原因有两类：一是自己不善于经营林地，怕转入亏损不划算；另一类是由于农户在外打工或经商或缺乏劳动力而无力经营林地所以不愿转入。

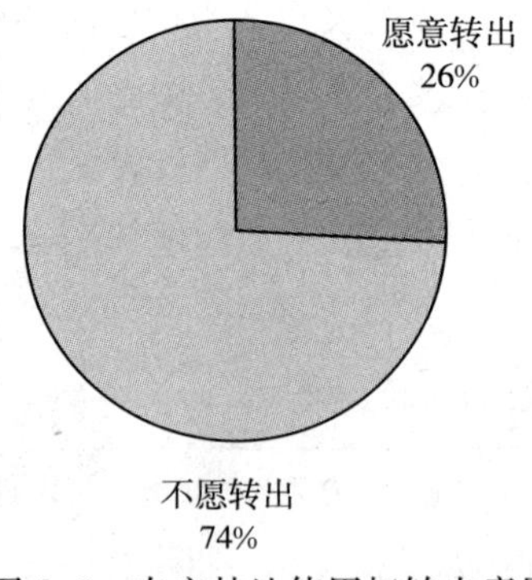

图 6.3　农户林地使用权转出意愿

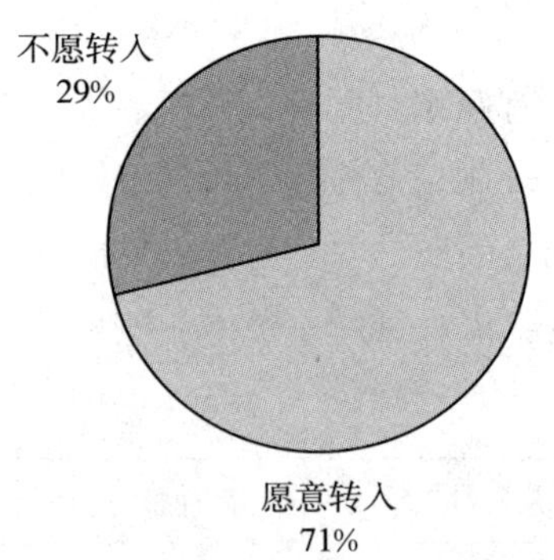

图 6.4　农户林地使用权转入意愿

就省别而言，调查结果显示，江西的农户转出意愿为 28%，略高于福建农户的转出意愿 25%。而福建农户的转入意愿为 75%，高于江西的转入意愿 66%。调查表明，福建农户的林地经营积极性较高。

在林权流转组织方式意愿方面，选择流转双方私下协商流转的农户占 62%；选择到政府办的林权交易中心（林权要素市场）登记流转的农户占 29%；选择由民间中介组织协调流转占 7%；愿意由村集体联系流转的占 2%。调查结果表明：农户更倾向于进行场下流转，之所以多数农户选择私下流转的主要原因在于“私下流转较为方便”、“私下流转可以节省费用”、“林地林木数量少，在林权交易市场无法流转”。而通过场下私自协商的非变更登记流转则显得较为简便。当然也有不少农户愿意选择进行场内公开流转，这与近些年样本地区林权交易中心所做的大量宣传工作不无关系，但最主要原因是农户认为场内公开登记流转，虽然手续复杂些，但产权交易安全性有法律保障。另外，由于样本地区的民间中介或合作组织尚在培育中，农户对流转中介尚缺乏了解，信任度有待提高。而多数农户不愿意选择由村集体联系流转，怕自己的利益受损，村干部在群众中的威望和信任度有待提高。

充分的信息获取是科学决策的重要基础和依据。信息畅通是促进和激励流转的重要因素。调查表明，农户获取林权流转信息的主要渠道依次为：广播电视占 39%；亲戚朋友占 32%；村委会占 28%；林权交易中心占 19%；报纸杂志占 7%；互联网占 5%。可见，广播电视、亲戚朋友网络、村委会、林权交易中心在林权流转信息传播中具有重要的作用。

在农户林权流转信息发布意愿调查方面，农户首选到村委会登记发布占 42%；其次为到林权交易中心登记发布占 38%；再次为告诉亲戚朋友或周围邻居来加以发布，占到 32%；仅有 6%的农户选择通过报纸杂志刊登发布；选择通过互联网和电视加以发布的农户占 4%。由此可见，农户的信息发布渠道集中在通过村委会和林权交易中心发布。散户倾向于通过村委会和亲戚邻居发布私下流转；而大户则倾向于通过林权交易中心发布流转信息寻找有能力的转入者，通过场内登记加以流转，以确保权益的安全性。

在林地使用权承包期意愿方面，67%的农户认为 30～70 年的承包期较为合适；28%的农户选择 30 年以下，19%的农户认为 70 年以上合适。可见，认同国家法律认定的 30～70 年承包期的农户占多数。认为承包期应在 30 年以下的主要原因在于：农村和农户家庭特征变化很快，便于重新调整林权配置。认为应在 70 年以上的主要原因在于：林业经营长期性，承包期越长越有利于社会稳定和林业发展。

林权流转价格确定意愿。市场经济条件下，林权流转价格对农户的林权流转意愿和行为具有重要的影响。调查结果表明，有 67%的农户认为应该由流转双方自行协商确定，有 17%的农户认为应该由资产评估机构来加以评估确定，有 13%的农户认为应该由国家统一确定，有 3%的农户认为应该由村组确定。由此可见多数农户希望拥有确定林权流转价格的自主权。

在服务需求意愿方面（图 6.5），依次为：政策咨询服务占 65%；法律服务占 32%；流转信息服务占 27%；经营技术服务占 22%；融资服务占 17%；中介公证服务占 13%；协调监管服务占 6%。调查表明，农户对政策法律服务最为敏感，也最为关心。农户对林权流转的相关政策法律尚存疑虑，因此，政府及林业主管部门应加大政策宣传力度，进一步明确并切实稳定林权流转政策，以有助于农户形成稳定的理性预期，让农户做出长期理性的林业经营行为。

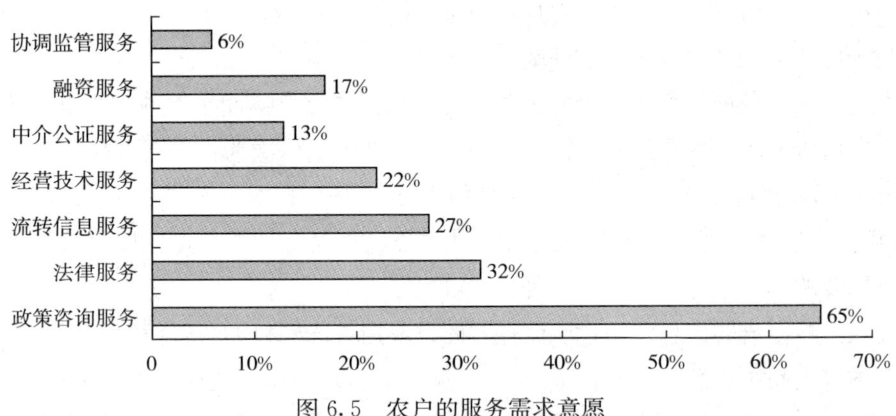

图 6.5　农户的服务需求意愿

由此可见，在市场经济条件下，农户的意愿决策普遍趋于现实和理性，期望获取更多的林地流转自主权，更加关切自己的切实林地经营和流转收益。

6.3.4　参与及未参与林权流转行为的原因

调查农户中，60 户曾转入林权，占 16%；30 户曾转出林权，占 8%；14 户曾转入和转出林权，占 4%；262 户不曾转入或转出林权，占 72%，前文中一些表示“愿意参与转出或转入”的农户并未实际做出参与流转的行为。调查结果表明林权流转实践在样本地区尚未广泛开展，农户的流转态度与流转行为存在不完全一致性，在农户

所要求的流转条件、要求和环境尚不完全具备的情形下，流转意愿尚未完全转化为实际的流转行为。曾转入林权者多数为村中能人，或为村干部，或为林业经营能手。曾转出林权者为有非农经历（如打工、经商）或缺劳动力无力经营的农户。

调查表明（图 6.6），农户没有转入林权的最主要原因在于：没人愿意转让，占 36%；转入价格太高，占 22%；缺乏劳动力来经营，占 18%；经营林地不划算，不想扩大林地面积，占 15%。担心承包他人林地后，收益得不到保证，占 9%。

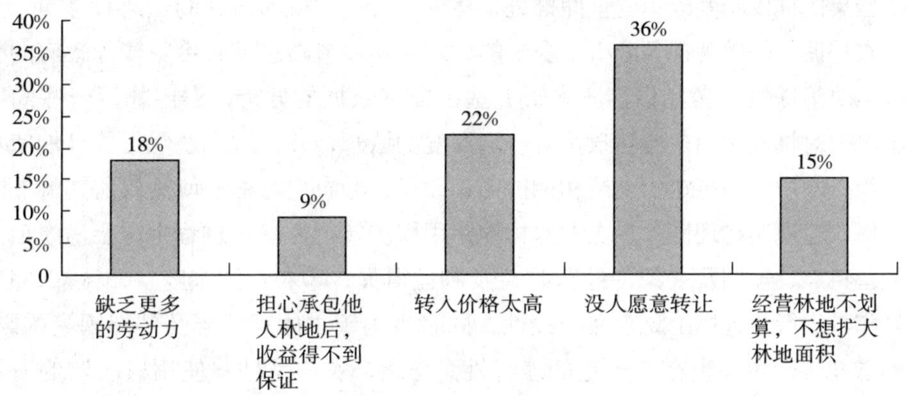

图 6.6　农户没有转入林权的主要原因

调查表明（图 6.7），农户没有转出林权的最主要原因在于：非农就业不稳定，林地可提供基本生存保障，占 41%；自家擅长经营林地，占 27%；担心转出林地，自己想种时难以收回，占 16%；对林地有特殊感情，不舍得转出，占 9%。怕别人糟蹋自己的林地，占 7%。

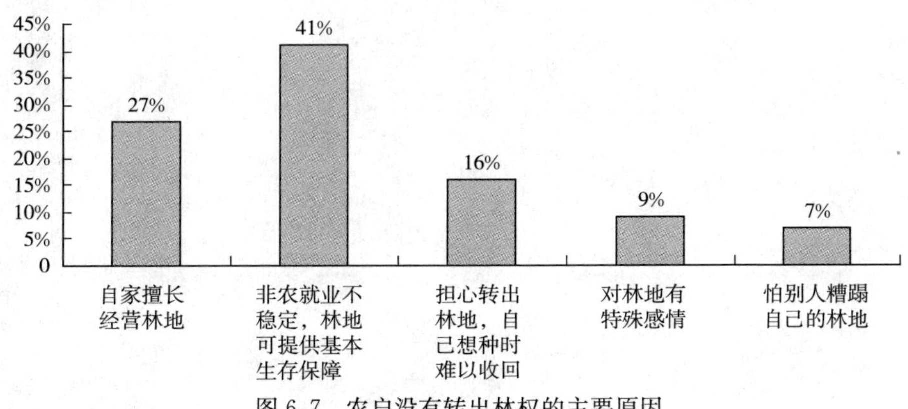

图 6.7　农户没有转出林权的主要原因

由此可见，农户的行为决策是理性的，农户确定是否参与林地使用权流转，主要考虑如下两个主要因素：一是农户自身是否有能力经营；二是林地经营是否能够获利。

6.4　调查分析小结

随着集体林权制度改革的全面推进，林权流转日益成为研究的热点和重点。本研究基于农户调查的微观视角分析了农户的林地使用权流转态度，希望能为政府的林权流转政策决策提供参考和借鉴。本研究基于样本数据的分析，得出如下一些简要结论：①农户对林地使用权流转政策有一定程度的认知，并普遍满意现行的林地使用权流转政策，农户普遍肯定、支持和拥护这一政策；②农户对林地使用权流转的判断和行为选择日趋现实和理性，在农户的林地使用权流转行为决策过程中，会考虑自身的家庭经营特点、短期及长期的经营收益及利益得失；③农户的态度（即认知、判断、意愿）和具体行为选择上既存在一致性，同时也由于主体间差异及外部因素的影响，农户的态度与行为间也存在一定的差异性。总之，农户是林地使用权流转的重要主体。我国林地使用权流转制度的调整和完善应以尊重农户意愿为前提，以促进林地经营效率和农户收入福利提高为根本目的。

Shennong Series

第 7 章　农户林地使用权流转意愿影响因素的实证分析

农户是林地使用权流转的重要主体，是诱发林地制度改革的微观基础，他们的行为意愿影响着具体的林地使用权流转实践。农户的林地使用权流转是农林经济领域重要的研究命题。文献研究表明，当前的研究成果主要集中在林地使用权流转的定性理论研究和描述性的调查分析层面，缺乏基于农户微观角度且专门针对农户的林地使用权流转意愿加以实证研究。因此，本研究旨在运用前一章所介绍的福建和江西的样本农户实地调查数据，采用二项式 Logistic 回归模型进一步实证解析农户林地使用权转入和转出意愿的影响因素，以期揭示农户林地使用权流转行为的形成机理，为政府及相关职能部门制定和完善林地使用权流转政策，规范林地使用权流转行为提供决策参考。

7.1　林地使用权流转意愿影响因素理论体系

7.1.1　相关研究文献回顾

在农户经济行为研究方面，宋洪远（1994）分析了影响农户行为的经济体制因素。庾德昌（1996）运用大量的事实材料，论述了农民的经济行为，反映了农民行为的理性特征。史清华（2001）从农户家庭组织演变入手，对农户家庭经济资源配置效率所引发的经济结构变迁及根源进行了实证，提出了浙江农户经济增长与结构转折的深层根源——政府对农户理性经济行为的尊重。黄祖辉等（2005）对浙江、江苏两省农户在农业结构调整中的决策行为特征及影响因素等问题，进行了比较全面的分析和研究。

在农户流转农地意愿的影响因素上，国内外学者主要是从农户主体特征、农地产权制度、交易费用、制度环境、经济环境等方面进行了研究。钱文荣（2002）认为农户流转农地意愿及行为与当地农民对农地的情感、农民收入水平以及对“年农地承包权”的看法等因素有着密切的关系。杜文星、黄贤金（2005）的研究结果表明：非农就业率、家庭最高受教育水平、单位面积农业纯收益、家庭与等级公路的距离、家庭恩格尔系数、地区经济发展水平、农户户口所在地等因子对农户流转参与意愿起着决定性的作用。张文秀等（2005）通过对成都平原的调查，分析了农户非农收入、当前农地的功能、农地流转收益和农民受教育程度对农户农地流转意愿的影响。刘克春、林坚（2005）研究结果显示，农户是否进行农地流转主要取决于家庭收入总量、收入来源结构以及农户的要素禀赋。

在农户林地流转行为研究方面，李娅等（2007）基于江西省三个典型案例村的实地调研，对江西省集体林区林权制度改革效果及农户林地流转意愿进行了描述性统计分析；调查分析表明：年龄、受教育程度以及家庭人均林地面积因素与农户的林地流转意愿相关。文彩云等（2008）通过对集体林权制度改革背景下农户的林地流转行为进行统计描述分析，指出了目前农户林地流转行为的一些特征，如农户林地流转的发生率还较低，农户林地流转尚未达到一定规模，农户林地流转的范围主要局限在本村村组内部等。谢屹等（2009）定量分析了农户林地林木转出行为的主要影响因素及其影响程度。结果表明：农户对现行流转及生产制度安排的认知程度、农户非农收入比重、农户林业生产时间、农户上学子女数目均对其转出行为具有显著影响。

尽管前人研究成果中，缺乏专门针对农户林地使用权流转意愿的实证研究，但上述相关研究成果为本研究的思路构建和研究方法运用提供了重要的参考和借鉴。

7.1.2　影响因素体系建构

在参照前人研究成果的基础上，结合林地使用权流转的具体实践和调研发现，通过梳理和归纳，本研究较为系统地总结出了影响农户林地使用权流转意愿的因素体系（图 7.1）：即农户户主特征因素、农户家庭特征因素、林地资源禀赋因素、政策制度环境因素等。①农户户主特征因素主要包括：户主年龄；户主性别；户主文化程度等。②农户家庭特征因素主要包括：家庭成员非农经历状况（如家庭成员是否任过干部，家庭成员是否打过工，家庭成员是否经过商）；家庭人口规模；上学子女数量；家庭现金收入状况等。③林地资源禀赋因素包括：林地规模，可用林地面积表示；林地细碎化程度，可用林地地块数量来衡量。④政策制度环境因素主要包括：农户对流转政策认知情况，可用“农户是否了解流转政策”表示；林权流转政策满意情况；流转市场及规制状况，可用林权流转容易程度来表示。

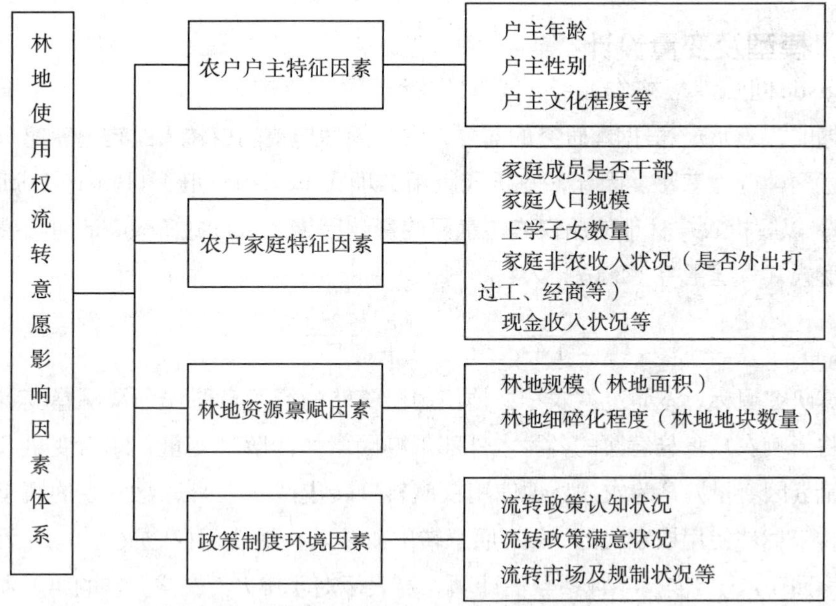

图 7.1　农户林地使用权流转意愿影响因素体系

7.2　农户林地使用权流转意愿影响因素实证模型构建

7.2.1　研究假设

基于前文的文献回顾和本研究的研究目的，在此提出如下两个基本假设：一是农户系理性的经济人，农户林地使用权流转意愿决策是一种理性行为，总是会追求成本或风险约束条件下的收益或效用最大化。二是农户参与林地使用权流转意愿受一系列内外部影响因素的影响，但其影响程度和影响方向不同。

7.2.2　数据来源

为了实证研究农户林地使用流转意愿的影响因素，本研究所采用的资料主要来源于农户问卷实地调查数据。如前文所述，本研究选择江西林权改革与林权流转的典型地区宜春市的铜鼓县和靖安县，以及福建典型地区南平地区邵武（县级市）和三明市的尤溪县作为调查样本县。两省的总调查样本共涉及 4 个县 15 个乡 26 个村的 392 户农户，其中有效问卷 366 份，问卷总体有效率为 93.4%。

7.2.3 模型及变量设计

Logistic 回归模型被农业经济学家广泛运用于研究农户行为意愿（何国俊等，2007；赵侠，2008）。根据本研究的需要，农户的林地使用权转入或转出意愿只有愿意或不愿意两种行为意愿。因此，本研究应用二项式 Logistic 回归（Binary Logistic Regression）以解析农户林地使用权流转意愿的影响因素。二项式 Logistic 回归模型常见的表达形式（朱建平等，2007）为：

$$p_i = \frac{e^{\alpha + x_{ij}\beta_j}}{1 + e^{\alpha + x_{ij}\beta_j}} = \frac{e^{\alpha + \beta_1 x_{i1} + \beta_2 x_{i2} + \cdots + \beta_j x_{ij}}}{1 + e^{\alpha + \beta_1 x_{i1} + \beta_2 x_{i2} + \cdots + \beta_j x_{ij}}}$$

根据研究目标，本研究将农户林地使用权流转的行为意愿作为被解释变量，即因变量；将影响农户参与意愿的各种内外部影响因素作为解释变量，即自变量。式中被解释变量（因变量）P_i为农户林地使用权流转（转出或转入）意愿发生的概率，愿意转出或转入林地使用权定义为 1；不愿意转出或转入林地使用权定义为 0。α 为常数估计；β_j表示第 j 个自变量参数系数估计项。x_{ij} 表示对于第 i 个农户而言的第 j 个影响因素变量。根据前文的理论分析、研究假设，以及样本数据的可获得性和代表性，选取如下解释变量：户主年龄（x_{i1}）；户主文化程度（x_{i2}）；家庭成员是否任过干部（x_{i3}）；农户是否以非农收入为主（x_{i4}）；家庭总人口数（x_{i5}）；上学子女数（x_{i6}）；农户人均现金收入（x_{i7}）；人均林地面积（x_{i8}）；林地地块数量（x_{i9}）；是否了解流转政策（x_{i10}）；是否满意流转政策（x_{i11}）；流转交易是否复杂（x_{i12}）。此外，为了考察地区差别，增设省域虚拟变量（Province），上述变量值均来自于农户问卷调查数据。

7.2.4 样本描述性统计分析

前述样本农户调查显示：60 户曾转入林权，占 16%；30 户曾转出林权，占 8%；14 户曾转入和转出林权，占 4%；262 户不曾转入或转出林权，占 72%。表示愿意进行林权转出的农户占 26%；不愿意进行林权转出的占 74%，多数农户不愿意转出林地使用权。愿意转入林权的农户占 71%，不愿意转入林权的占 29%，多数农户愿意转入林权。19%的农户其家庭成员系干部或曾任过干部；47%的农户系非农收入户，其主要收入来自于打工或从事商业经济活动。70%的农户表明了解林权流转政策；30%的农户表示不了解林权流转政策。81%的农户表示满意，认为林权流转政策给了林农受益空间；但仍有 19%的农户表示不满意。52%的农户认为流转（农户传统观念认为是

私下流转）容易；48%农户认为流转交易复杂。各变量的离散程度见表 7.1。解释变量与被解释变量的相关性如表 7.2 所示。

表 7.1　变量的描述性统计分析

变　量	最小值	最大值	均值	标准差
转出意愿（1 愿意；0 不愿意）	0	1	0.26	0.439
转入意愿（1 愿意；0 不愿意）	0	1	0.71	0.454
户主年龄（实际调查值）	23	76	49.3	10.196
户主文化程度（实际受教育年限表示）	0	17	8.08	2.956
家庭成员是否任过干部（1 是；0 否）	0	1	0.19	0.458
农户是否以非农收入为主（1 是；0 否）	0	1	0.47	0.495
家庭总人口数（实际调查值）	1	10	4.35	1.516
上学子女数（实际调查值）	0	3	0.72	0.756
农户人均现金收入（实际调查值取对数）	1.74	5.13	3.48	0.66
人均林地面积（实际调查值）	0	250	17.61	26.338
林地地块数量（实际调查值）	0	22	3.76	2.898
是否了解流转政策（1 是；0 否）	0	1	0.70	0.479
是否满意流转政策（1 是；0 否）	0	1	0.81	0.400
流转交易是否复杂（1 是；0 否）	0	1	0.48	0.494
省域变量（1 江西省；0 福建省）	0	1	0.45	0.498

注：样本数为 366。

表 7.2　解释变量与被解释变量间相关性分析

解释变量	转出意愿		转入意愿	
	相关系数	显著性水平 (2 - tailed)	相关系数	显著性水平 (2 - tailed)
省代码（Province）	−0.024	0.652	−0.090	0.085
户主年龄（x_1）	−0.043	0.410	−0.119*	0.023
户主文化程度（x_2）	0.091	0.083	0.105*	0.046
家庭成员是否干部（x_3）	−0.089	0.091	−0.006	0.908
农户是否以非农收入为主（x_4）	0.028	0.597	0.074	0.157
家庭总人口数（x_5）	−0.069	0.190	−0.084	0.110

（续）

解释变量	转出意愿		转入意愿	
	相关系数	显著性水平 (2 - tailed)	相关系数	显著性水平 (2 - tailed)
上学子女数（x_6）	−0.011	0.839	−0.076	0.148
农户人均现金收入（x_7）	0.039	0.451	0.078	0.135
人均林地面积（x_8）	−0.024	0.649	0.111*	0.033
林地地块数量（x_9）	−0.095	0.068	0.119*	0.023
是否了解流转政策（x_{10}）	0.044	0.398	0.343**	0.000
是否满意流转政策（x_{11}）	0.074	0.156	0.216**	0.000
流转交易是否复杂（x_{12}）	−0.313**	0.000	−0.288**	0.000

注：①解释变量与被解释变量相关性越强越好；② * 和 * * 分别表示两变量在 0.05 和 0.01 水平下显著相关；③样本数为 366。

7.3　计量结果与讨论

为考察农户林地使用权流转意愿的影响因素，本研究采用 SPSS16.0 软件中的二项式 Logistic 回归分析。采用的回归方法是 backward conditional 方式。在处理过程中，首先将筛选过的解释变量都代入模型进行检验，根据检验结果，将对因变量影响并不显著的自变量剔除掉，然后继续检验，直到自变量对因变量影响的检验结果基本显著为止。Logistic 模型采用最大似然估计法对其回归参数进行估计，回归参数的检验采用 Wald 统计量检验，Wald 检验值越大，则 Sig. 值越小，表明该自变量的作用越显著。系数 B 值的正负值，表明解释变量对因变量的正向或负向影响作用。

7.3.1　计量结果

经 9 步迭代回归分析，得出转出和转入意愿影响因素模型估计结果（表 7.3 和表 7.4）。

转出意愿模型回归结果显示（表 7.3），根据影响的显著性水平，农户林地使用权转出意愿影响因素由大到小依次为：流转交易是否复杂；林地地块数量；家庭成员是否任过干部；农户人均现金收入；以及省域变量。其中，农户人均现金收入、省域变量影响方向为正；家庭成员是否任过干部、林地地块数量、流转交易是否复杂的影响方向为负。

表 7.3 转出意愿的二项式 Logistic 模型估计结果

解释变量	回归系数 (B)	标准差 (S. E)	沃尔德 (Wald)	自由度 (df)	显著性概率 (Sig.)	期望值 Exp (B)
家庭成员是否任过干部 (x_3)**	−0.778	0.324	5.764	1	0.016	0.459
农户人均现金收入 (x_7)**	0.031	0.012	5.623	1	0.018	1.000
林地地块数量 (x_9)**	−0.156	0.064	5.861	1	0.015	0.856
流转交易是否复杂 (x_{12})***	−1.612	0.269	35.800	1	0.000	0.199
省域变量 (Province)**	0.697	0.316	4.849	1	0.028	2.007
常数项 (Constant)	0.017	0.296	0.003	1	0.954	1.017

注：①样本数为 366；②*、**、***表示统计检验分别达到 10%、5%和 1%的显著水平。

表 7.4 转入意愿的二项式 Logistic 模型估计结果

解释变量	回归系数 (B)	标准差 (S. E)	沃尔德 (Wald)	自由度 (df)	显著性概率 (Sig.)	期望值 Exp (B)
农户是否以非农收入为主 (x_4)*	0.496	0.294	2.844	1	0.092	1.642
林地地块数量 (x_9)***	0.174	0.053	10.795	1	0.001	1.190
是否了解流转政策 (x_{10})***	1.616	0.293	30.493	1	0.000	5.034
是否满意流转政策 (x_{11})	0.799	0.336	5.644	1	0.018	2.223
流转交易是否复杂 (x_{12})***	−1.622	0.306	28.155	1	0.000	0.197
省域变量 (Province)***	−1.035	0.314	10.870	1	0.001	0.355
常数项 (Constant)	0.080	0.441	0.033	1	0.856	1.084

注：①样本数为 366；②*、**、***表示统计检验分别达到 10%、5%和 1%的显著水平。

转入意愿模型结果显示（表 7.4）：根据影响的显著性水平，农户林地使用权转入意愿影响因素由大到小依次为：是否了解流转政策；流转是否复杂；省域变量；林地地块数量；是否满意流转政策；农户是否以非农收入为主。其中，流转是否复杂和省域变量的影响方向为负，其余变量的影响方向为正。

模型检验结果显示（表 7.5）：转出和转入意愿模型的似然比卡方（Chi-square）统计量分别为 51.213 和 100.647，对应的 p 值皆为 0.000，小于 0.05，表明该模型整体显著，即各自变量的回归系数不同时为零，全体自变量与因变量的回归关系显著。转出和转入意愿模型的 −2 Log likelihood 统计量分别为 365.819 和 336.235；Cox & Snell R Square 值分别为 0.131 和 0.240；Nagelkerke R Square 统计量分别为 0.192 和

0.345，说明该模型拟合优度还可以。转出和转入模型总的预测正确率分别为 77.9% 和 76.5%，说明两个模型的整体预测效果都还比较理想。

表 7.5　转出和转入意愿模型检验结果

检验类型	模型总体显著性的对数似然比检验结果			模型拟合优度检验结果			模型预测准确率
	Chi-square	df	Sig.	−2 Log likelihood	Cox & Snell R Square	Nagelkerke R Square	Percentage correct
转出意愿模型检验结果	51.213	5	0.000	365.819	0.131	0.192	77.9%
转入意愿模型检验结果	100.647	6	0.000	336.235	0.240	0.345	76.5%

7.3.2　计量结果讨论

7.3.2.1　流转交易复杂程度因素与流转意愿　农户的行为决策不仅受内部因素的影响，同时也受外部政策制度环境因素的影响和规制。样本的描述性统计结果和计量结果表明：流转市场越完善，政府行政干预就越少，流转政策就越稳定；外部的政策制度环境越优越，行政规制就越少；交易规则越明确，交易成本就越小，场内流转操作就越容易，农户行为决策的不确定性、风险水平就越低，其收益空间和收益水平就越高，农户的林地使用权转出和转入意愿也就会越强。反之，如果流转操作越复杂，农户的流转成本就越高，农户的转入与转出意愿就越低。

7.3.2.2　政策认知和满意度因素与流转意愿　政策认知是农户理性决策的前提和基础。政策宣传越到位，农户的认知就越透彻。农户的政策认知度越高，即农户对政策的了解程度越高，则对流转政策的理性认识程度就越高，就越能发现和把握流转过程中出现的机会收益和风险收益，越能感知林地在未来的增值潜力，就越愿意转入林地使用权。而农户对流转政策的满意度越高，则表明农户的林权转入经营收益增加预期越高，就越愿意转入林地使用权加以经营。由前文的相关性分析可知，农户对政策的认知度和满意度对农户林地使用权转出意愿影响为正，但不显著。

7.3.2.3　林地地块数量因素与流转意愿　农户的经济行为通常要受资源条件的约束。计量结果表明，拥有林地地块数量越多的农户越不愿转出林地使用权，而更愿意转入林地使用权。前文的相关性分析表明，林地地块数量与林地面积高度相关，通常林地

地块数量多的农户，在很大程度上是农村中的林业经营大户或优势群体，其拥有的林地面积也相对较大。而对于林业经营而言，面积越大，其获得的规模经营收益水平越高，而在现有的林地流转价格较低的水平下，林地经营大户会倾向于转入更多的林地使用权加以经营，而不愿意转出林地使用权。而对于林地地块数量少、林地面积小的农户，林地收入不足以维持生活，加上林地经营仍存在较高的自然、政策和管理风险，因此，此类农户更愿意将林地使用权转出，以便集中时间和精力从事其他生产劳动来获取更高的比较收益。

7.3.2.4　非农收入和现金收入因素与流转意愿　农户的家庭属性及经营特征是影响农户经济行为决策的重要因素。①计量结果表明，越是以非农收入为主的农户越愿意转入林地使用权。在农村，农户的非农收入主要通过打工或从事技术性、商业性经济活动而获得。这类农户通常系农村的强势或优势群体，经济实力一般较强，农户家庭成员通常见识较广，其信息获取、机会捕获、风险和不确定性的承受和抵御能力也较强。因意识到林地潜在价值及较大的升值空间，因此愿意转入林地使用权加以经营，以获取经营收益。②越是以现金收入为主的农户越愿意转出林权，但影响不显著。农户人均现金收入越高的家庭，越愿意转出林地使用权，有如下两种情形：第一种情形是现金收入高的家庭，通常是以非农收入为主，偏好打工或经商可获取更高的比较收益，对林地的依赖性相对较小，转出林地使用权以便集中精力增加非农收益，因此愿意转出林地使用权；第二种情形是现金收入高的农户为林业大户，视林地使用权转出为获利良机，林地使用权转出为正常的经营行为。

7.3.2.5　户主和家庭成员特征因素与流转意愿　户主对农户家庭的经济和社会行为选择具有主导作用，家长的主体特征将直接影响家庭行为选择。前文相关分析表明：户主年龄与农户的林地使用权转出转入意愿呈负相关关系，但影响不显著。通常户主年龄越大，通常会越保守，越趋向于稳健经营和安稳度日。而林地使用权的转入转出都意味着农户的风险和收益水平会发生相应变化，因此，年龄越大的户主转入转出林地使用权的意愿也会相对较弱。而户主文化程度与农户林地使用权转出转入意愿呈正相关关系，但影响不显著。户主文化程度越高，通常其综合素质和综合能力也相对较高，风险承受和经营收益能力越强，越愿意参与林地使用权流转。农户家庭成员曾担任过干部，则通常在当地的权势和影响力也会较大，其非农创收能力也通常较强，林地保障功能对其而言较弱，其林地使用权经营的意愿会相对较低。

7.3.2.6　省域差异因素与流转意愿　不同地区，有着不同的地理位置，不同的资源条件，不同的经济发展水平，可能还存有不同的地区政策制度环境，不同的生产生活理念，不同的干群关系，这些因素在某种程度上也会对农户的林地使用权流转意愿（特别是转出意愿）产生影响。计量结果表明，省域因素对农户林地使用权转出转入意愿有显著影响。与福建相比，江西的农户更倾向于转出林地使用权，而不愿转入林地使用权。原因在于江西省两个样本县离南昌较近，样本县的工业、旅游业和农业较发达，农户收入来源多样化，对林地的依赖性不强，林地使用权转出意愿较强。而福建两个样本县，林业市场较为完善，林业产业较为发达，林农对林地具有较强的依赖性，林地有较强的社会保障功能，林业经营收益较为可观，农户普遍不愿转出林地使用权，而更愿意于转入林地使用权，以扩大林地经营规模收益，以维持和提高生计，或加大投资，以实现未来的林地增值潜力和收益。

此外，还需要特别说明的是，本研究系基于两个样本省有限的典型样本农户调查分析而得出如上研究结果，并不能完全代表和解释所有地区的农户林地使用权流转意愿决策情形，也可能存在与其他基于不同调查样本的同类研究结果不一致的情况。

7.4　实证分析小结

综合本章分析，本章基于江西和福建 366 户农户调查数据，运用回归模型实证分析了农户林地使用权流转的影响因素。经研究，得出如下研究结论：①流转意愿调查结果显示，农户普遍意识到林地的重要价值，愿意进行林权转出的农户占 26%；愿意转入林权的农户占 71%，在现有的流转收益水平下，多数农户表示愿意转入林权，而不愿转出林权，因此，政府在推进林地使用权流转的进程中，需充分考虑并尊重农户的流转意愿。②农户的林地使用权流转意愿受户主特征、农户家庭特征、林地资源禀赋、政策制度环境特征等诸多因素的综合影响，且影响程度存有差异。回归模型估计结果显示，流转交易是否复杂、林地地块数量、家庭成员是否任过干部、农户人均现金收入以及省域地区差异因素对农户的林地使用权转出意愿有显著影响。而流转是否复杂、是否了解流转政策、省域地区差异因素、林地地块数量、是否满意流转政策、农户是否以非农收入为主等因素对林地使用权转入意愿影响显著。由此可见，农户是否愿意转出或转入林地使用权，主要考虑如下因素：流转交易是否复杂；是否有充分的非农就业机会及收入来源；政策了解认知和满意情况；林地的经营规模收益及风险水平；地区差异状况等。

第8章　农户林地使用权流转福利变化的经济学分析

当前，从福利经济学角度分析研究林地使用权流转的成果尚不多见。但在农地流转福利方面，元露丰等（2005）、刘喜广等（2006）、高进云等（2006）、熊浪等（2009）、樊帆等（2009）开展了一些前沿性的研究，为林地福利研究提供了重要借鉴。本章在上述文献研究的基础上，结合实地观察，从农户微观视角，基于福利经济学、微观经济学和行为经济学等学科基础理论与方法，分析农户林地使用权流转的福利变化，并对理想状况下福利改进与实践流转情形的差异加以解释，以期能促进我国林地使用权流转的规范化、市场化、理性化和有效化。

8.1　林地使用权流转与林地福利

8.1.1　林地福利的内涵

微观经济理论中，福利被认为是个人或集体的偏好或满足程度的反映。经济学通常假定行为主体是理性的，其目标旨在实现福利最大化。林地是一种极为宝贵的稀缺资源。林地用途的多面性给人们带来的福利内涵广泛，主要体现在：①经济福利。耕种林地可以获取林地经济产出，为农户提供可交易的林业经济产品，从而产生经济收益；②生态福利。林地可提供涵养水源、防风固沙、净化环境、固碳增汇、气候调节、野生动物栖息和生物多样性保护等多重生态服务功能；③社会福利。林地对于农户而言，不仅具有生产性功能，而且具有非生产性功能。林地可为农户提供生产生活保障、就业机会保障、社会地位保障、心理安慰保障、劳动偏好保障、子孙后代继承权保障、未来发展和补偿机会保障等一系列社会福利。

8.1.2　理想状态下林地使用权流转带来的林地福利改进

在假设完全竞争市场和林地使用权流转顺畅有效的理想状态下，林地使用权流转可以充分发挥市场的配置功能，充分利用闲置林地资源，是深化林业经营体制改革的有效措施，是提高林业生产力的有效手段，有助于促进林业经营的规模化、集约化和效益化，有助于促进森林可持续经营目标的实现（季利民，2005；薛海，2007；刘春杰，2002）。具体来讲，林地使用权流转可以带来以下好处：

8.1.2.1　促进林地规模经营、科技兴林，提升林地经济福利　森林资源分户经营往往会造成森林资源和生态系统碎化。而且由于人力资源和技术有限等原因，分户经营往往处于低水平的粗放经营状态。林地使用权流转可以使林地向有能力从事大规模集约化经营的主体流动，从而有助于实现林地集中生产、统一操作，形成规模经济。经营者通过有偿流转的形式获得林地使用权后，在经营上越来越重视依靠科技提高经济效益，主动聘请林业技术人员给予技术指导，主动了解林业相关法规，主动学习林业新技术新成果，从而可以促进科学技术在森林经营中的应用，有效地提高了林地的经济福利。

8.1.2.2　促进林地资源的保护和可持续经营，提升林地生态福利　林地使用权的有偿流转，让林地使用者为使用林地支付了成本。因此，通过利益驱动来激励农户林地经营积极性是最为有效的手段。在利益机制的驱动下，保护林地就是在保护属于自己一部分财产权利，把森林当做自己的资产经营，其保护的主动性更强，也就使林地得到更好的保护。此外，为了实现林地经营预期收益，农户极为珍惜获得的林地资源经营使用权，经营主体积极主动加快造林绿化步伐，加强林木抚育管理，积极采取浇水、施肥、病虫害防治等措施，提高林木经营水平，促进林地资源的可持续经营，从而提升林地生态福利。

8.1.2.3　拓宽林业投资渠道，促进劳动力转移，提升林地社会福利　林地使用权流转盘活了林地资源，让林地资源变成了林地资产，进而在金融工具的支撑下成为林地资本，农户可以通过林地流转获取收益，通过林权抵押开展林地资本运营，进一步拓宽林业投资渠道。林地使用权流转后，逐步形成全社会办林业，国家、集体和个人多元投资主体积极参与林业建设的良好局面。另外，随着农村非农非林产业的迅速发展，农户经营林业的机会成本增大，受比较利益诱惑，林业劳动力转移也非常明显。通过林地使用权流转，可以让更多的农村剩余劳动力从林地中解放出来，从而促进农村的非林就业、社会转型和经济发展，提升林地的社会福利。

理想状态下的林地使用权流转，不仅可以促进个人福利的改进，如个人获得林地流转的经济收益和社会福利，而且也可以促进社会整体福利水平的提升。林地流转能够提高林地规模效益，促进劳动力转移，促进生态和环境福利的改进，从而实现社会整体福利的提升。当然，社会整体福利的增加并非等同于农户个人福利的增加。农户

在理性选择林地流转行为时，通常会考虑自身个人的福利水平变化。

8.2 林地使用权流转福利改进的微观经济学分析

从经济学的角度而言，农户通常被假定为经济人。农户的林地使用权流转皆为理性的行为选择。下文运用微观经济学相关理论解释林地使用权流转所带来的主要福利改进情形，即为何流转可以促进农村劳动力转移和就业机会转换，以及林地资源的优化配置和规模经营。

8.2.1 就业机会的转换

林地使用权流转的实质是林地使用权和经营权的交易过程，也是流转主体双方林业就业机会与非林就业机会之间的转换过程。转出户的非林就业收益水平是转出林地使用权的机会收益。是否有充分的非林就业机会和较高的非林收益水平，在很大程度上会影响转出户的转出意愿和实际转出行为。微观经济学理论中的帕累托最优是指资源分配的一种状态，在不使任何人境况变坏的情况下，而不可能再使某些人的处境变好；两种既定数量的资源在两个消费者之间的最优分配，如能使各自达到效用（或利益）满足的最大化，那么资源的交换就达到帕累托最优状态。在不考虑林地经营与非林就业收益预期的情形下，林地使用权流转是偏好林地经营行为与偏好非林经营行为的相互转换。通过林地使用权流转，转出方与转入方的林地经营需求和非林经营需求都得到了满足，他们的福利水平都得到了进一步优化。在此，可以进一步运用埃奇渥斯盒状图（图 8.1）来加以说明。

在图 8.1 中，转出户 A 与转入户 B 是转换的两个主体。他们的经营资源是有限的，经营行为有两种选择策略：分林到户后选择林地经营或转出林地从事非林经营行为。转出户 A 的无差异曲线为 $T=\{T_1, T_2, T_3\cdots T_i\}$，转入户 B 的无差异曲线为 $S=\{S_1, S_2, S_3\cdots S_i\}$。其中，$i$ 代表交换的次数。转出户 A 和转入户 B 各自的无差异曲线相切点 P_i 即为资源配置和交换的帕累托最优点组合，而由所有相切点 P_i 所构建成的曲线 $P=\{P_1, P_2, P_3\cdots P_i\}$，是资源交换的契约曲线，表示两种资源在转出户与转入户两个主体间的所有最优分配（即帕累托最优状态）的集合。由此可知，在交易契约曲线之外的任何一点，转入户与转出户双方无差异曲线的边际替代率均不相等，交易双方没有达到帕累托最优状态；这时，继续进行转换，可以改善双方的境况，增加双方的福利，直到契约曲线之上，交易双方的无差异曲线的边际替代率相等，双方满足达到最大化，交易达到帕累托最优状态。对于转出户而言，如果没有充分的非林就业机会来保障农户的收益水平，其实际和预期收益就会下降，流转交易的机本成本就会上升，流转意愿就会下降；而对于转入户而言，如果没有转入后更高的林地经营收益预期，农户的林地流转意愿将明显减弱。因此，只有流转双方交易后各自的林地经营收益和非林就业收益都得到优化时，也就是达到最优交易契约曲线 P 上的各点，流转交易才达到帕累托最优。

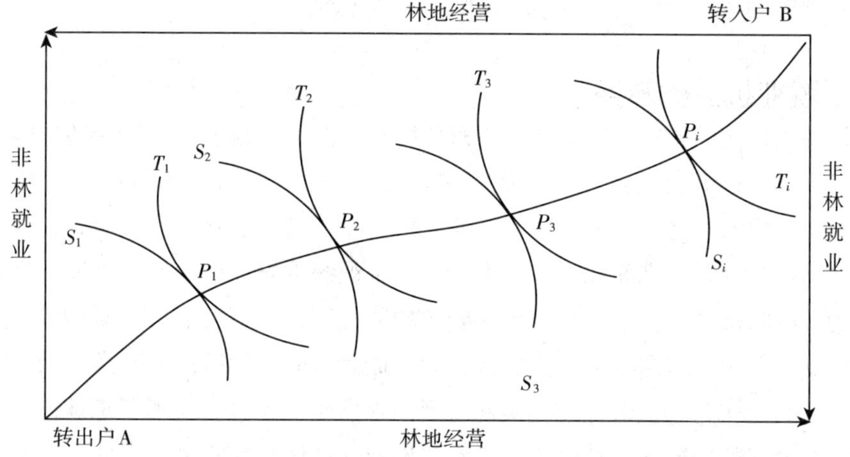

图 8.1　转出户与转入户林地经营与非林就业转换的埃奇渥斯盒

8.2.2　林地资源的优化配置和规模经营

新制度经济学中的产权理论认为在既定的所有权格局不变的前提下，可以通过界定从而转让权利来实现资源的优化配置（科斯，1960）。因此，在林地所有权不变的前提下，可以通过转让林地的使用权即林地使用权流转来实现林地资源的优化配置。林地使用权流转能有效解决农村林地细碎化问题，通过提高林地经营规模有助于实现规模经济。大规模生产可以提高生产技术的应用，通过生产技术改变生产要素的投入组合方式，从而起到降低成本和提高生产率的作用。图 8.2 通过短期和长期生产均衡曲线来加以分析（樊帆，2009）。如图 8.2 所示，短期边际成本曲线 SMC_{ab} 和短期平均成本曲线 SAC_{ab} 代表短期生产均衡情形下农户 A 和农户 B 共同的生产规模，由于农户 A、B 的生产规模较小，在既定的生产规模和生产技术情形下，难以使生产要素比例合理

化，生产成本也相对较高，所以农户 A、B 在短期生产均衡中最优点在 a 点，其对应的产量为 Q_1。在长期充分利用现有的资源，使现有的生产要素合理配置的情形下，农户最多在短期平均生产成本曲线 SAC_{ab} 的最低点 b 处生产，产量为 Q_2。如果实行林地使用权流转，使 A、B 林地集中由一家来生产，设为农户 C，其短期边际成本 SMC_C 和短期平均成本 SAC_c 代表农户 C 的生产规模，在长期看来，由于生产要素如劳动投入、生产技术和生产资源等发生变化，存在着规模经济，农户 C 可以在长期成本曲线 LAC 与长期边际成本曲线 LMC 相切的长期生产均衡点 c 处生产，其产量为 Q_3。显然 $Q_3 > Q_2 > Q_1$，所以产量增加。c 点较 a 点低，说明农户 A 和农户 B 集中生产的成本较单独生产低。从而实现了林地资源的优化配置和规模经济。

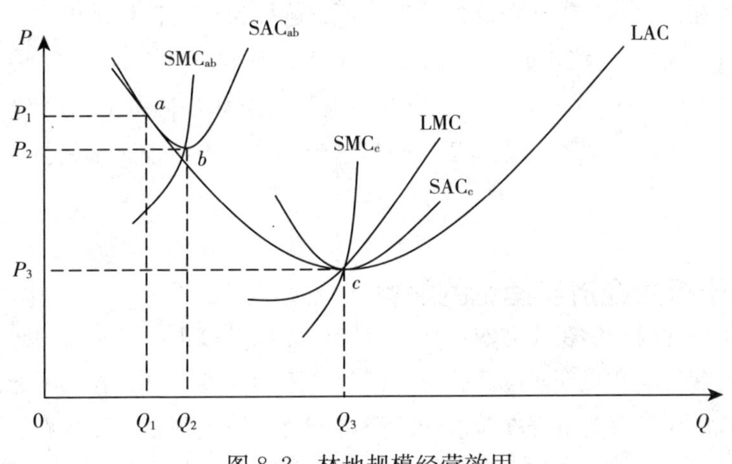

图 8.2　林地规模经营效用

综上所述，在理想状态下，林地使用权流转促进了农村劳动力转移和就业机会的转换，以及林地规模经济的实现，从而实现了林地使用权流转所带来的个人和社会整体福利改进。

8.3　林地使用权流转现实状况的行为经济学分析

8.3.1　林地使用权流转现实状况

当前，我国宏观社会经济环境已经发生了很大变化，产权进一步明晰，市场经济体制有了较大完善，社会经济发展较快，农民非农收入不断提高。但在实践中并未出现如前文所分析的理想状态那样出现林地的大规模流转。如第 4 章所述，国家林业局经济发展研究中心于 2007 年 9—11 月，针对全国集体林权制度改革的 4 个代表省江西、福建、辽宁和云南的 9 个县（市）、18 个乡（镇）、32 个行政村、305 个农户的林地使用权流转行为进行了调查，其中有效问卷 292 份。结果表明：农户林地流转的发生率还较低，但林改后较林改前有显著提高，农户林地流转尚未达到一定规模，距离真正的林业规模经营还相距甚远（文彩云，2008）。其中的原因何在值得研究。

正如第 6 章所述，2009 年 9 月，本研究选择江西省宜春市的铜鼓县和靖安县 180 户典型样本农户进行了问卷调查，2010 年 12 月进行了福建南平地区邵武（县级市）和三明市的尤溪县 212 户典型样本农户调查。共得到有效调查问卷 366 份，有效率为 93.4%。调查表明，表示愿意进行林权转出的农户占 26%，不愿意进行林权转出的占 74%。这表明在目前的政策环境及收益条件下，选择自己经营林地的农户占多数，林权流转具备了一定的但尚不广泛的群众基础。调查农户中，60 户曾转入林权，占 16%；30 户曾转出林权，占 8%；14 户曾转入和转出林权，占 4%；262 户不曾转入或转出林权，占 72%。调查结果也表明林权流转实践在样本地区邵武县和尤溪县尚未广泛开展。

8.3.2 基于行为经济学理论的解释

下文基于行为经济学视角对农户林地流转行为加以分析，并分析林地流转没有大规模发生的更深层次和更现实的原因。从行为经济学角度而言，农户不愿意大规模转出林地使用权的主要行为解释在于农户的经济行为在很大程度上受生存伦理、禀赋效应、预期效应和心理账户等行为因素的影响。

8.3.2.1 “安全第一”和“风险回避”生存伦理 行为经济学的前景理论认为，决策过程主要是由价值函数和决策权重函数共同决定，而价值函数取决于财富的变化量，是用相对于某个参照点的收益或损失来表示的，人们在面临收益前景时更加倾向于风险厌恶（刘宪，2009）。长期以来，中国农户都处于社会底层，形成了“安全第一”和“风险回避”的生存理念，农户经济行为的目的并不是追求“效益”而是为了生活。农户并非追求经济理性中的利益最大化，而是以生存保障为出发点，宁愿减少损失的概率。在农民的意识中，由于对未来生活预期的不确定，土地依然是他们生存的保障，离开土地意味着生存风险。农民对于土地的行为决策，必然以生存保障为出发点。因此，在农户“安全第一”及“风险回避”生存伦理作用下，尽管目前农户生存环境不断好转，林地流转更具规模经济效益，林地流转也不一定能得到农户的积极响

应（熊浪等，2009）。

8.3.2.2　禀赋效应和预期效应　萨勒（Thaler）在1980年发现的“禀赋效应”指出，人们对于自己所拥有的东西非常珍惜，让他们放弃所拥有的物品需要付出很大代价(刘宪，2009)。我国实行土地家庭承包经营责任制，因此农民享有林地承包经营权和使用权，可以以较少代价或无偿承包林地，从某种意义上可以认为林地已成为农户的一种资源禀赋和家庭财富。林地使用权转出对于农户而言，意味着原来拥有的家庭资源禀赋和生产资料发生变化，承包林地从有到无，农户失去了获得持续性林业收益的机会。特别是随着产权改革的推进，各项优惠政策的出台，占有和经营林地成本进一步下降，使得这种禀赋更为明显。此外，随着林业生产水平的提高，随着人们环境意识提高——对环境产品和服务的需求与日俱增，林地潜在价值也正在持续上升。尽管当前许多地区的农民非农非林收入足以维持生计，然而，也并未如愿地出现林地的规模流转，其中很重要的原因就在于：农户认为当前的林地使用权流转价格较低，预期未来林地价值将持续升高。再加上对未来生活不确定的预期，使得他们更倾向于保留林地：一方面是寻得安全保障；另一方面是期望在未来可以以更高价位来流转林地。因此，由于禀赋效应和预期效应的作用，农户不愿意转出林地使用权。

8.3.2.3　心理账户的影响　心理账户是由芝加哥大学行为科学教授理查德·萨勒提出的一个影响深远的概念。行为经济学认为，无论是个体、家庭还是集团、公司，都存在一个或多个明确或者潜在的账户体系，这些账户体系往往会遵循一些有悖于经济学运算规律的潜在心理运算规则，并影响着个体的经济决策（刘宪，2009）。在农村，农民普遍把其所享有的林地承包经营权及所承包的林地作为自己资产的一部分，不管林地以何种形式保留，心理上都习惯看做是自己的资产，从而形成自己的“心理账户”(熊浪等，2009)。考虑未来经济收益的不确定性，农户由于林地使用权流转失去林地使用权后的心理恐慌感就更为强烈。农民更愿把闲着的林地以不约定期限的方式委托给村组内部成员或亲友经营，是因为这样做在心理上并没有影响农户对其所承包的林地的最终占有，这样他们可以在必要时收回，在其心理上并未失去林地。因此，村组内部成员或亲友之间的场外林地私下托管是实践中的主要林地流转经营方式。

8.4　小结与启示

林地是一种极为宝贵的稀缺资源，林地用途的多面性给人们带来多重福利，即经济福利、生态福利和社会福利。林地流转会对农户的多重福利水平产生影响。林地使用权流转的实质是林地使用权和经营权的交易过程，也是流转主体双方林业就业机会与非林就业机会之间的转换过程。理想状态下的林地使用流转应是一个帕累托改进的过程。在林地使用权流转过程中，除了林地经营收益外，非林就业机会的创造对于林地流转福利优化也至关重要。若无充分的非林就业机会来保障农户的收益水平，农户的林地流转意愿将明显减弱。理想状态下，可运用微观经济学的供需理论、生产均衡理论来解释林地使用权流转所带来的林地福利改变。但在现实的林地使用权流转实践中，并未如理想状态下预期的那样出现林地的规模流转，运用行为经济学的“安全第一”及“风险回避”生存伦理、禀赋效应和预期效应，以及心理账户原理可以得到一些合理的解释。

农户是林地流转的直接参与主体，其有关林地的行为决策直接影响着林地流转顺畅与否。因此，政府在制订林地政策、促进林地流转过程中，要充分考虑理论与实践的差距，农户在具体的林地使用权流转实践中是有限理性主体，有必要从行为经济学视角出发，注重农户“经济理性”和“非经济理性”双重行为研究，关注农户行为决策习惯，了解农户真实的流转意愿，增加相关流转政策制度供给，稳定林地经营制度，建立健全社会保障体系，消除农户的心理担忧，合理引导农户的经济行为，促使农户形成稳定的心理预期和心理账户，这样才能更为有效地促进林地使用权流转，并最终促进林地经济、生态及社会福利的有效提升。

第 9 章　农户林地使用权流转的成本收益与流转策略分析

林地使用权流转的成本收益状况是衡量农户福利水平的关键指标。本章拟从农户微观视角，基于经济学的成本收益分析方法和框架，分析农户林地使用权转入和转出的成本收益变化，并提出提升农户收益水平的相关策略性建议，以期促进我国林地使用权流转的市场化、规范化、理性化和有效化。

9.1　林地使用权流转成本收益分析

一般而言，农户作为理性的经济主体（史清华，1999），其林地使用权流转行为遵循行为科学的一般规律，即农户在了解认知流转政策和流转收益的基础上，形成内部动因和外部动因，即农户为了追求自身潜在的流转收益，同时在外部政策环境激励下形成流转意愿，进而通过比较其成本（包括直接成本、机会成本和风险成本等）和收益（直接收益、机会收益和风险收益等）水平，在可接受的范围内，流转意愿转化为具体的流转行为，从而实现预期的流转行为目标（图 9.1）。由此可见，在农户的流转

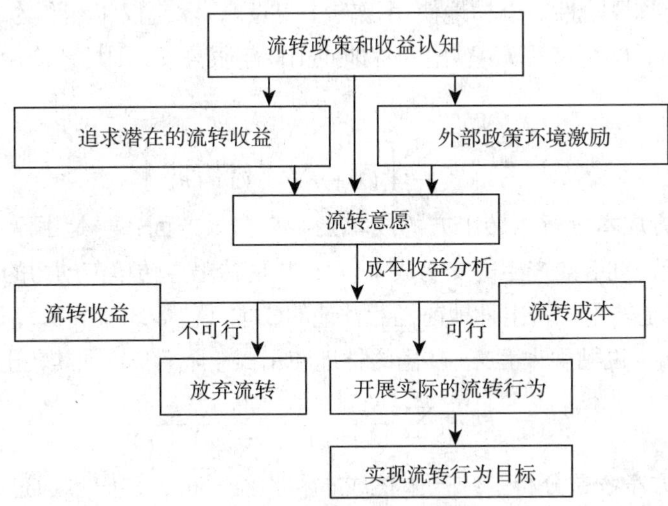

图 9.1　基于成本收益分析比较的农户林地使用权流转行为机理

决策行为过程中，成本和收益水平是决策的核心与关键。

所谓成本收益分析（Cost-benefit Analysis），是一种经济决策方法，它是通过比较各种备选项目的全部预期收益和全部预期成本的现值来评价这些项目，以作为决策参考或政策评价依据的一种方法（刘姝蕙，2007）。目前，成本—收益分析已经成为分析各类经济项目和经济行为普遍使用的方法。此种分析方法为农户林地使用权流转行为是否合理和有效提供了理论指导。文献研究表明，当前尚缺乏针对林地使用权流转开展成本收益分析的研究成果。农地流转方面的一些研究成果（刘凤雏，2006；刘敏，2007；李文泽，2009）为本研究提供了参考和借鉴。当然，林地流转与农地流转既有共性，同时在流转客体、流转政策等方面也存有差异。因此，本节拟运用成本收益分析框架，来分析林地使用权转入户和转出户的成本收益以及流转社会总收益情况。

9.1.1　林地使用权转出方的成本收益分析

9.1.1.1　转出方收益分析　对于林地使用权转出户而言，其林地使用权转出收益由三部分构成：林地转让费、承包权红利和转移劳动力收入。①林地转让费是指转入户由林地使用权让渡而直接支付给转出户的现金收入；②承包权红利是指转出户以林地使用权作为资本进行投资以获得未来的收益；③转移劳动力收入是指转出户转出林地使用权后，转向从事非林劳动而获得的机会收益，这种收益为风险性收益，其收益水平在很大程度上取决于转出方素质能力、就业环境、政府扶持力度等因素，具有不稳定性、不确定性和风险性。设林地使用权转让费为 c，承包权年红利为 y_0，转移劳动力的年收益为 y_1，贴现率为 r，转出的林地使用权年限为 n，则林地使用权转出方的收益现值 Y_a 为：

$$Y_a = c + \sum_{i=1}^{n}\left[\frac{y_0}{(1+r)^i} + \frac{y_1}{(1+r)^i}\right]$$

9.1.1.2　转出方成本分析　转出方的成本主要来自 3 方面：一是由于寻找林地转入方，并与其进行谈判等而产生的交易成本 cc_a；二是转出方转移劳动力的成本（包括风险成本）y_2；三是转出户转出林地前经营林地的成本（包括风险成本），即原来的林地经营年净收益 y_3。设贴现率为 r，转出的林地使用权年限为 n，则其转出成本 C_a 为：

$$C_a = cc_a + \sum_{i=1}^{n}\frac{y_2}{(1+r)^i} + \sum_{i=1}^{n}\frac{y_3}{(1+r)^i}$$

9.1.1.3　转出方净收益分析　综合上述成本和收益分析，转出方通过林地使用权的流转获取的收益增量 ΔY_a 为：

$$\Delta Y_a = Y_a - C_a = c + \sum_{i=1}^{n}\left[\frac{y_0}{(1+r)^i} + \frac{y_1}{(1+r)^i}\right] - cc_a - \sum_{i=1}^{n}\frac{y_2}{(1+r)^i} - \sum_{i=1}^{n}\frac{y_3}{(1+r)^i}$$

$$= c + \sum_{i=1}^{n}\left[\frac{y_0}{(1+r)^i} + \frac{y_1}{(1+r)^i} - \frac{y_2}{(1+r)^i} - \frac{y_3}{(1+r)^i}\right] - cc_a$$

由此可知：$\Delta Y_a>0$ 时，表示通过林地使用权流转，转出户从中获得了更多的收益，农户的收益水平得到了提高；$\Delta Y_a=0$ 时，表示通过林地使用权流转，转出户的收益水平没有增加，林地使用权转出与否对农户的收入水平变化没有影响；$\Delta Y_a<0$ 时，表示通过林地使用权流转，转出户的收益反而减少了，林地转出属非理性行为。

9.1.2 林地使用权转入方的成本收益分析

9.1.2.1 转入方收益分析 对于转入方而言，转入林地使用权所得到的收益主要包括生产性收益（R_1）和非生产性收益（R_2）。所谓生产性收益，即从事林业生产经营而获得的直接收益；而非生产性收益则指农户从事林地经营所带来的社会保障、劳动享受等非生产性收益。由于大多数农户对自己直接向集体承包的林地较多地考虑非产性收益 R_2，而转入林地使用权时考虑更多的是生产性收益 R_1。因此，在此主要考虑转出方的生产性收益。生产性收益可表示为转入林地面积（a）、资本投入（p）、技术（s）、劳动力（l）、税费水平（t）以及自然、政策和社会风险水平（r）的函数，即转入方收益 Y_b 为：

$$Y_b = R_1 + R_2 \approx R_1 = f_r(a,p,s,l,t,r)$$

9.1.2.2 转入方成本分析 转入方的成本主要包括 4 类：一是与转出方进行谈判协商等而产生的交易成本（cc_b）；二是林地使用权转让费（c）；三是土地承包期内的林地年租金（相当于转出方的土地分红 y_0 的现值）；四是林地转入后的直接经营成本，其成本水平与林地面积（a）、资本投入（p）、技术（s）、劳动力（l）、税费水平（t）及自然、政策和社会风险水平（r）密切相关。则转入成本 C_b 为：

$$C_b = c + cc_b + \sum_{i=1}^{n}\frac{y_0}{(1+r)^i} + f_c(a,p,s,l,t,r)$$

9.1.2.3 转入方净收益分析 综合转入方的成本和收益分析，转入方通过林地使用权的流转获取的收益增量 ΔY_b 为：

$$\Delta Y_b = Y_b - C_b = f_r(a,p,s,l,t,r) - f_c(a,p,s,l,t,r) - c - cc_b - \sum_{i=1}^{n}\frac{y_0}{(1+r)^i}$$

由此可知：$\Delta Y_b>0$ 时，表示通过林地使用权流转，林地使用权转入有利可图，转入户从中获得了更多的收益，农户的收益水平得到了提高；$\Delta Y_b=0$ 时，表示通过林地使用权流转，转入户的收益水平没有增加，是否转入林地使用权对农户的收入水平变化没有影响；$\Delta Y_b<0$ 时，表示通过林地使用权流转，林地转入反而减少了转入户的收益，林地转入属非理性行为。

9.1.3　流转社会总净收益分析

综合转出方和转入方的净收益，我们可以得出流转双方总的净收益水平 ΔY 为：

$$\begin{aligned}\Delta Y &= \Delta Y_a + \Delta Y_b \\ &= c + \sum_{i=1}^{n}\left[\frac{y_0}{(1+r)^i} + \frac{y_1}{(1+r)^i} - \frac{y_2}{(1+r)^i} - \frac{y_3}{(1+r)^i}\right] - cc_a + f_r(a,p,s,l,t,r) - \\ &\quad f_c(a,p,s,l,t,r) - c - cc_b - \sum_{i=1}^{n}\frac{y_0}{(1+r)^i} \\ &= \underbrace{[f_r(a,p,s,l,t,r) - f_c(a,p,s,l,t,r)]}_{(1)} + \underbrace{\sum_{i=1}^{n}\left[\frac{y_1}{(1+r)^i} - \frac{y_2}{(1+r)^i} - \frac{y_3}{(1+r)^i}\right]}_{(2)} - \\ &\quad \underbrace{cc_a + cc_b}_{(3)}\end{aligned}$$

式中，（1）为转入户经营林地使用权的净收益；（2）为转出户从事非林工作获得的净收益与原来从事林业经营收益的增量；（3）为林地使用权流转的总交易成本。

根据公式我们不难得出林地使用权流转所产生的社会总收益水平取决于如下三个关键因素：一是转入方转入林地使用权加以经营所获得的比较收益，即转入户扩大规模的经营收益与转出户原来的经营水平相比，收益是否增加；二是转出方转出林地使用权后从事其他劳动所获得的收益增量；三是林地使用权流转双方的交易成本水平。农户作为一个理性的经济主体，将会综合考虑上述三个关键因素，并根据收益最大化原则来确定自身的行为取向。

9.2　林地使用权流转策略分析

9.2.1　提高转入户的林地经营收益水平

林地经营收益水平是农户林地使用权流转的重要影响因素。林地经营收益水平主要体现为林地地上主要附着物森林资源的经营收益。

假设R_f为一个轮伐期未来收益值；R_p为一个轮伐期收益现值；R_{m1}为无承包期限制情形下永久流转多个轮伐期的收益现值；R_{m2}为有承包期和流转期限制情形下多个轮伐期收益现值。MR为主伐收入；MC为主伐成本；IR为第a年的间伐收入；IC为第a年的间伐成本；C为造林成本；AC为每年管护成本；LR为年林地租金（林地使用费）；r为折现率；i为轮伐期；j为流转期限；n为承包期限。通常情形下，流转最少为一个轮伐期，且流转期限应在承包期限范围内，因此，$n \geqslant j \geqslant i$。基于上述假设，农户林地经营的现金收益流量如图 9.2 所示。

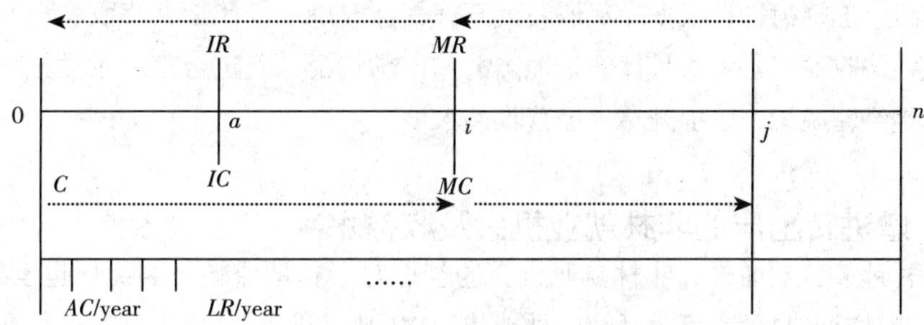

图 9.2 林地收益现金流量示意

一个轮伐期的期末未来收益值为：

$$R_f = \left[(MR - MC) + \sum_{a=1}^{i-1} (IR - IC)(1+r)^{i-a} - C(1+r)^i - AC\frac{(1+r)^i - 1}{r} - LR\frac{(1+r)^i - 1}{r} \right]$$

一个轮伐期收益折为现值为：

$$R_p = R_f \times (1+r)^{-i}$$

永久承包和流转情形下多个轮伐期的林地收益现值为：

$$R_{m1} = R_f \times \frac{1}{(1+r)^i - 1}$$

在限定承包期和流转期限情形下的经营多个轮伐期后的林地收益现值

$$R_{m2} = R_f \times \frac{(1+r)^j - 1}{[(1+r)^i - 1](1+r)^j}$$

由此可见，林地收益水平的高低均主要取决于：林地产出水平；林地经营成本；收获周期；折现率水平。①林地产出水平与林地规模、林地质量、林业技术、林业资本、林业劳动力投入水平等密切相关；②林地经营成本与林地经营规模、单位林地管护成本、林业税费水平密切相关；③收获周期与树种选择、森林资源生长量状况、市场价格水平密切相关；④而折现率是资本的时间价值体现，是农户预期收益率的体现，与市场收益率、利率水平和农户资本经营的机会成本密切相关。

因此，要提高林地经营收益水平，可采取的对策包括：①确定合理经营规模，实现规模经济收益。根据经济学原理的边际收益递减规律，最佳经营规模确定的原则为边际收益等于边际成本时的规模。②鼓励通过合理的林地使用权流转，集中由林业经营大户、农村经营能手来经营，以提高林地经营收益。③通过改善林地质量，合理配置林地资本、技术和劳动力投入，实现最优的林地经营产出；④利用林业扶持优惠政策，降低林业税费水平，采用先进的管护理念、管护模式、管护技术，降低林地经营成本；⑤科学选择树种，根据净现值最大原理，合理确定轮伐期，获取满意的收获量和最优的经济收益。⑥考虑具体的林地实情和市场状况，确定合理的收益预期，进行科学的林地经营决策，以提升林地经营收益水平。

9.2.2　增进转出户的非林就业机会及收益水平

除了林地经营收益外，非林就业机会的创造对于林地流转收益优化也至关重要。转出户的非林就业收益水平关系转出林地使用权的机会收益。是否有充分的非林就业机会和较高的非林收益水平，在很大程度上会影响拟转出户的转出意愿和实际转出行为。

林地使用权流转是林业与非林就业机会和收益比较的过程。在林地使用权转出(入）方的收益矩阵表（表 9.1）中，D 区是最糟糕的情形，转入方、转出方和社会的流转收益皆为负，转入方林地经营收益水平没有提升，转出方也未找到更优的非林就业机会，这是中央政府最不愿意看到和最想避免的流转结果。而 B 区和 C 区情形都是“零和”结局。B 区情形下，转出方林地转出直接收益和非林后续收益可观，转出方收益为正；转入方收益为负，未能实现预期的林地规模经营收益。C 区情形下，转出方转出林地后，由于各种原因未能找到相应的非林就业机会，收益受损；而转入方由于经营有方，增加了收益。此种情形下，流转有可能形成马太效应，即“富者愈富，穷者愈穷”的风险，这样就会背离国家的政策目标。只有 A 区情形符合帕累托最优配置，转出方与转入方的收益皆为正，转出方实现了更优的非林就业收益，同时转入方也实现了更高的林地经营收益，这是国家林地使用权流转政策预期的最终目标。据微观经济学交换的帕累托最优理论可知，两种既定数量的产品在两个消费者之间的最优分配，如能使各自达到效用（或利益）满足的最大化，那么产品的交换就达到帕累托最优状态。林地使用权流转是偏好林地经营行为与偏好非林经营行为的相互转换。因

此，在A区情形下，通过流转，转入方与转出方的林地经营需求和非林经营需求都得到了满足，其收益水平都得到了进一步优化。林地使用权流转过程实际上也是转入方和转出方不断寻求收益最大化的帕累托改进过程。

表9.1　林地使用权转出（入）方的收益矩阵

		林地使用权转入方收益	
		增加	减少
林地使用权转出方收益	增加	A（+，+）	B（+，－）
	减少	C（－，+）	D（－，－）

在林地使用权流转实践中，农户的非林就业机会通常包括驻村从事非林生产经营活动或进城打工等。农户作为理性的决策主体，若无充分的非林就业机会来保障其收益水平，其林地流转意愿将明显减弱。因此，可采取如下对策增加农户的非林就业机会，提升非林就业收益。①大力发展农村经济，加快城乡一体化建设，通过发展农村第二、第三产业，促进农村经济结构升级，拓宽农民转移渠道，增加非林就业机会，实现农村剩余劳动力在农村内部转移；②加强非林就业技能培训，提升农户的就业素质和能力，提高非林就业质量；③建立和完善非林就业保障机制，构建完善的农村社会保障体系，将农村劳动力医疗、失业等纳入社会保障领域，保障农村劳动力的权益；④建立健全的农村非林就业服务体系，积极发展职业介绍所、乡镇劳动服务站以及民办的各种劳动就业服务体系，逐步形成覆盖城乡的就业服务网络，完善农村劳动力市场，实现农村劳动力的有序流动。

9.2.3　降低流转双方的交易成本

农村林地使用权流转涉及交易主体双方及相关利益主体的利益关系调整，流转的实现需要一定的交易成本。交易成本的高低关系到转出户和转入户的收益水平。科斯认为交易成本是利用价格机制的费用，即发现价格的费用（科斯，1990）。阿罗认为交易成本是经济系统的运行成本（卢现祥，2003）。巴泽尔认为交易成本是产权保护成本、契约成本及机会成本（巴泽尔，1997）。威廉姆森将交易成本比喻为经济世界中的摩擦力，并将交易成本分为事前交易成本和事后交易成本，“前者指草拟合同、就合同内容进行谈判及确保合同得以履行所付出的成本”。事后交易也包括四种成本：一是不适应成本；二是讨价还价成本；三是建立及运转成本；四是保证成本（威廉姆森，2002）。关于林权交易成本，姚星期等（2007）认为，林权交易中的交易成本主要包括搜寻信息的成本、讨价还价的成本、签订合约的成本、林权计量的成本、监督对方是否违约的成本、对方违约后寻求赔偿的成本及保护林权防止侵权的成本。综合上述观点，本研究认为林地使用权交易成本包括：事前交易成本、事中交易成本和事后交易成本。事前交易成本包括信息成本、询价成本和协商成本；事中交易成本包括量价成本和契约成本；事后交易成本包括监督成本和治理成本。

基于各成本构成及界定（表 9.2），本研究提出如下降低林地使用权交易成本的应对策略：①建立公平、有效、规范且权威的林权交易中介组织，以降低信息搜集与发布成本；②建立便捷高效的林地使用权交易咨询服务体系，以降低询价成本；③建立和完善林权交易市场、明晰林权流转政策体系、构建流转交易平台，以降低协商成本；④成立林权计量服务机构，加强专业的林权计量队伍建设，建立科学规范的林地使用权价格评估体系，以降低量价成本；⑤在规范流转的基础上，不断简化交易审批和交割体系，以降低契约成本；⑥建立林权公共监督体系，完善林权登记管理体系，以降低违约监督成本；⑦完善林权流转相关立法、司法和执法，建立权、责、利明晰的产权治理体系和安全保障机制，以降低治理成本。

表 9.2　林地使用权交易成本构成及界定

交易成本构成		交易成本界定
事前交易成本	信息成本	搜寻交易政策、交易市场、交易对象，或发布交易信息等所支付的成本，可体现为广告费、查阅费、中介费、咨询费或自行搜集信息所支付的其他费用等
	询价成本	与交易对象、有关人员或组织交流、沟通、咨询，以获取所交易林地使用权交易价格所支付的成本，可体现为咨询费、服务费、交通费、通讯费等
	协商成本	交易前交易双方或相关利益主体就交易客体、交易方式、交易金额等交易信息进行沟通、交流和协商的成本，可体现为交通费、通讯费、餐费、组织服务费等
事中交易成本	量价成本	邀请有关人员或机构，或双方实地查看、计量以确定林地使用权价值所发生的成本，可体现为评估费、服务费、餐费、交通费等
	契约成本	准备合约、签订合约、公证合约、林权交割、换发新证的各种成本，可体现为公关费、材料费、服务费、管理费等
事后交易成本	监督成本	合约签订后，监督合约是否有效实施的成本，可体现为监督费、服务费、咨询费等
	治理成本	防止违约侵权、寻求赔偿、惩治违约方所支付的成本，可体现为公关费、咨询费、服务费等

9.3 小结

在农户林地使用权流转决策行为过程中，成本和收益水平是决策的核心与关键。在进一步推进和规范林地使用权流转的过程中，需要充分考虑流转的成本收益水平及社会净收益情况。分析表明，流转后的林地经营收益水平、非林就业收益状况、流转交易成本是影响林地流转社会总收益水平的三个关键因素。因此，针对如何提高转入户的林地经营收益水平、如何增进转出户的非林就业机会及收益水平、如何降低流转双方的交易成本，本节提出了一些相应的策略，以提升农户及社会的流转收益水平。

第 10 章　规范和推进农户林地使用权流转的机制设计

随着社会主义市场经济体制改革的不断深入和山区农村经济的发展，在规范和推进林地流转的进程中，也明显存在着一些问题亟待解决。在农林经济学界，王志清等(2008)，钟伟、胡品平（2006），季利民（2005），徐秀英（2004），梁永伟（2003），徐秀英、石道金（2003），刘春杰（2002），杜东亚（2001）等曾针对林地使用权流转存在的问题、对策及制度设计开展过相关研究，本研究拟在前文分析和前人研究成果的基础上，进一步总结与探讨林地使用权流转的制度体系，特别是针对林地使用权流转存在的一些问题，系统提出一整套林地使用权流转的制度体系，以进一步规范和推进集体林地使用权流转。

10.1　总体设计框架

根据文献研究和第 6 章的实地调研发现，目前林地使用权流转过程中存在着一些问题，集中表现在：有些地方政府只图眼前利益，不顾未来风险，采取强制手段迫使林农转让林地，林地流转的随意性、强制性和行政性损害林农的利益，影响林农的正常生产和生活；转让程序不规范，有的地方在大多数林农不知情或不同意的情况下，搞强制性的林地流转；有的地方把林地流转作为地方的形象工程；有的地方在推进林地流转时，只顾当前利益，不考虑未来市场的风险和不确定性；在流转过程中，流转信息不通畅、流转行为不规范，交易成本较高、配置效率低；缺少林地价格评估，林地资源价格混乱，随意性大，图文资料不全，合同文本不一致，林地转让双方的权利义务和转让的程序也不明确；许多林地产权变更都没有办理变更登记手续，林地使用权流转缺乏规范的法律支撑和保障；林地流转的市场化中介服务体系尚未健全；商品林过于严格的采伐限额以及不少地区依然实行木材统购统销的制度已经成为制约林地使用权流转的关键因素；林地流转价格缺乏定价依据，缺乏规范的评估体制和价值评估机构；流转后的林地缺少相应的监督管理体制等。

上述诸多问题的存在将直接制约林地资源的合理流动和优化配置，阻碍林业生产

要素市场的发育，影响林业的可持续经营和山区农村经济的可持续发展。

针对这些问题，需要有针对性地采取一些措施来加以解决。为依法管理和规范流转行为，维护广大农民和林业经营者的合法权益，促进林业又好又快发展，依据《中华人民共和国森林法》、《中华人民共和国农村土地承包法》、《中华人民共和国农村土地承包经营纠纷调解仲裁法》、《中华人民共和国村民委员会组织法》等有关法律法规，国家林业局于 2009 年 10 月 15 日出台了《关于切实加强集体林权流转管理工作的意见》。结合意见内容和前人研究成果，本研究主要提出如下四大制度体系构建设想（图 10.1），即林地使用权流转评估机制以确保流转主体理性参与流转；林地使用权流转交易机制以确保流转主体顺畅参与流转；林地使用权流转管理机制以确保流转主体规范参与流转；林地使用权激励机制促进农户积极参与流转。

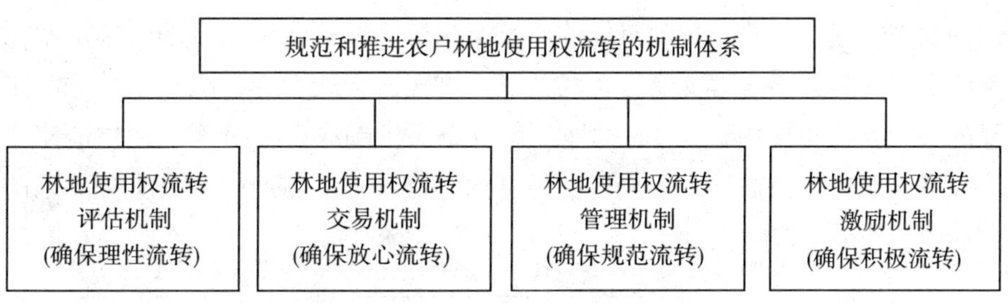

图 10.1　激励林地使用权流转的机制体系

10.2　林地使用权流转评估机制

在林地流转过程中，林地资产的评估是关键。合理的林地使用权流转价格，是实现林地流转市场化运行的必要前提。而从目前林区林地流转的实践分析，林地资产评估的随意性较强，评估价格缺乏依据，且普遍偏低，这样势必导致林地资产的流失。为此，迫切需要建立一个可操作的、规范合理的林地资产评估系统，加强流转林地资源资产的评估工作，确保林地资源资产评估的规范性、科学性和合理性。第一，要加强林地资源资产评估机构和评估队伍建设，规范流转森林资源资产评估行为，维护交易各方合法权益。第二，规范评估流程和评估方法，从事流转林地资源资产实物调查和价值评估的林地资源调查机构和资产评估机构应当符合国家规定的相关资质条件，并严格按照国家有关资源调查、资产评估相关法规和技术规范的规定和要求操作。第三，林业主管部门应该对林地资产评估方法、对适用技术的行业管理和对专业评估机构及其评估人员资格审查建立健全监督管理，确保资产评估的真实性和公正性。第四，尽可能地简化评估程序，降低评估成本，以确保林地流转的经济性。

10.3　林地使用权流转交易机制

林地使用权流转交易机制是林地使用权流转的核心，林地使用权交易有利于资产存量结构的改善，有利于林地资产的保值和增值，有利于林业产业结构和产品结构的调整，有利于解放和发展林业生产力，有利于完善林业市场经济体制。

林地使用权交易机制的构建涉及市场经济运行的诸多内容，但核心的内容在于：一要构建林地使用权交易中心，为林地使用权交易提供相应的场所；二要建立相应的林地使用权交易监管机构，规范具体的市场交易行为；三要建立合理的林地使用权市场服务体系，保障公平合理交易行为的开展。这三方面的内容，构成了林地使用权产权交易的基础和核心（图 10.2）。林地使用权交易机制的运行机理为：林地使用权通过流动，进入林权交易市场，在产权交易机构的监管下，在产权交易服务体系的协作下，完成甲乙双方的产权交易。

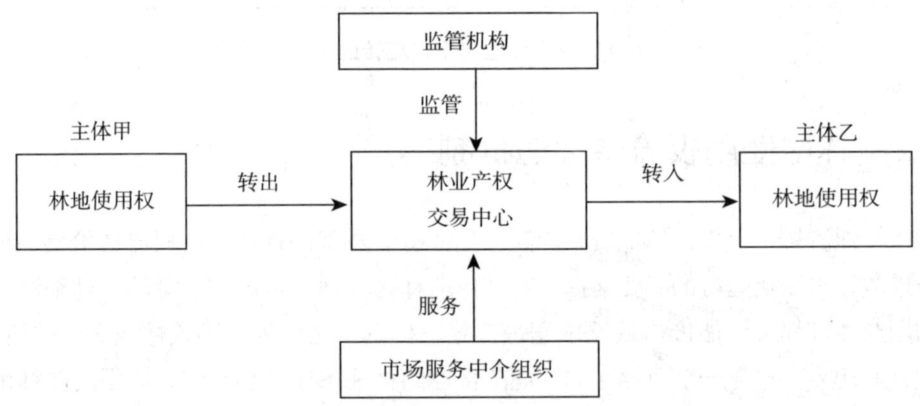

图 10.2　林地使用权交易市场运作机制

林地使用权交易机制核心内容如下：

一是，构建和完善林地使用权交易中心，为林地使用权交易提供相应的场所。产权交易中心应成为一个独立核算、自负盈亏、自我管理、自我发展和自我约束的经济实体，是林地资源资产产权交易的中介机构。其核心任务是为社会各行业、单位和个

人办理林地资源资产产权交易，提供技术咨询和服务，确保林地资源资产产权交易的公开性、公平性、公正性和合理性。

二是，建立相应的林地使用权交易监管机构，规范具体的市场交易行为，完善宏观调控体系，加强对产权市场的宏观调控力度，建立严格的产权登记制度，运用法律的、经济的、行政的以及教育的手段对产权交易市场进行监督管理，要对权属及其变更进行法律认证，准确掌握产权交易和变更情况，实现规范化的产权监督，保护产权主体的合法权益，对各种侵权行为严肃处罚，同时应建立产权资料的变更制度，保证产权资料的真实性和准确性，形成严格规范的产权保护体系。

三是，建立合理的林地使用权市场服务体系，保障公平合理交易行为的开展。构建规范化的林地资源产权市场，必须建立市场中介服务体系，大力发展产权信息、资产评估、代理、咨询等中介服务机构，提供林业产权交易、林地资源资产评估、木竹检尺、林业科技、法律咨询、融资、信息发布等服务，形成规范有序的流转市场服务体系。

10.4 林地使用权流转管理机制

林地管理是林业主管部门根据国家法律、法规和政策，依法对林地的保护、利用、归属等进行组织、协调、控制和监督等职能活动。林地管理是国家用以维护林地所有制的一项重要措施，其目的在于维护林地所有者和使用者的合法权益，调整林地关系，合理组织利用林地资源。

一是，加强林地的保护管理。林地使用权的流转，关系到林地的保护和利用，关系到林业的发展，因此林业部门应加强监督管理。加强林地管理，实现林地的宏观调控，建立最佳的用地结构，保证林地充分合理利用，坚决制止乱占滥用林地；对管辖范围内的林地定期调查，对违法流转的行为应依法追究法律责任；对获得林地使用权后不开发造林的，林业部门应有权予以制止，并有权依法要求使用权获得者限期完成造林任务，或要求林地所有者无偿收回林地使用权。

二是，加强林地流转合同管理。为保障当事人的合法权益，集体林权流转应当依法签订书面合同，明确约定双方的权利和义务。合同是林地所有者和林地使用者权利和义务的载体。林地流转合同制度是提高合同履约率的保障，其关键是防止违约或者减少违约以及由此产生的各种成本。省级林业主管部门应当统一制定本辖区内林权流转合同示范文本。县级林业主管部门或乡镇林地承包经营管理部门应当及时向达成流转意向的双方提供统一文本格式的流转合同，认真指导流转双方签订流转合同，并对林权流转合同及有关文件、文本、资料等进行归档，妥善保管。

三是，加强林地权属管理。在林地使用权再转让流转中，林业部门要做好林地使用权属的手续变更，以免产生纠纷。林业主管部门应该依法做好产权变更登记工作，在登记造册的基础上，核发证书，予以确认。权属发生变更时，要依法更换证书，有效地保护林地资源，保护经营者的合法权益。各级林业主管部门要严格按照林权登记发证的有关规定，认真审查林权流转登记申请文件，特别是要认真审查其权属证明文件和流转决策程序的合法性、有效性、申请人的资格证明、流转合同和流转方式等内容，依法办理林权登记或变更手续。

四是，加强集体林权流转收益管理。已承包到户的林权流转，转包费、租金、转让费等收益归转出方所有，或按照承包合同约定进行分配，任何组织和个人不得擅自截留、扣缴。集体经济组织经营的林权流转收益归本集体所有，纳入农村集体财务管理，用于本集体经济组织内部成员分配和公益事业。

10.5 林地使用权流转激励机制

一是，完善促进林地使用权转出的社会保障机制。林地使用权流转意味着林地使用权资源的重新整合。林地使用权流转要真正成为农户自发性、长期性的行为，有赖于经济的进一步发展，尤其是农村经济的发展。只有在非农产业高度发达、非农收入成为农户主要的收入来源时，农户才愿意转让自己的林地；只有在多数农户通过流转可以获得更多的收益或者至少放弃土地而不危及生存，即通过转出或转入林地农户的福利没有损失或得到提升时，才能够推动林地流转的健康、有序发展，这样的林地流转制度也才是可持续的。健全的农村社会保障制度是农民摆脱土地束缚，成功实现转移的制度依托。当前，由于农村的社会保障体系尚未建立，林地仍然是农民的重要生产资料和生活依靠。因此，需要在进一步推进农村就业转移机制、开拓农村农户的就业渠道的同时，加强新型农村医疗、农村社会养老、农村社会保险、农村社会救助、农村社会福利、农村社会优抚、农村社会互助等农村社会保障体系建设，解决农户林地使用权流转的后顾之忧。

二是，完善促进林地使用权转入经营的其他相关配套激励机制。主要包括：

①要建立和完善森林保险机制。发展森林保险对实现林业、银行业与保险业互惠共赢、同促发展有着重要的意义。森林保险作为重要的林业风险保障机制，有利于林业生产经营者在灾后迅速恢复生产，促进林业持续经营和稳定发展；有利于减少林业投融资的风险；②要建立和完善林权抵押贷款机制。林权抵押贷款是农村林业信贷的“创新”，为林业和山区农村经济的发展注入了新活力；③要建立和完善林业合作组织制度。在市场经济条件下，林业竞争力不仅来自于资源的比较优势，更重要的是来自于林业经营组织的组织优势；建立产权明晰、科学经营、民主管理、运行规范的林业合作经济组织，将分散经营的林农组织起来，既能发挥组织的优势，又有助于组织成员各自经济利益的实现，促进了林地使用权的合理流转和林地的集约化经营。

10.6　本章小结

综合本章分析，在总结前文分析和归纳前人研究成果的基础上，本章系统提出如下四大制度体系构建设想：构建林地使用权流转评估机制，以确保流转主体理性参与流转；构建林地使用权流转交易机制，以确保流转主体顺畅参与流转；构建林地使用权流转管理机制，以确保流转主体规范参与流转；构建林地使用权流转激励机制，促进流转主体积极参与流转。按照新制度经济学制度变迁理论，任何制度的完善都是一个长期的过程。尤其是农村，林地产权制度承载着除了经济职能以外的太多的社会和政治职能，因此农村林地流转制度以及配套机制体系的建立与完善必然是一个长期的渐进的过程。本章通过构建上述这一套规范、激励和推进集体林地使用权流转的制度体系设计，期望为林地使用权流转实践提供参考和借鉴。

第 11 章　研究结论、政策建议与展望

总结前文各章节的分析、研究和论证，我们可以得出一些颇具理论研究价值和实践指导价值的研究结论。本研究在框架设计、内容安排、方法运用上取得了一些研究进展；当然，由于笔者的研究时间、研究能力以及研究数据有限，在研究中还存在一些不足，需要在今后进一步弥补或加强。

11.1　研究结论

综观全文可以得出如下研究结论：

文献研究表明，国内外学者在农户行为、集体林业产权制度、农地流转及林地流转等课题上已取得了一些实质性的成果，为后续研究奠定了良好基础。但尚缺乏基于农户微观角度的研究成果，因此，随着集体林权改革的深入开展和林地流转活动的日愈活跃，从农户微观主体视角，运用定量实证研究方法，探索农户林地流转的影响因素及福利变化研究，将具有重要的理论研究意义和实践应用价值。

全面推进集体林权制度改革是稳定和完善农村基本经营制度的必然要求，现行集体林权制度改革的核心内容为“明晰产权、放活经营权、落实处置权、保障收益权”，其根本目的旨在激发林业生产经营的积极性和提高林业生产力水平。集体林权制度改革将集体林地经营权和林木所有权落实到农户，确立了农民的经营主体地位，为林地使用权的市场化流转奠定了基础。

规范和推进林地使用权流转是深化集体林权改革的重要内容和配套措施。林地使用权流转过程中还存在着诸多问题有待解决，林地使用权流转制度的完善是一个长期的渐进的过程。林地流转是指在不改变林地所有权和林地用途的前提下，将林地使用权按一定的程序，通过招标、拍卖、协议等方式，有偿或无偿地由一方转给另一方的经济行为。

林地流转会对农户的林地经济福利、生态福利和社会福利等多重福利水平产生影响。林地使用权流转的实际过程就是一个上述各利益主体间复杂的多元博弈过程。农户林地使用权流转的成本和收益状况、村干部积极配合或消极配合的成本和收益状况、林管部门激励或限制流转的成本和收益状况均会对三方的博弈收益及博弈均衡产

生影响。而农户林地使用权流转决策行为的成本收益分析表明：流转后的林地经营收益水平、非林就业收益状况、流转交易成本是影响林地流转社会总收益水平的三个关键因素。

农户实地调查分析和实证研究结果表明：农户普遍认知并满意现行的林地使用权流转政策；农户对林地使用权流转的判断和行为选择日趋现实和理性；农户的态度和行为选择上既存在一致性，也存在差异性。同时，农户的林地使用权流转意愿受户主特征、农户家庭特征、林地资源禀赋、政策制度环境特征等诸多因素的综合影响，且影响程度存有差异。此外，从行为经济学角度而言，农户不愿意大规模转出林地使用权的主要行为解释在于农户的经济行为在很大程度上受“安全第一”及“风险回避”生存伦理、损失厌恶和禀赋效应、预期效应、心理账户等行为因素的影响。

在总结前文分析和归纳前人研究成果的基础上，第 10 章系统提出如下四大制度体系构建设想：林地使用权流转评估机制以确保流转主体理性参与流转；林地使用权流转交易机制以确保流转主体顺畅参与流转；林地使用权流转管理机制以确保流转主体规范参与流转；林地使用权激励机制促进农户积极参与流转。

11.2 政策建议

基于前文的分析和各章小结，为促进林地使用权的科学、合理及规范流转，进一步激励和规范农户的林地使用权流转行为，本研究总结提出如下政策建议：①加强林地使用权流转政策宣传力度，提高林权流转服务水平，提升农户的政策认知水平。②农户在市场经济条件下正在变得越来越理性，他们参与林地使用权流转的核心目的在于最大化地获取经济利益，因此，在林地使用权流转过程中，应当尊重和保障农户的收益诉求。③长期稳定林地权属和相关流转政策，尽可能降低经营风险和不确定性水平，以促进和激励农户作出更加理性的心理预期和前景判断，并作出经济合理的流转行为。④改革林权管理制度，简化林地使用权流转程序，逐步放宽林地使用权流转的行政规制，充分发挥市场的经济利益配置机制，完善市场中介服务体系，以激励农户参与林地使用权流转。⑤加快林地使用权流转立法，出台具指导性和操作性的林权流转政策及行为规范，以促进农户林地使用权流转行为的市场化、理性化和规范化。⑥在当前的经济发展水平下，在没有替代收入来源的情形下，林地在广大农村仍具有较强的社会保障功能，农户的林地使用权转出意愿尚不显著。因此，政府在促进流转的过程中，不能急于求成，需充分考虑农户的流转意愿基础，更多地通过加强政策引导、发挥市场作用循序渐进地推动流转，而非通过行政手段来强势促成流转。⑦逐步发展农村多元经济，开辟农户多元收入渠道，提高农户的非农收入水平，促进农村和农户转型，减轻农户对林地的经济和心理依赖，活跃农村林地使用权流转市场。⑧建立公平有效的责权利相统一的利益分配及奖惩机制，合理配置产权流转收益。林地使用权流转过程中，各参与流转的博弈方有其各自的成本收益结构，同时参与方的成本收益变化会对另一方的成本收益状况及最终的博弈均衡产生影响，因此，明确各博弈方在林地使用权流转中的权利、收益和责任，有利于形成各博弈方稳定的收益预期，有利于各博弈方作出长期理性的行为决策。⑨完善林地使用权流转机制建设及相关配套政策。建立集信息发布、市场交易、林权登记、中介服务、法律政策咨询于一体的林地使用权流转市场，建立森林资源流转信息库，逐步实现流转信息化、网络化；加快森林资源流转交易平台建设，要进一步完善森林资源资产评估机构，加快建立森林资源资产评估师制度和评估体系，加强森林资源资产评估队伍建设；完善林地使用权市场评估机制、交易市场中介服务机制、流转合同法律制度、流转收益保障机制、流转风险防范机制等，同时要尽可能地简化场内流转程序，降低流转交易成本，真正实现林地使用权流转的自由化、公平化、简便化、理性化、市场化和规范化。⑩此外，研究结果表明地区因素与农户的林地使用权转出意愿关系密切，因此，各地在加强林地使用权流转的引导、规范和管理过程中，还要充分考虑地区差异，以确保合理有效地激发农户的林地使用权流转意愿，并充分保障农户收益水平的持续提升。

11.3　研究创新之处

本研究的创新之处在于：①在研究选题上，本研究选题属“农户经济学”、“产权经济学”和“行为经济学”三大研究热点的交叉领域；②在研究视角上，基于农户微观视角自下而上地开展研究；③在理论应用和拓展上，本研究将引入行为科学的“认知—意愿—行为”理论和福利经济学的“成本收益分析”理论，详细解析农户林地流转的行为路线图、影响因素理论模型和福利变化状况；④在研究方法上，借鉴主流的和前沿的农户行为研究方法，深入农村社区开展实地调查，采取较为规范的 Binary Logistic 回归模型，对农户的林地流转行为加以实证；⑤在研究成果上，一是较为系

统地总结了林地使用权流转机理，并运用经济学相关理论和原理加以分析和解释；二是借鉴规范的研究方法和范式，筛选出影响农户林地流转行为意愿的主要影响因素；三是构建农户林地使用权流转行为动态博弈模型；四是从农户微观行为主体的角度，探索出一套基于农户视角的林地流转制度体系。

11.4 研究不足与展望

当然，本研究中也存在一些不足，有待于在今后的研究工作中进一步加以弥补、充实和完善。

11.4.1 样本数据有待扩充

充足的样本数量是研究结论是否具有普遍性的基础，由于受时间和经费限制，本研究主要基于江西和福建的392户样本农户调查数据，样本量不够大。因此，本研究的某些研究结论可能会因样本数据的有限性而受到制约，有些研究结论不一定符合我国其他地区情况，因此研究结论的普遍性还有待于进一步通过扩充不同地区的样本数据加以论证。

11.4.2 变量选择和模型分析有待完善

在影响因素计量实证分析中，虽然本研究对农户林地使用权流转行为的影响因素进行了多层面、多角度的实证分析，但由于影响因素的复杂性、多样性以及研究时间和研究数据的制约，未能将所有的因素变量都纳入模型加以分析检验。例如：计量模型分析中，未开展基于不同年份的影响因素实证分析，因而未能反映出农户受内外部因素的动态影响状况；同时，也未针对不同县别的农户林地使用权流转意愿开展比较分析，不能区分或验证不同地区各因素对农户林地流转意愿的影响是否存在差异。因此，这些不足之处有待于下一步研究中加以改进。

11.4.3 研究结论有待完善

农户参与林地使用权流转的研究属交叉性探索性研究，由于笔者的研究时间和研究能力有限，有一些研究结论可能有偏颇之处，不一定具有普适性，有待于进一步充实、论证和完善。

11.4.4　有些研究工作还有待于进一步延续和深化

林地使用权流转机制的完善是一个长期的过程，随着中国产权改革和城市化的推进，中国林地使用权流转市场和交易平台日趋规范和完善，林地使用权的流转也将由不规范的场外流转向更规范的场内理性流转转变，未来中国的林地使用权和林木产权流转需求量和供给量可能会不断增加，未来的市场规模将会很可观，还有许多与林地使用权流转的相关研究课题有待进一步开展研究和探索。限于数据难以获取，本研究未能构建相应的计量模型分析林地使用权流转对农户的福利影响，也没有深入分析不同流转方式的成本收益差异，同时本研究第 10 章的各项激励机制未能进一步深化设计。这些都有待在今后的研究工作中进一步延续和强化。

综合全文所述，本研究通过分析农户林地使用权流转行为，较为系统地揭示出了农户林地使用权流转机理，从而有助于我们在规范和推进林地使用权流转过程中，进一步完善林地流转机制，更好地引导、激励和规范农户行为，推进林地健康和谐的市场化流转，进一步调动农户积极性，提升各流转主体的福利水平，促进社会主义新农村和现代和谐社会建设。

附件1　农户林地使用权流转行为研究调查问卷

<table>
<tr><td>农户编码</td><td></td><td>户主姓名</td><td></td><td>被访者
姓名</td><td></td></tr>
<tr><td>被访者
性别</td><td></td><td>被访者
年龄</td><td></td><td>被访者与
户主关系</td><td></td></tr>
<tr><td>调查员姓名</td><td></td><td>性　别</td><td></td><td>调查日期
（年月日）</td><td></td></tr>
<tr><td>农户所在地</td><td colspan="5">__________省__________县__________乡__________村__________
农户住所距村委会距离（公里）：__________</td></tr>
<tr><td>您家是
（请打“√”）</td><td colspan="5">转入户□　　转出户□　　转入转出户□　　非流转户□</td></tr>
</table>

调　查　说　明

尊敬的村民：

您好！

我们是《农户林地使用权流转行为研究》课题组的调查员，为实地了解林地流转状况及农户林地流转意愿，支撑林地使用权流转行为研究，并希望能够为国家相关部门制定相关林地流转政策提供决策参考，特开展此次农户调查。我们将按照《中华人民共和国统计法》的有关规定，严格为您保密。

在每一题的答案中请选择一个打钩（如果没有特别说明，每题都只选一个答案），遇到有________的问题就直接在________中填写。希望您能在百忙之中接受我们的访问调查，为我们提供相关信息，衷心感谢您的支持和配合！

《林地使用权流转行为研究》课题组

2009年9月

一、农户基本情况调查

表 1　家庭成员基本情况调查

家庭成员	与户主关系	性别	年龄	民族	受教育情况		健康状况	经历或履历	现从事行业（农或非农）	从业时间	是否有份承包林地	是否劳动力
					文化程度	年数						
选项或单位	①	②	岁	③	④	年	⑤	⑥	⑦	年	⑧	⑨
户主												
家庭成员 1												
家庭成员 2												
家庭成员 3												
家庭成员 4												

备注：

①与户主关系：1 户主；2 配偶；3 子女；4 媳婿；5 孙子女；6 父母；7 祖父母；8 兄弟姐妹；9 其他（请注明）。

②性别：1 男；2 女。

③民族：1 汉族；2 少数民族（请注明）。

④文化程度：1 文盲；2 小学；3 初中；4 高中；5 高中以上。

⑤健康状况：1 良好；2 有疾病。

⑥经历或履历：1 村干部；2 党员；3 外出打过工；4 经商；5 其他经历（请注明）；6 无。

⑦现从事行业：1 兼业，以农业为主；2 兼业，非农为主；3 农业；4 非农业；5 还在上学；6 无业。

⑧是否有份承包林地：1 是；2 否。

⑨是否劳动力：1 是；2 半劳动力；3 否。

表 2　农户林地资源状况调查

指标	现有土地总面积（亩）	现有林地面积（亩）	林地地块数量（块）	最大林地地块面积（亩）	最小林地地块面积（亩）	林地距公路最远距离（米）	林地距家最远距离（米）	从集体统一承包林地面积（亩）	转入林地面积（亩）	转出林地面积（亩）
林改前（2000 年）										
林改后（2007 年）										

表 3　农户劳动力投入状况调查

指标	农业	林业	外出务工	其他
数值（人天）				

表 4　农户家庭收入和支出状况调查

指标	农户家庭总收入	农户家庭总支出	林业经营总收入	林业经营总支出	打工总收入	打工总支出
数值（元）						

家庭纯收入合计＝农业家庭经营纯收入＋非农经营纯收入

非农经营纯收入＝打工纯收入＋林业经营收入＋林业补贴收入＋其他收入

二、农户林地流转认知、判断和意愿调查

1. 您家：

（1）曾转入过林权　（2）曾转出过林权　（3）曾转入和转出过林权　（4）不曾流转过林权

2. 您的家人是否有过如下经历？

（1）村干部　（2）党员　（3）外出打过工　（4）经商　（5）曾参与组织过林权流转　（6）以上皆无　（7）其他经历（请注明）________

3. 您听说过林权流转、林木流转或林地流转吗？

（1）听说过　（2）没听说过

4. 您了解林权流转相关政策吗？[答（1）者跳过第 5 题]

（1）不了解　（2）了解一些　（3）比较了解　（4）很了解

5. 您对国家现行有关林权流转的政策满意吗？

（1）非常满意　（2）较满意　（3）不太满意　（4）不满意

6. 集体林改分林到户后，您（会）如何处置林地？

（1）自己经营　（2）流转给别人经营　（3）不流转也不经营

7. 您认为林权改革后是否会出现大规模的林权流转？

（1）现在已出现　（2）以后会出现　（3）不会

8. 您认为林地使用权的承包期以多长为合适？

（1）少于 10 年 （2）10～30 年 （3）40～70 年 （4）70 年以上 （5）说不清楚

9. 您认为当地林地流转是否有限制性的规定？

（1）经村小组同意 （2）经村委会同意 （3）不得转给村小组以外的人 （4）不得转给外村的人 （5）没有限制 （6）其他限制

10. 您愿意进行林权转出吗？

（1）非常愿意 （2）愿意 （3）不愿意 （4）非常不愿意

11. 您愿意进行林权转入吗？

（1）非常愿意 （2）愿意 （3）不愿意 （4）非常不愿意

12. 您愿意选择何种流转途径？

（1）流转双方私下协商流转 （2）到政府办的林权交易中心（林权要素市场）登记流转 （3）由民间中介组织协调流转 （4）村集体联系流转

（5）其他（请注明）____________

13. 您知道林地流转的程序吗？

（1）知道 （2）不知道

14. 您觉得林权流转手续是否简便？

（1）很简便 （2）很不简便 （3）较为简便 （4）较不简便

15. 您目前获取林权流转信息的主要渠道是（限填三项，按重要性排序）：

（1）广播电视 （2）村委会 （3）报纸杂志 （4）互联网 （5）亲戚朋友 （6）林权交易中心 （7）各类农业经济合作组织和协会

（8）其他方式（请注明）____________

16. 如果你的林地或者林木要流转，你会采取哪种方式发布信息？

（1）到村委会登记 （2）通过报纸杂志刊登 （3）通过互联网发布 （4）告诉亲戚朋友或周围邻居 （5）到林权交易中心登记 （6）通过电视发布

（7）通过农业经济合作组织和协会宣传

（8）其他方式（请详细注明）____________

17. 您认为林权流转的价格该由谁确定？

（1）流转双方协商确定 （2）国家统一确定 （3）资产评估机构评估确定

（4）村组确定 （5）其他（请注明）____________

18. 您认为林权流转的价格应该根据什么确定？

（1）根据当时的承包价确定 （2）根据评估机构价值评估确定 （3）其他（请

注明）____________

19. 您认为当前林权流转过程中存在哪些主要问题？（限三项）

（1）流转信息不畅 （2）林权不稳定 （3）流转不公平问题 （4）流转效率低

（5）流转政策不合理 （6）流转中介太少 （7）其他（请注明）____________

20. 若要进行林权流转，您迫切需要哪些服务？（限三项）

（1）政策咨询服务 （2）融资服务 （3）经营技术服务 （4）法律服务 （5）协调监管服务 （6）中介公证服务 （7）流转信息服务 （8）其他服务（请注明）____________

21. 您现在没有从他人那里转入林权的主要原因是（限三项）（有转入林权不用答）：

（1）缺乏更多的劳动力 （2）经营林地不划算，不想扩大林地面积 （3）没人愿意转让 （4）转入价格太高 （5）担心承包他人林地后，收益得不到保证 （6）其他（请注明）____________

22. 这几年您没有把林权转出给他人的主要原因是（限三项）（有转出林权不用答）：

（1）对林地有特殊感情 （2）自家擅长经营林地 （3）非农就业不稳定，林地可提供基本生存保障 （4）担心转出林地，自己想种时难以收回 （5）怕别人糟蹋自己的林地 （6）其他（请注明）____________

23. 您认为林权转入会对农户收入产生何种影响？

（1）短期和长期内增加了收入 （2）短期内增加了收入，但长期内减少了收入

（3）长期和短期内减少了收入 （4）短期内减少了收入，长期内增加了收入

（5）没有什么影响

24. 您认为林权转出会对农户收入产生何种影响？

（1）短期和长期内增加了收入 （2）短期内增加了收入，但长期内减少了收入

（3）长期和短期内减少了收入 （4）短期内减少了收入，长期内增加了收入

（5）没有什么影响

25. 您认为参与林权流转，会对您家产生哪些其他正面或负面的影响？

（如增加或减少了劳动量、有更多的时间或没有时间做其他事、和谐或恶化了家庭关系、促进或减少了邻里的交往）

____

____

26. 关于林权流转，您个人还有什么其他看法和建议？

____

____

三、农户林权流转行为状况调查

（一）林权转入行为状况调查（无林权转入行为的不用答）

表 5　农户林权转入基本情况

转入地块编号		1	2	3	4
转入年份					
面积（亩）					
转入的权属类型	①林木采伐权；②林地使用权；③林木所有权；④林木所有权和林地使用权				
转入的林地类型	①有林地；②灌木林；③疏林地；④未成林造林地；⑤迹地和苗圃地；⑥其他（请注明）				
转入的林种类型	①用材林；②经济林；③薪炭林；④防护林；⑤特用林				
转入形式	①代营；②租赁；③转包；④入股；⑤转让；⑥拍卖；⑦抵押；⑧互换；⑨其他（请注明）				
约定转入年限（年）	多少年				
您家转入林权属于哪种行为类型？	①主动自愿流入；②被动从众转入；③被动接受上级安排转入				
从哪个地方转入	①本组；②本村外组；③本乡外村；④本县外乡；⑤外县				
从谁那儿转入	①父母兄弟姐妹；②亲戚；③朋友；④村里其他人；⑤村外人；⑥其他（请注明）				
转入途径	①通过村委会或村干部联系转入；②通过政府办的林业要素市场转入；③通过其他民间中介联系作证转入；④自行联系协商转入				
是否经转出户所在村组同意	①没有经村组同意；②经村组同意				
合同形式	①口头；②书面；③无合同约定				
可否随时毁约	①是；②否；③未作约定				

（续）

转入原因	①林地经营收益不错，可以增加收入；②帮助亲朋好友；③喜欢经营林地；④家中有富余劳动力；⑤其他（请注明）				
转出交易成本	手续工本费				
	交通费				
	中介服务费				
	误工费				
	请客吃饭餐费				
	转入租金				
	交税费				
	其他成本小计				
	总计				
收益	对方倒贴				
	获取采伐收益				
	其他经营收益				
	总计				
支付林权转入的资金来源	①自有资金；②银行贷款；③亲戚朋友借资；④其他				
支付林权转入资金所采取的方式	①一次性支付；②分期支付；③尚未支付				
你对此次林权转入满意吗？	①满意；②不满意				
您家进行此次林权转入后的担心什么？	①林地政策多变；②不懂经营；③其他（请注明）				
您在林权转入期满后有何打算？	①续签流转协议；②不续签流转协议；③暂时还没有考虑				

（二）林权转出行为状况调查（无林权转出行为的不用答）

表6　农户林权转出情况

转出地块编号		1	2	3	4
转出年份					
面积（亩）					
转出的权属类型	①林木采伐权；②林地使用权；③林木所有权；④林木所有权和林地使用权				
转出的林地类型	①有林地；②灌木林；③疏林地；④未成林造林地；⑤迹地和苗圃地；⑥其他（请注明）				
转出的林种类型	①用材林；②经济林；③薪炭林；④防护林；⑤特用林				
转出形式	①代营；②租赁；③转包；④入股；⑤转让；⑥拍卖；⑦抵押；⑧互换；⑨其他（请注明）				
约定转出年限（年）	多少年				
您家转出林权属于哪种行为类型？	①主动自愿转出；②被动从众转出；③被动接受上级安排转出				
转出给哪个地方人	①本组；②本村外组；③本乡外村；④本县外乡；⑤外县				
转出给谁	①父母兄弟姐妹；②亲戚；③朋友；④村里其他人；⑤村外人；⑥其他（请注明）				
转出途径	①通过村委会或村干部联系转出；②通过政府办的林业要素市场转出；③通过其他民间中介联系作证转出；④自行联系协商转出				
是否经转出户所在村组同意	①没有经村组同意；②经村组同意				
合同形式	①口头；②书面；③无合同约定				
可否随时毁约	①是；②否；③未作约定				
转出原因	①自家劳力不足；②有劳动力，但要外出务工；③经营林地收益不高，不合算；④抛荒林地要罚款；⑤集体干预，不得不转出；⑥没兴趣经营林地；⑦其他（请注明）				

（续）

成本	手续工本费				
	交通费				
	中介服务费				
	误工费				
	请客吃饭餐费				
	当时转入成本				
	交税费				
	其他成本小计				
	总计				
收益	转出一次性现金收入				
	转出实物收入折算				
	分红收入				
	其他转出收益				
	总计				
对方支付资金来源	①自有资金；②银行贷款；③亲戚朋友借资；④其他（请注明）				
对方支付资金所采取的方式	①一次性支付；②分期支付；③尚未支付				
你对此次林权转出满意吗？	①满意；②不满意				
转出林地后你愿意	①进城务工；②留乡从事其他非农职业；③在家从事农业种植；④其他（请注明）				
您家进行林权转出后的担心是什么？	①林地政策多变；②流转收益难以收回；③别人改变林地用途；④其他（请注明）				
您在林权转出期满后有何打算？	①收回林地自己经营；②续签流转协议；③暂时还没有考虑				

问卷结束！谢谢配合！

附件 2 新中国成立以来林地林权改革大事记（1949—2010 年）

1949 年 9 月 29 日，在中国人民政治协商会议第一届全体会议上通过的《中国人民政治协商会议共同纲领》第三十四条规定林业政策："保护森林，并有计划地发展林业。"

1950 年 6 月 30 日，毛泽东主席发布《关于实施〈中华人民共和国土地改革法〉的命令》。该法第十八条规定："大森林、大水利工程，大荒地、大荒山、大盐田和矿山及湖、沼、河、港等均收归国有，由人民政府管理经营之，其原由私人投资经营者，仍由原经营者按照人民政府颁布之法令继续经营之。"

1951 年 2 月 2 日，政务院发布《关于一九五一年农林生产的决定》，指出："实行山林管理，严禁烧山和滥伐，划定樵牧区域，发动植树种果，推行合作造林……公有荒山荒地，鼓励群众承领造林。造林后，林权归造林者所有。"

1951 年 4 月 21 日，政务院发布《关于适当处理林权，明确管理保护责任的指示》，规定："正进行土地改革地区，地主的森林和一般大森林，按《土地改革法》分别处理；暂不进行土地改革地区，一切较大的森林提前收归国有，设林业机关协同地方政府管理保护；未明确划定林权的森林，其较大者应明令公布为国有财产，由当地人民政府和林业机关管理保护；零块分散的山林，按《土地改革法》规定分别进行清理和确定林权，由县人民政府发给林权证明；西北、西南、中南等少数民族地区的森林，一般仍按其旧有的管理习惯不变。"

1952 年 2 月 16 日，林业部发布《关于一九五二年春季造林工作的指示》，明确规定"谁种归谁"政策和"民造公助"方针，并要求各地积极推动合作造林和封山育林。

1953 年 4 月 22 日，私有林地区森林工业局长会议提出，采取在国家严格管理下的木材交易自由政策，即"中间全面管理，两头放松"的政策；掌握合理的价格政策；保护林农私有林木。

1955 年 10 月 22 日至 11 月 10 日，林业部在北京召开第六次全国林业会议，确定 1956 年的两大任务是：保护、经营和管理好现有森林；加强造林工作，提高造林质量。并且要求抓住三个中心环节，即积极参加和支持农业合作化运动，以合作化运动

为中心进行山区生产规划和开展林业工作；进行林业重点建设项目的勘测设计；搞好干部训练。

1955年10月4日，中共七届六中全会通过的《关于农业合作社问题的决议》提出："要重点试办农业生产合作社，在有些已经基本实现半社会主义合作化的地方，根据生产需要、群众觉悟和经济条件，从个别试办，由少到多，分期分批地由初级社变为高级社。"

1958年8月，中共中央又通过了《关于在农村建立人民公社的决议》。此后，各地争先恐后，纷纷并社组建人民公社，人民公社化运动很快在全国农村范围内广泛展开。林地制度的性质在人民公社化的过程中并没有根本的改变，林地仍然属于集体所有，由集体统一经营。但这时的集体已经由高级合作社转变为人民公社。

1960年《中共中央关于农村人民公社当前政策问题的紧急指示信》中作出了"对劳力、土地、耕畜、农具必须固定给生产小队使用"的规定。进一步推动了农业生产资料的公有化进程。

1961年3月8日，中共中央、国务院发布《关于保护森林发展林业若干问题的决定》，明确规定保护森林发展林业的方针、政策，提出当前林业调整和今后林业发展的战略任务。

1961年6月26日，中共中央颁布《关于确定林权、保护山林和发展林业的若干政策规定（试行草案）》。分18条。该规定指出："天然的森林资源和在人民公社以前已经划归国有的山林，仍然归国家所有。高级合作社时期，划归合作社、生产队集体所有的山林和社员个人所有的山林，应该仍然归生产大队、生产队集体和社员个人所有；原来划归国有的山林当中，有些分散小片的，国家不便专设机构经营，归公社、生产大队、生产队经营，对于山林的保护和发展更为有利的，可以划归附近的社、队所有，或者包给他们经营。"同时还对山林所有权、山林的经营管理和收益分配、木材的采伐和收购，以及群众造林等有关政策作出了明确规定。

1961年7月21日，国务院办公厅转发林业部《关于稳定山权林权，落实林业生产责任制情况简报》，要求各地尽快作出部署，组织力量在明春以前完成这项工作。

1962年9月，党的八届十中全会召开，通过了《农村人民公社工作条例修正草案》（简称六十条），确定人民公社实行以生产队为基础的公社、生产大队和生产队三级所有制；恢复农民的自留地和家庭副业，取消公共食堂和部分供给制。该条例第十二条规定："为了保护、培育和合理利用山林资源，公社所有的山林，一般应该下放给生产队所有；不宜下放的，仍旧归公社或者生产队所有。归公社或者生产大队所有的山林，一般地也应该固定包给生产队经营；不适合生产队经营的，由公社或者生产大队组织专业队负责经营。这些山林的所有权和经营权，定下来以后，长期不变。”

1966 年 5 月至 1976 年 10 月的“文化大革命”期间。农村出现并社并队，没收自留山、自留地、自留树，开展所谓的“割资本主义尾巴”，取消社员家庭副业，将社员私有的林木作为资本主义尾巴统统“割”给集体所有，几乎没收私人所有的树木，国家、集体林地也大都被砍光，山林权属再次遭到严重破坏。

始于 1981 年以稳定山权和林权、划定自留山、确定林业生产承包责任制（有的地方称之为林业“两制”，即所有制和责任制）为主要内容的林业“三定”改革，这是中国森林权属变化史的分水岭。

1981 年 3 月 8 日，中共中央、国务院发布《关于保护森林发展林业若干问题的决定》，明确规定保护森林、发展林业的方针、政策，提出当前林业调整和今后林业发展的战略任务。指出：“要稳定山权林权，根据群众需要划给自留山，由社员植树种草，长期使用，社员在房前屋后、自留山和生产队指定的其他地方种植的树木，永远归社员个人所有，允许继承。并落实林业生产责任制。”

1981 年 7 月 21 日，国务院办公厅转发林业部《关于稳定山权林权，落实林业生产责任制情况简报》，要求各地尽快作出部署，组织力量在明春以前完成这项工作。

1985 年 1 月 1 日，《中华人民共和国森林法》开始施行。同日，中共中央、国务院颁发《关于进一步活跃农村经济的十项政策》，决定进一步放宽山区、林区政策。“山区 25 度以上的坡耕地要有计划有步骤地退耕还林还牧；集体林区取消木材统购，开放木材市场，允许林农和集体的木材自由上市，实行议购议销；国营林场，也可实行职工家庭承包或与附近农民联营。”

林业“三定”通过“分林到户”、开放集体林区木材市场的政策，使农民拥有较充分的林地经营权和林木所有权，取得了一定的成效。但也暴露出一些问题，特别是由于当时工作中配套措施不到位，导致了大规模的乱砍滥伐。

基于以上原因，1987 年 6 月 30 日中共中央、国务院发布了《关于加强南方集体林区森林资源管理坚决制止乱砍滥伐的指示》。文件要求：“要完善林业生产责任制。集体所有集中成片的用材林，凡没有分到户的不得再分。已经分到户的，要以乡或村为单位组织专人统一护林，积极引导农民实行多种形式的联合采伐，联合更新、造林。”一些地方出现了“两山并一山”的情况，或者将已经分包下去的山林又收归集

体统一经营，造成了农民对政策的不稳定感。

1992年6月8日，国务院办公厅批转林业部、国家计委、国家土地管理局、国家物价局《关于进一步加强林地保护管理工作的请示》。要求各级人民政府高度重视林地保护管理工作。凡征用、占用林地，必须经林业主管部门同意；征、占用林地必须进行补偿。要进一步建立健全林地保护管理制度。

1992年10月12—18日，中国共产党第十四次全国代表大会提出："我国经济体制改革的目标是建立社会主义市场经济体制。"

1993年党的十四届三中全会通过了《中共中央关于建立社会主义市场经济体制若干问题的决定》，指出社会主义市场经济体制是同社会主义基本制度结合在一起的，建立社会主义市场经济体制，就是要使市场在国家宏观调控下对资源配置起基础性作用，进一步为森林权属改革提供了法律依据。

1993年5月13日，林业部发出《关于坚决制止乱砍滥伐、乱捕滥猎和加强林地管理的紧急通知》，针对一些地方乱砍滥伐森林、乱捕滥猎特别是非法经营、贩卖、走私野生动物及其产品、随意侵占林地比较严重的情况，要求各地立即行动起来，采取有力措施，坚决刹住这股歪风。

1993年5月27日，林业部与国家国有资产管理局联合下发《关于加强国有森林资源产权管理的通知》，要求切实加强对国有林地和国有林木的产权管理。

1993年8月30日，林业部发布实施《林地管理暂行办法》。

1994年1月26日，林业部发出实行使用林地许可证制度的通知。

1994年8月26—28日，林业部在山西吕梁地区召开拍卖宜林"四荒"（荒山、荒坡、荒沟、荒滩）地使用权研讨会，总结交流各地拍卖"四荒"的经验，研讨有关政策措施，讨论修改《林业部关于集体宜林"四荒"拍卖的规范意见（讨论稿）》。林业部副部长祝光耀主持会议并对拍卖宜林"四荒"地使用权工作提出十项原则。

1994年5月16日，国务院办公厅发出《关于加强森林资源保护管理工作的通知》，要求各级政府和有关部门正确处理改革开放、经济发展与森林资源保护管理的关系，严格执行森林采伐限额制度和木材凭证运输制度，强化林地利用监督管理，切实加强对野生动物和珍稀植物的保护，打击破坏森林资源的违法犯罪活动。

1995年1月10日，林业部发出《关于实行使用林地许可证制度的通知》，决定从1995年起在全国实行使用林地许可证制度，并对使用林地许可证的使用范围、审批单位与权限等作出了明确规定。

1996 年 9 月 13 日，林业部发出《关于国有林场深化改革加快发展若干问题的决定》，对国有林场实行分类经营、调整组织结构、转换经营机制、合理利用资源、优化产业结构等工作提出具体要求。

1998 年 4 月 29 日，第九届全国人大常委会第二次会议审议通过了《全国人民代表大会常务委员会关于修改〈中华人民共和国森林法〉的决定》，并于同日由中华人民共和国主席江泽民签署第三号主席令予以公布，自 1998 年 7 月 1 日起施行。同时，还公布了根据《全国人民代表大会常务委员会关于修改〈中华人民共和国森林法〉的决定》修正的《中华人民共和国森林法》。1998 年修订后的《中华人民共和国森林法》规定商品林的森林、林木所有权和林地使用权可以依法转让，也可以依法作价入股或者作为合资、合作造林、经营林木的出资、合作条件，但不能将林地改为非林地。

1998 年 8 月，第九届全国人大常委会第四次会议修订的《中华人民共和国土地管理法》第九条规定："国有土地和农民集体所有的土地，可以依法确定给单位或者个人使用。"

1998 年 8 月 5 日，国务院发出《国务院关于保护森林资源制止毁林开垦和乱占林地的通知》。通知要求必须采取严厉措施，坚决制止毁林开垦和乱占林地的行为，抢救和保护森林资源，并提出 7 项具体要求。

1999 年 7 月 30 日，国务院办公厅以国办发明电［1999］9 号文件发出《国务院办公厅关于继续冻结各项建设工程征占林地的通知》。通知规定，从 1999 年 8 月 5 日起至《森林法实施条例》颁布实施之前，继续冻结各项建设工程征占用林地。

1999 年 12 月 7 日，国家林业局、联合国粮农组织共同举办的"中国林业政策论坛"在北京召开。

2000 年 4 月 18 日，国家林业局决定实行全国统一林权证式样。

2000 年 12 月 31 日，国家林业局局长周生贤签署国家林业局第 1 号令，发布《林木和林地权属登记管理办法》。

2001 年 1 月 1 日，国家林业局在东北、内蒙古重点国有林区正式启用统一印制的《重点国有林区林木采伐许可证》。

2001 年 1 月 4 日，国家林业局局长周生贤签署国家林业局第 2 号令，发布《占用征用林地审核审批管理办法》。

2002 年 6 月 13—14 日，中国林业政策国际论坛在北京举行。国家林业局局长周生贤、副局长祝列克到会并作专题发言。150 余名中外专家学者就林业可持续发展、

林业税费和财政政策、林地权属、森林采伐管理、加入世贸组织对中国林业的影响等议题进行了研讨。

2002 年 8 月 29 日，第九届全国人民代表大会常务委员会第二十九次会议通过的《中华人民共和国农村土地承包法》第二十条规定："…林地的承包期为三十年至七十年；特殊林木的林地承包期，经国务院林业行政主管部门批准可以延长。"

2003 年 1 月 3 日，国家林业局印发《关于进一步加强京津风沙源治理工程区宜林荒山荒地造林的若干意见》，明确在签订合同的基础上，个体治沙可以享受国家补助，依法核发林权证。

2003 年 6 月 25 日，《中共中央、国务院关于加快林业发展的决定》（中发［2003］9 号）颁发。《决定》要求"进一步完善林业产权制度。这是调动社会各方面造林积极性，促进林业更好更快发展的重要基础。要依法严格保护林权所有者的财产权，维护其合法权益"、"已经划定的自留山，由农户长期无偿使用，不得强行收回。自留山上的林木，一律归农户所有"、"分包到户的责任山，要保持承包关系稳定"、"对目前仍由集体统一经营管理的山林，要区别对待，分类指导，积极探索有效的经营形式。凡群众比较满意、经营状况良好的股份合作林场、联办林场等，要继续保持经营形式的稳定，并不断完善。对其他集中连片的有林地，可采取'分股不分山、分利不分林'的形式，将产权逐步明晰到个人"。

《决定》同时指出要"加快推进森林、林木和林地使用权的合理流转。在明确权属的基础上，国家鼓励森林、林木和林地使用权的合理流转"、"森林、林木和林地使用权可依法继承、抵押、担保、入股和作为合资、合作的出资或条件"、"要进一步明确非公有制林业的法律地位，切实落实'谁造谁有、合造共有'的政策"。

在深化改革时期，不仅出现了"分股不分山、分利不分林"的林业股份合作制，而且对宜林荒山、荒沟、荒沙、荒丘（简称"四荒"）等荒地的拍卖工作也在全国展开，允许这些土地的使用权自由转让。

2003 年 11 月 1 日至 12 月 31 日，国家林业局在全国范围内开展为期 2 个月的集中打击破坏森林资源违法犯罪的专项行动（代号为"绿剑行动"）。出动警力 38 万余人次，检查征占用林地 7 817 处，检查木材采伐区 15 114 处，清理木材市场 5 709 个，立刑事案件 2 302 起，查处行政案件 26 802 起，收缴木材 65 728.04 米^3，收回被非法占用林地 8 535.45 亩。

2003 年 6 月，福建在全国率先开展集体林权改革。

2005 年 12 月 19 日，国务院印发《国务院批转国家林业局关于各地区“十一五”期间年森林采伐限额审核意见的通知》（国发［2005］41 号）。同日，最高人民法院审判委员会第 1374 次会议通过《最高人民法院关于审理破坏林地资源刑事案件具体应用法律若干问题的解释》（法释［2005］15 号），于 2005 年 12 月 30 日起施行。

2006 年按照国家林业局的最新部署，集体林权制度改革开始大力推进。

2006 年 1 月 4 日，国务院召开第 119 次常务会议，决定在伊春开展国有林区林权制度改革试点工作。

2006 年 1 月 11—15 日，国家林业局局长贾治邦在福建省深入调研集体林权制度改革后强调指出，集体林权制度改革是农村生产力又一次大解放，对推进社会主义新农村建设具有重大现实意义。福建省委书记卢展工、省长黄小晶、省政协主席梁绮萍与贾治邦局长交换了意见。国家林业局副局长雷加富，福建省委常委、常务副省长刘德章陪同考察。

2006 年 3 月 28 日，国家林业局印发《关于贯彻〈中共中央国务院关于推进社会主义新农村建设的若干意见〉的实施意见》（林造发［2006］50 号）。

2006 年 8 月 23—25 日，国务院副总理回良玉到江西省新干县、泰和县等地考察集体林权制度改革情况。

2006 年 8 月 25 日，全国集体林权制度改革现场经验交流会在井冈山召开。国务院副总理回良玉出席会议并作重要讲话，国家林业局局长贾治邦主持会议，副局长李育材、祝列克、张建龙出席会议。

2006 年 11 月 1 日至 12 月 31 日，国家林业局开展以打击破坏林地和野生动物资源违法犯罪活动为主要内容的专项行动——“绿盾行动”。

2007 年 9 月 5—6 日，国家林业局在云南省普洱市召开集体林权制度改革座谈会。国家林业局局长贾治邦，云南省委副书记李纪恒，副省长孔垂柱，国家林业局副局长印红出席会议。来自全国 17 个省（自治区、直辖市）的林业部门以及国家林业局和直属单位的负责人就全面推动各地林权制度改革进行座谈交流。

2007 年 12 月，国家林业局发布了《关于进一步加强森林资源管理促进和保障集体林权制度改革的通知》（林资发［2007］252 号），进一步规范和加强产权改革管理。

2008 年国家林业局制定了林改总要求，即：坚定信心，明确思路，按照“主体改革全面展开，配套改革适时跟进”的要求，全面推进林改。

2008 年 1 月 15 日，国家林业局在北京召开 14 省（直辖市）集体林权制度改革座

谈会。副局长祝列克、张建龙出席会议并分别讲话。会议要求，要使用好、管理好中央财政先期向14省（直辖市）安排的林改工作经费，全面推进集体林权制度改革。

2008年2月28—29日，集体林权制度改革国际研讨会在北京召开。会议总结了中国集体林权制度改革的经验和做法，分析了下一步发展方向，推进了林业有关产权和政策方面的国际合作。国家林业局副局长张建龙出席开幕式并讲话。研讨会由国家林业局、世界银行、产权与资源集团和北京大学联合主办。

2008年3月31日，中共中央政治局委员、国务院副总理回良玉听取了国家林业局局长贾治邦、副局长李育材关于当前林业重点工作情况的汇报。强调指出：国家林业局党组认真贯彻落实党中央、国务院的各项部署，抓工作很主动、很务实、很有成效，要继续按照已作出的林业工作部署。突出抓好四个重点：抓好灾后林业恢复重建，抓好集体林权制度改革，抓好森林资源保护，抓好林业产业发展和森林经营，要有新突破、新举措、新成效。同日，国家林业局发布2008年第6号公告，公布《森林生态系统服务功能评估规范》等48项林业行业标准目录。

2008年4月9日，温家宝总理主持召开国务院常务会议，研究部署集体林权制度改革工作，审议并原则通过《中共中央　国务院关于全面推进集体林权制度改革的意见》。

2008年4月17日，中共中央总书记胡锦涛主持召开中央政治局常委会，研究部署全面推进集体林权制度改革工作。

2008年4月28日，中共中央总书记胡锦涛主持中央政治局会议，研究部署推进集体林权制度改革。会议认为，集体林地是国家重要的土地资源，是林业重要的生产要素，是农民重要的生活保障。实行集体林权制度改革，在坚持集体林地所有权不变的前提下，依法将林地承包经营权和林木所有权承包和落实到本集体经济组织的农户，确立农民作为林地承包经营权人的主体地位，对于充分调动广大农民发展林业生产经营的积极性，促进农民脱贫致富，推进社会主义新农村建设，建设生态文明，推动经济社会可持续发展，具有重大意义。会议指出，集体林权制度改革，是农村生产关系的一次变革，事关全局，影响深远。必须坚持农村基本经营制度，确保农民平等享有集体林地承包经营权；坚持统筹兼顾各方利益，确保农民得实惠、生态受保护；坚持尊重农民意愿，确保农民的知情权、参与权、决策权；坚持依法办事，确保改革规范有序；坚持分类指导，确保改革符合实际。各地区各部门要切实加强组织领导，在认真总结试点经验的基础上，依法明晰产权、放活经营、规范流转、减轻税费，全面推进集体林权制度改革，逐步形成集体林业的良性发展机制，实现资源增长、农民增收、生态良好、林区和谐的目标。

2008 年 6 月 8 日，中共中央以中发［2008］10 号印发《中共中央 国务院关于全面推进集体林权制度改革的意见》，标志着产权改革正式在全国范围内全面推进。该文件指出，要全面贯彻党的十七大精神，深入贯彻落实科学发展观，大力实施以生态建设为主的林业发展战略，不断创新集体林业经营的体制机制，依法明晰产权、放活经营、规范流转、减轻税费，进一步解放和发展林业生产力，促进传统林业向现代林业转变。共 21 条，分 5 部分，约 4500 字，包括：充分认识集体林权制度改革的重大意义；集体林权制度改革的指导思想、基本原则和总体目标；明确集体林权制度改革的主要任务；完善集体林权制度改革的政策措施；加强对集体林权制度改革的组织领导。

2008 年 9 月 28 日，北京大学、国家林业局联合主办的集体林权制度改革论坛在北京大学光华管理学院举行。国家林业局局长贾治邦出席论坛并发言，北京大学光华管理学院名誉院长厉以宁教授作主题报告。国家林业局副局长张建龙、局党组成员孙扎根出席论坛。

2008 年 11 月 11 日，国家林业局在陕西省西安市召开西北地区集体林权制度改革工作座谈会。贾治邦局长出席会议并讲话，指出：西北地区是我国生态最脆弱的地区，集体林权制度改革必须坚持有利于生态建设，有利于农民致富。

2009 年 5 月 26 日，中国人民银行、财政部、银监会、保监会和国家林业局联合发布《关于做好集体林权制度改革和林业发展金融服务工作的指导意见》。

2009 年 6 月 18 日，国家林业局发布 2009 年第 4 号公告，发布《林地分类》等 58 项林业行业标准。

2009 年 6 月 27 日，中华人民共和国第十一届全国人民代表大会常务委员会第九次会议通过《中华人民共和国农村土地承包经营纠纷调解仲裁法》，自 2010 年 1 月 1 日起施行。

2009 年 7 月 14 日，全国集体林权制度改革厅局长座谈会在国林宾馆举行，来自全国 31 个省、自治区、直辖市和新疆生产兵团的分管林改领导和林改办处长参加了会议。

2009 年 7 月 15 日，国家林业局局长贾治邦、副局长张建龙接受国家林业局政府网（国家生态网）的访谈，就贯彻落实中央林业工作会议精神、全面推进集体林权制

度改革进行政策解读。

2009 年 7 月 16 日，国家林业局印发《关于改革和完善集体林采伐管理的意见》。

2009 年 10 月 15 日，国家林业局印发《关于切实加强集体林权流转管理工作的意见》。

2009 年 12 月 18 日，《农村土地承包仲裁委员会示范章程》、《农村土地承包经营纠纷仲裁规则》经农业部第 10 次常务会议审议通过，并经国家林业局同意公布，自 2010 年 1 月 1 日起施行。

2010 年 1 月 12 日，国家林业局张蕾司长在国际竹藤大厦主持召开了《集体林权制度改革政策简易读本》暨《林改突发事件应急处置预案》评审会。发改委农经司吴晓松副司长，财政部农业司褚利明副司长，国家林业局办公室、宣传办、政法司、资源司、计资司，中南林业科技大学、南京林业大学、北京林业大学，辽宁省林业厅林改办、福建省林业厅林改办、湖北省林业厅林改办的有关领导和专家学者参加了会议。与会领导和专家对《集体林权制度改革政策简易读本》、《林改突发事件应急处置预案》的编写给予了充分肯定，并结合各自工作领域提出了宝贵的修改意见。

2010 年 2 月 28 日，国家林业局与北京大学光华管理学院“集体林权制度改革公共财政问题”课题组举行座谈会。著名经济学家、北京大学光华管理学院名誉院长厉以宁代表课题组发表主题演讲，并提出 4 项建立支持林业发展的公共财政制度的政策建议。

2010 年 4 月 14 日，全国解决历史遗留问题、深入推进集体林权制度改革工作现场会在海南省海口市召开，国家有关部门联合对集体林权制度改革的专项督查表明，在当前各地集体林权制度改革进程中，主要存在四个问题：一些地方对改革的认识不够深刻，工作力度不大；各地发展不平衡，一些地方改革进展还比较缓慢；处理历史遗留问题还比较棘手，林权纠纷问题仍然存在；相关配套政策措施不够完善。

2010 年 5 月 26 日，国家林业局局长贾治邦主持召开北京、河北、山西、内蒙古、辽宁、山东 6 省（自治区、直辖市）林业厅局长座谈会，听取集体林权制度改革和国有林场改革情况汇报。贾治邦强调，各地一定要抓住重大历史机遇，提高认识，大胆创新，扎实工作，确保林业改革发展抓出成效，闯出新路。

2010 年 9 月 24 日，由国家林业局、美国产权与资源组织和北京大学承办的“林权改革国际研讨会”在北京大学博雅国际会议中心召开，会议为期两天，会议的主要内容是分析研讨中国和其他亚太国家林权制度改革的经验和做法，研讨国际气候谈判局势新动向和林业改革发展的影响，推动区域林权改革，加强各国交流和合作，促进林业可持续发展。

2010 年 10 月 10 日，全国集体林权制度改革百县经验交流会在北京隆重召开。会议的主题是高举中国特色社会主义伟大旗帜，以邓小平理论和“三个代表”重要思想为指导，深入贯彻落实科学发展观，进一步学习贯彻党的十七大、十七届三中及四中全会、《中共中央 国务院关于全面推进集体林权制度改革的意见》和中央林业工作会议精神，认真总结交流集体林权制度改革的成效和经验，进一步安排部署当前和今后一个时期集体林权制度改革工作，为如期实现中央提出的用 5 年左右时间基本完成明晰产权、承包到户改革任务的要求，为改善民生、扩大内需、转变经济发展方式、建设生态文明、推动经济社会科学发展作出新贡献。

参 考 文 献

巴泽尔 . 1997. 产权的经济学分析 [M]. 上海：上海三联书店：3.

白晋湘 . 2007. 论民族地区农村市场中介组织建设 [J]. 湖南农业大学学报（社会科学版），8（3）：15 - 17.

柏章良，龙新毛，彭诗隆 . 2004. 贯彻落实中央《决定》积极推进林业体制改革——湖南资兴市森林、林木和林地使用权流转调查报告 [J]. 绿色中国（24）：12 - 13.

毕宝德 . 1998. 土地经济学 [M]. 北京：中国人民大学出版社 .

蔡丽丽 . 2010. 加快推进林业合作经济组织建设的思考与对策——以三明市为例 [J]. 市场论坛（1）：51 - 52.

曹兰芳，罗攀柱，任伟琳 . 2006. 林地流转中林地使用权问题及对策 [C]// 佚名 . 中国林业技术经济理论与实践会议论文集：125 - 128.

曹祖涛 . 2006. 完善我国林权法律制度初探 [J]. 林业科学，42（6）：94 - 99.

曾东元 .（2008 - 12 - 18）[2012 - 07 - 01]. 农村土地流转与社会保障 [EB]. http://www.lybs.com.cn/gb/node2/node802/node327031/node330097/userobject15ai5462106.html.

曾继明，周道三 . 1986. 福建省邵武市森林保险试点情况调查 [J]. 林业经济问题（2）：44 - 47.

车裕斌 . 2004. 中国农地流转机制研究 [M]. 北京：中国农业出版社 .

陈翠芳，刘武 . 2007. 集体建设用地使用权流转研究——一个博弈模型的构建 [J]. 国土资源科技管理（1）：6 - 11.

陈大夫 . 2000. 应用产权理论管理好平原农区的森林资源 [J]. 林业资源管理（5）：12 - 16.

陈德良，余寿艾，汪长健 . 1998. 论林地产权市场体系的建立与完善 [J]. 林业经济问题，18（6）：40 - 43.

陈迭云 . 1990. 农业资源经济的理论与实践 [M]. 北京：中国农业出版社 .

陈根长 . 2002. 中国林业物权制度研究 [J]. 林业经济（10）：12 - 150.

陈辉祥 . 2006. 深化集体林权制度改革引发的矛盾问题及对策 [J]. 防护林科技（3）：60 - 61.

陈玲芳 . 2005. 我国森林保险发展的现状、问题与对策研究 [J]. 福建农林大学学报（哲学社会科学版）（4）：38 - 41.

陈玲芳 . 2006. 商品林业投融资制度创新的主导力量分析 [J]. 科技情报开发与经济（22）：126 - 127.

陈玲芳.2006. 我国政府促进商品林业投资的对策建议 [J]. 科技资讯：219－220.

陈平.1996. 浅谈内蒙古森工企业产权制度的改革 [J]. 内蒙古林业（8）：25－26.

陈钦，黄和亮.1999. 试论林业外部性及补偿措施 [J]. 林业经济问题（3）：19－22.

陈盛伟，薛兴利.2006. 林业标准化促进林业保险发展的机理分析 [J]. 林业经济问题（2）：138－141.

陈锡文.2006. 坚持集体林权制度改革推进新农村建设 [J]. 林业经济（6）：9－11.

陈祥健.2004. 担保物权研究 [M]. 北京：中国检察出版社.

陈幸良.2006. 我国集体林权制度的特点和改革对策 [J]. 林业工作研究（6）：16－21.

陈学群，戴广翠，文彩云.2009. 浙江省森林保险的构想与框架 [J]. 林业经济（4）：41－43.

陈永富，林夏珍.1995. 重新构建乡村林场产权制度的研究 [J]. 浙江林学院学报（4）：418－422.

陈永富.1998. 论林地流转机制 [J]. 林业经济问题（1）：28－31，62.

陈永源，谢德海.2005. 福建省南平市集体林权制度改革的实践与建议 [J]. 林业经济问题，5（5）：291－294.

陈远树.2005. 我国林权流转制度研究 [D]. 重庆：重庆大学法学院.

成晓星.2007. 美国农业政策和农业现代化探析 [J]. 青海社会科学（4）：20－24.

程启智，宋旗.1992. 关于马克思产权理论若干问题的研究 [J]. 财经研究（3）：27－31.

程云行，汪永红，汤肇元.2004. 林业专业合作组织与林地产权制度研究 [J]. 林业财务与会计（5）：35－37.

程云行.2004. 集体林区林地使用权物权化研究 [J]. 绿色中国（16）：27－30.

程云行.2004. 南方集体林区林地产权制度研究 [D]. 北京：北京林业大学经济管理学院.

迟福林.1999. 中国农民的期盼——长期而有保障的土地使用权 [M]. 北京：外文出版社.

迟福林.2002. 把土地使用权真正交给农民 [M]. 北京：中国经济出版社.

初玉岗.2001. 企业家短缺与农地流转之不足 [J]. 中国农村经济（12）：61－63.

戴广翠，徐晋涛，王月华，等.2002. 中国集体林产权现状及安全性研究研究 [J]. 林业经济（11）：30－33.

戴玉才.2003. 从国际比较来看中国非公有制林业发展的模式与路径 [C]// 佚名. 中国非公有制林业发展研讨会论文集. 北京：科学出版社：68.

党养性.2010. 集体林地使用权流转研究——以陕西彬县为例 [D]. 杨凌：西北农林科技大学.

道格拉斯·诺斯.1994. 制度、制度变迁与经济绩效 [M]. 上海：上海三联书店.

德姆塞茨.1991. 关于产权理论 [C]// 财产权利和制度变迁. 上海：上海三联书店：96－99.

德姆塞茨.1992. 竞争的经济、法律和政治制度 [M]. 上海：上海三联书店：40.

邓大才 . 2001. 农业制度变迁路径依赖及创新 [J]. 经济理论与经济管理 (3): 59 - 63.

第十届全国人民代表大会常务委员会 . 2006 - 10 - 31. 中华人民共和国农民专业合作社法 [Z].

丁关良，李军 . 2004. 农村土地承包经营权流转的运行机理和操作规程研究 [J]. 华中农业大学学报 (社会科学版) (2): 41 - 47.

董大林 . 2006. 林地使用权流转制度改革探讨 [J]. 林业勘查设计 (1): 11 - 12.

董亚珍，刘铮 . 2004. 关于农村土地制度创新及相关问题探讨 [J]. 社会科学战线 (4): 259 - 261.

杜德鱼，赵有贤 . 1999. 论森林、林木、林地使用权流转的法律依据 [J]. 林业资源管理 (5): 1 - 4.

杜东亚 . 2001. 林地使用权流转中的立法研究 [J]. 森林工程，17 (6): 7 - 9.

杜纪山 . 2003. 美国林业经营和管理考察报告林业国际交流报告选编 (2001—2002) [M]. 北京: 中国林业出版社: 140.

杜受祜 . 1995. 社会林业权属的内涵及其政策重点 [J]. 林业经济 (6): 39 - 43.

杜文星，黄贤金 . 2005. 区域农户农地流转意愿差异及其驱动力研究——以上海市、南京市、泰州市、扬州市农户调查为例 [J]. 资源科学 (6): 137 - 143.

杜彦坤 . 2006. 农业政策性保险体系构建的基本思路与模式选择 [J]. 农业经济问题 (1): 50 - 53, 80.

度国柱，李军 . 2003. 我国农业保险试验的成就、矛盾及出路 [J]. 金融研究 (9): 88 - 98.

段毅才 . 1992. 西方产权理论的结构分析 [J]. 经济研究 (8): 72 - 80.

樊帆 . 2009. 基于微观经济学视角浅谈农村土地使用权流转作用 [J]. 甘肃农业 (7): 36 - 37.

樊喜斌 . 2006. 关于林地流转问题的探讨 [J]. 林业资源管理 (4): 29 - 32.

菲吕博腾，配杰威齐 . 1991. 产权与经济理论: 近期文献的一个综述 [C]// 财产权利和制度变迁. 上海: 上海三联书店: 96 - 99.

费方域 . 1998. 企业的产权分析 [M]. 上海: 上海三联书店: 164 - 168.

冯文丽 . 2004. 我国农业保险市场失灵与制度供给 [J]. 金融研究 (4): 124 - 129.

福建省林业厅，福建保监局，中国人民银行福州中心支行 . 2005. 关于开展森林保险试点工作的通知 [Z].

付俊文，赵红 . 2006. 利益相关者理论综述 [J]. 首都经济贸易大学学报 (2): 16 - 21.

高光远，王文敬，盖云 . 1995. 发展中的森工企业与产权制度改革 [J]. 林业经济 (3): 32 - 35.

高进云，乔荣锋，张安录 . 2006. 农地城市流转福利变化的经济学分析框架 [C]//“三农”问题与新农村建设——湖北省首届涉农领域青年博士论坛论文集. 湖北: [出版者不详].

高岚 . 2002. 对森林灾害经济损失的补偿理论与保障体系的研究 [J]. 林业经济 (12): 34 - 36.
高立英，王爱民 . 2007. 建设林业合作经济组织的经济分析 [J]. 安徽农业科学 (36): 12036 - 12037.
高彦平 . 2009. 依法规范林地使用权流转的几点思考 [J]. 民营科技 (7): 198 - 201.
龚长兰，肖洪安 . 2007. 农民专业合作经济组织的效益成本分析 [J]. 乡镇经济 (2): 50 - 53.
官秀玲，王仲成，赵萱 . 2008. 中国林业 NGO 对外交流面临的机遇和挑战 [J]. 林业经济 (8): 29 - 31.
郭守前，王紫东 . 2009. 探寻走出困境之路——从新制度经济学看农地流转 [J]. 中国土地 (5): 45 - 47.
郭正模 . 1995. 林地、林木权属与社会林业研讨会综述 [J]. 林业经济 (4): 75 - 80.
国家林业局计资司统计处 . 2010 - 04 - 12. 新中国成立 60 年林业建设成就综述 [EB]. http://lyj.lst.gov.cn/article - 225 - 6838.aspx.
国家林业局森林资源管理司 . 2010. 中国森林资源第七次清查结果及其分析 [J]. 林业经济 (2): 66 - 72.
韩松 . 1994. 农民集体所有制的实现机制 [J]. 法律科学 (5): 11 - 14.
韩松 . 1999. 论土地法律制度体系 [J]. 政法论坛: 中国政法大学学报 (5): 41 - 47.
何传才 . 2005. 对森林、林木和林地使用权流转有关问题的探讨 [J]. 林业勘查设计 (01): 13 - 14.
何国俊，徐冲 . 2007. 城郊农户土地流转意愿分析——基于北京郊区 6 村的实证研究 [J]. 经济科学 (5): 111 - 124.
何静 . 2001. 农地使用权流转与相关的法律问题探讨 [J]. 经济问题 (7): 44 - 47.
何群 . 1994. 农用林业经济与发展 [J]. 林业经济 (2): 20 - 29.
何幼平 . 1988. 发展森林保险很有必要 [J]. 福建金融 (3): 35.
贺军伟 . 1994. 新中国农村合作社回顾与展望 [J]. 农村合作经济经营管理 (10): 3 - 5.
胡继平，王伟 . 2009. 论我国森林保险制度建立的重要性和必要性 [J]. 林业资源管理 (2): 12 - 16.
户林 . 1986. 几种森林保险形式 [J]. 森林防火 (4): 24 - 25.
华文礼 . 2008. 林权抵押贷款融资的探索 [J]. 华东森林经理，22 (1): 50 - 52.
黄成林，高江勇，彭斌，等 . 2006. 美国高等林业教育发展研究及启示 [J]. 中国林业教育 (3): 67 - 72.
黄和亮 . 2006. 林地资源市场化配置研究 [M]. 北京: 中国林业出版社: 57 - 71, 119 - 121.
黄和亮 . 2008. 影响农户参与林业合作经济组织因素分析: 以福建省为例 [J]. 林业经济 (9):

55－57.

黄河亮．1998. 林地市场问题研究（一）[J]. 林业经济问题（6）：31－35.

黄河亮．1999. 林地市场问题研究（二）[J]. 林业经济问题（1）：28－32.

黄河亮．1999. 林地市场问题研究（三）[J]. 林业经济问题（2）：33－36.

黄李焰，陈少平，陈泉生．2005. 论我国森林资源产权制度改革 [J]. 西北林学院学报，20（2）：186－192.

黄丽萍．2009. 林业专业合作经济组织内部契约选择初探——以福建尤溪“护林联防协会”为例 [J]. 西北农林科技大学学报（社会科学版），9（3）：33－37.

黄丽媛，陈钦，陈仪全．2009. 福建省林权抵押贷款融资研究 [J]. 中国农学通报，25（18）：170－173.

黄佩燕．2003. 行为经济学的发展及其应用价值研究 [D]. 上海：复旦大学管理学院．

黄荣华，马勇华，王友明．2004. 近 20 年来我国农村土地制度模式研究综述 [J]. 中国经济史研究（2）：87－93.

黄少安．1994. 产权经济学导论 [M]. 山东：山东人民出版社：304.

黄顺斌．2005. 完善森林资源资产抵押贷款模式的几点思考 [J]. 林业财务与会计（9）：22－23.

黄贤金，方鹏．2002. 我国农村土地流转的形成机理、运行方式及制度规范研究 [J]. 江苏社会科学（2）：48－54.

黄英良．2005. 交易成本和农地使用权流转组织形式的选择 [J]. 理论学刊（10）：51－53.

黄昭明，李建明．2006. 林权抵押贷款的回顾与展望 [J]. 绿色财会（5）：15－17.

黄祖辉，胡豹，黄莉莉．2005. 谁是农业结构调整的主体——农户行为及决策分析 [M]. 北京：中国农业出版社．

黄祖梅，李萍．2006. 森林保险市场的信号甄别和激励机制 [J]. 湖北工业大学学报（6）：89－91.

集体林区林业改革与发展课题组．2002. 集体林区林业改革与发展纪实 [M]. 北京：中国林业出版社．

季利民．2005. 林地流转问题的研究与探讨 [C]//第二届浙江中西部科技论坛论文集（第一卷）. 浙江：[出版者不详]：217－229.

贾蕊，陆迁，何学松．2006. 龙头企业与农民专业合作经济组织对接的障碍与对策 [J]. 农村经济（3）：40－42.

贾治邦．2007. 在国家林业局社会团体工作会议上的讲话 [J]. 中国林业产业（4）：4－6.

贾治邦．2007. 中国农村经营制度的又一重大变革——对集体林权制度改革的几点认识 [J]. 求是（17）：27－29.

江红，刘平康．1997. 关于集体林产权明晰和收益分配的调查研究报告［J］. 林业经济（4）：31－39.

姜海东．1991. 浅谈颁发国有林权证中存在的问题和措施［J］. 林业资源管理（2）：25－27.

姜力．2007. 抓住机遇 规范发展 发挥社会组织在构建和谐社会中的积极作用——在国家林业局社会团体工作会议上的讲话［J］. 中国林业产业（4）：7－8.

姜勇军，解小侯．2000. 国有企业产权制度改革的启示［J］. 中国林业企业（5）：25－27.

解华石．1986. 试论森林保险与森林经营的关系［J］. 绿色中国（2）：18－20.

解炜炜，陈嘉文，张蕾．2008. 美国林产品贸易政策概述——兼论我国林业如何应对国际热点问题［J］. 林业经济（10）：64－68.

金满涛．2008. 美国、北欧、日本森林保险比较及其启示［J］. 保险职业学院学报，22（6）：74－77.

金正道．2001. 我国森林保险的现状和前景［J］. 国土绿化（5）：13.

金正道．2004. 美国林业的历史和管理［J］. 国土绿化（8）：43.

康雄华，王世新，刘武，等．2007. 农户农地流转决策影响因素分析——以湖北省典型区域为例［J］. 安徽农业科学，35（13）：4034－4036，4048.

康雄华，王世新，刘武．2006. 集体建设用地使用权流转的博弈行为分析［J］. 国土资源科技管理（5）：17－20.

柯水发，温亚利．2005. 中国林业产权制度变迁进程、动因及利益关系分析［J］. 绿色中国：理论版（10）：29－32.

柯水发．2002. 中国森林资源产权制度研究［D］. 北京：北京林业大学经济管理学院，6.

科斯 R H. 2004. 财产权利与制度变迁——产权学派与新制度学派译文集［M］. 上海：上海三联书店．

科斯 R，阿尔钦 A，诺斯 D，等．1994. 财产权利制度变迁［M］. 上海：上海三联书店：20，24，37－40.

科斯．1990. 企业、市场与法律［M］. 上海：上海三联书店．

孔凡斌．2004. 论南方林区森林生态保护与森林资源产权管理模式［J］. 林业资源管理（2）：12－16.

孔凡斌．2004. 中国社会林业政策法律体系研究［M］. 北京：中国林业出版社，6.

孔繁文，刘东生．1985. 关于森林保险的若干问题［J］. 绿色中国（4）：28－32.

孔繁文．1996. 森林资源经济学的理论研究与社会实践［J］. 林业资源管理（5）：22－26.

孔繁文．1996. 我国森林保险发展的回顾及建议［J］. 中国林业（10）：34.

孔明，韩斌．1996. 林业现代企业制度问题［M］. 北京：中国科学技术出版社．
孔明，刘璨．2000. 福建省三明市林业股份合作制发展研究［J］. 林业经济（1）：7-20.
孔祥利．（2009-08-16）［2012-07-01］. 土地流转与农村就业与社会保障制度［EB］. http://www.tubaozu.com/news/yejie/0Q623F2009.html.
孔祥智，陈丹梅．2008. 林业合作经济组织研究：福建永安和邵武案例［J］. 林业经济（5）：48-52.
孔祥智，郭艳芹，李圣军．2006. 集体林权制度改革对村级经济影响的实证研究——福建省永安市15村调查报告［J］. 林业经济（10）：17-21.
孔祥智，何安华，史冰清，等．2009. 关于集体林权制度改革和林业合作经济组织建设——基于三明市、南平市、丽水市的调研［J］. 林业经济（5）：17-23.
孔祥智．2008. 统和分的辩证法——福建省集体林权制度改革与合作经济组织发展［M］. 北京：中国人民大学出版社．
匡代玮，周文华．2007. 衡阳三县农民专业合作组织的调查［J］. 中国乡村发现（4）：98-103.
来桂林，余一翔．2007. 浅谈淳安县林地使用权的流转机制［J］. 华东森林经理，21（3）：54-58.
兰德尔．1989. 资源经济学［M］. 上海：商务印书馆．
冷慧卿，马菁蕴，陈学群，等．2009. 福建森林保险案例研究［J］. 林业经济（4）：38-40.
冷慧卿，王珺，高峰．2009. 发展森林保险的政策研究［J］. 保险研究（3）：66-70.
冷静，祝应华，曹建华．2008. 当前森林保险的现状、问题以及对策——基于江西森林保险的分析［J］. 老区建设（24）：29-31.
黎明锋．2003. 规范林地流转促进非公有制林业的发展［J］. 广西林业（5）：38-39.
李爱喜．2005. 农地金融制度构建与农村信用社业务拓展——我国农地金融业务承担主体的可行解研究［J］. 农业经济问题（5）：35-38.
李丹，曹玉昆．2008. 国外森林保险发展现状及启示［J］. 世界林业研究，21（2）：6-10.
李丹，曹玉昆．2008. 中国森林保险理论与实践研究评述［J］. 东北林业大学学报，36（6）：78-83.
李尔彬，孙延华．2005. 论国有林区林地流转的难点及对策［J］. 林业财务与会计（06）：13-14.
李光．2005. 中国农村投融资体制改革研究［M］. 北京：中国财政经济出版社．
李海伟．2005. 两种类型的农地使用权流转分析［J］. 现代经济探讨（2）：36-40.
李近如，王福田．2003. 瑞典私有林经营管理实践与启示［J］. 林业经济（5）：52-53.
李丽纯．2005. 湖南农民专业合作组织发展现状调查分析［J］. 湖南工程学院学报（社会科学版），15（3）：33－35.

李录堂，石红艳．2003. 小农的非合作性探究［J］. 西北农林科技大学学报：社会科学版（1）：81－83.

李录堂．1994. 试谈农地使用权保险与农地流转集中问题［J］. 江西农业经济（6）：6－7.

李录堂．1998. 实现农业企业化的条件：建立农地使用权市场和统一经营权市场［J］. 农业经济问题（12）：30－33.

李录堂．2001. 农户分类管理研究［M］. 西安：陕西人民出版社．

李录堂．2002. 农户连锁式经营机制创新研究［J］. 科技导报（10）：24－26.

李录堂．2004. 人力资本化的农地家庭承包和承租经营机制创新研究［J］. 科技导报（1）：20－23.

李明秋，王宝山．2000. 中国农村土地制度创新及农地使用权流转机制研究［M］. 北京：中国大地出版社．

李世繁．1989. 桂林地区森林保险事业有新的进展［J］. 广西林业（4）：35.

李霆．1985. 当代中国林业［M］. 北京：中国社会科学出版社．

李文泽．2009. 辽宁农村土地使用权流转中的成本分析［J］. 全国商情（理论研究）（23）：77－78.

李煦燕．2004. 一个新生的权利质押——浅析基础建设收益权质押［J］. 中国律师（10）：61－62.

李亚成，赵敏娟．2008. 我国农地产权制度变迁中农户与村组织的博弈研究［J］. 安徽农业科学，36（25）：11099－11101.

李娅，姜春前，严成，等．2007. 江西省集体林区林权制度改革效果及农户意愿分析［J］. 中国农村经济（12）：54－61.

李阳．2008. 林业中介组织现状及发展对策研究［J］. 今日科苑（10）：38.

李义平．1993. 马克思的所有制理论与西方产权学派理论的比较研究［J］. 学术月刊（3）：33－38.

李周，许勤．2009. 林业改革 30 年的进展与评价［J］. 林业经济（1）：34－40，54.

李祖贻．1989. 关于森林保险问题的探讨［J］. 林业经济问题（4）：20－23.

联合国粮农组织（FAO）．2009. 世界森林状况 2009［M］. 北京：中国农业出版社．

梁明莲，江明峻．2004. 林地流转的问题与对策［J］. 中国林业（21）：31.

梁永伟．2003. 南方集体林区森林可持续经营中的林地产权问题［D］. 北京：北京林业大学资源与环境学院．

梁泽治．2004. 加强林地流转管理实现资源优化配置［J］. 湖南林业（10）：14.

廖勤明，英怀鸿．2008. 浅谈茶叶专业合作化与广西茶业发展［J］. 广东农业科学（10）：170－171.

林善浪．2000. 中国农村土地制度与效率研究［M］. 北京：经济科学出版社．

林新．1995. 对以拍卖等方式出让集体“四荒”使用权的思考［J］. 中国软科学（3）：50－54.

林雅秋，蔡诗钗，李建明．2009. 福建省森林保险进展与建议［J］. 林业经济（4）：44－46.

林业部，国家国有资产管理局．1995－11－10. 关于森林资源资产权变动有关问题的规范意见（试行）［Z］.

刘璨，吕金芝，王礼权，等．2006. 集体林产权制度分析——安排、变迁与绩效［J］. 林业经济（11）：11－16.

刘璨，许勤，马天乐．2001. 社区林业发展共有权属分析［J］. 林业经济（3）：26－31.

刘畅，曹玉昆．2005. 关于进一步拓展森林保险业务的研究［J］. 林业经济问题（4）：237－246.

刘畅．2005. 积极开展森林保险促进林业发展［J］. 林业财务与会计（11）：28－29.

刘畅．2005. 中资保险公司核心竞争力培育研究［D］. 哈尔滨：东北林业大学经济管理学院：57－66.

刘春杰，曾现春．2000. 滨州地区林地产权改革的调查［J］. 林业经济（4）：23－25.

刘春杰．2002. 滨州市林地使用权流转的调查［J］. 林业科技开发，16（1）：60－62.

刘春雷．1994. 论林地市场的模式及发育［J］. 林业经济问题（1）：6－11.

刘德钦．2007. 林政管理［M］. 上海：上海交通大学出版社，7.

刘凤維．2006. 农村土地使用权流转的成本收益分析及其改进措施［J］. 西安邮电学院学报，11（4）：53－55.

刘广俊．2004. 森林、林木和林地使用权流转中的财务收支管理与会计核算［J］. 改革之窗（11）：23－25.

刘红梅，王克强．2001. 论农村土地使用权流转过程中的利益分配——兼论“提高农业税取消其他一切农民负担”提法的非科学性［J］. 社会科学研究（5）：30－32.

刘红梅，周小寒，王克让．2007. 加快发展我国林业保险的研究［J］. 经济体制改革（1）：169－172.

刘宏明．2004. 我国林权若干法律问题研究［J］. 北京林业大学学报，3（4）：43－47.

刘宏明．2005. 林地所有权主客体法律分析［J］. 中国林业（5）：27.

刘宏明．2006. 试论林权概念的修正［J］. 林业经济（11）：21－25.

刘家顺，李广述，刘长胜．1996. 论林区企业产权制度改革［J］. 林业经济（2）：29－32.

刘家顺．2006. 中国林业产业政策研究［D］. 哈尔滨：东北林业大学经济管理学院：114.

刘甲朋，崔嵬.2003. 中国农地流转研究观点综述［J］. 学术动态（6）：55－59.

刘静.2008. 浅析林业产业化在巩固退耕还林成果中的作用［J］. 四川林勘设计（6）：48－50.

刘克春，林坚.2005. 农村已婚妇女失地与农地流转——基于江西省农户调查实证研究［J］. 中国农村经济（9）：48－55.

刘克春.2006. 农户农地流转决策行为研究——以江西省为例［D］. 杭州：浙江大学管理学院.

刘克春.2007. 20 世纪 90 年代以来国内有关农地流转的研究及启示［J］. 江西农业大学学报（社会科学版），6（3）：41－44.

刘敏.2007. 农地流转中的土地收益分配研究［D］. 武汉：华中科技大学：18－27.

刘瑞复.2001. 经济法学原理［M］. 北京：北京大学出版社.

刘姝蕙.2007. 农民专业合作社的成本收益分析——以南京迎湖桃园螃蟹合作社为例［D］. 南京：南京农业大学经济管理学院.

刘伟，李风圣.1998. 产权通论［M］. 北京：北京出版社.

刘喜广，刘朝晖，王福强，等.2006. 农村土地流转的新制度经济学解读［J］. 安徽农业科学，34（2）：350－352.

刘宪.2009. 退耕还林中农户经济活动的行为经济学研究［D］. 北京：北京林业大学：12－17.

刘源望.2004. 依法规范林地使用权流转的几点思考［C］// 林业、森林与野生生动植物资源保护法制建设——2004 年中国环境资源法学研讨会（年会）论文集（第一册）. 湖北：［出版者不详］.

刘振江.2009. 林地使用权流转的法律探究——以集体林权制度改革为视角［C］// 生态文明与环境资源法——2009 年全国环境资源法学研讨会（年会）论文集. 云南：［出版者不详］：469－472.

刘宗粤.2003. 从行为科学角度解析态度结构因素［J］. 重庆工学院学报，17（5）：13－15.

卢现祥.2003. 西方新制度经济学［M］. 北京：中国发展出版社：5－7，80－95.

陆松福.2005. 农户微观决策模型与农地流转市场均衡分析［J］. 农村经济（12）：73－73.

陆伟明.2004. 论社会中介组织和准政府组织的关系［EB］. http：//www. chinalawedu. com/，4－6.

罗剑朝，聂强，张颖慧.2003. 博弈与均衡：农地金融制度绩效分析——贵州省湄潭县农地金融制度个案研究与一般政策结论［J］. 中国农村观察（3）：43－51.

罗攀柱，李际平，陈元红.2009. 集体林区林地使用权流转模式、动机与路径选择研究——基于 H 省 L 县的实证［A］. 第二届中国林业学术大会——S1 集体林权制度改革与科技支撑论文集［C］. 南宁：［出版者不详］：115－121.

罗兴云.1998. 试论盘活森林资源资产的途径［J］. 林业资源管理（2）：26－28.

吕明亮 . 2007. 林业合作社在推广应用林业科技成果中的作用及发展对策：以浙江省的实践为例［J］. 福建农业科技（4）：84－86.

吕月良，施季森，张志才 . 2005. 福建省集体林权制度改革的实践与思考［J］. 南京林业大学学报（人文社科版），5（3）：78－82.

马爱国 . 2003. 我国森林资源产权分析［J］. 国家行政学院学报（2）：44－49.

马传栋 . 1995. 资源生态经济学［M］. 山东：山东人民出版社 .

马家峰 . 2009. 浅谈农村土地流转过程中的农民社会保障问题［J］. 改革与开放（9）：109.

马菁蕴，王珺，宋逢明 . 2007. 国外森林保险制度综述及对我国的启示［J］. 林业经济（11）：73－76.

马克思 . 1975. 资本论（第一、二、三卷）［M］. 北京：人民出版社 .

马雨亭，张春波 . 2000. 美国林业机构及森林保健概况［J］. 山西林业（4）：24－25.

茅于轼，唐杰 . 2002. 商品林业发展中的产权和税费问题［J］. 管理世界（7）：75－88.

梅莹 . 2010. 林业经济合作组织发展的理性思考——基于安徽省宁国市的调查［J］. 南京林业大学学报（人文社会科学版），10（1）：97－101.

穆叶久 . 2003. 日本的森林保险［J］. 世界林业研究，16（2）：62－63.

那力 . 2002. 非政府国际组织发展现状［J］. 国际资料信息（3）：24－26.

倪颂文 . 2005. 林地使用权私有化的研究［J］. 华东森林经理，19（2）：73－76.

聂强，张颖慧，罗剑朝 . 2003. 中国农地金融制度方案设计［J］. 科技导报（3）：56－57.

农业部软科学委员会办公室 . 2005. 增加农业投入与改善农村金融服务［M］. 北京：中国农业出版社 .

诺斯 . 1994. 制度变迁与经济绩效［M］. 上海三联书店：4.

潘家坪，常继锋 . 2000. 我国森林保险面临的机遇与挑战［J］. 林业建设（5）：2－6.

潘家坪，常继锋 . 2003. 关于加快森林保险法律建设的探讨［J］. 林业经济（6）：47－48.

潘家坪 . 1997. 发展我国森林保险的制约因素透视与对策探讨［J］. 林业资源管理（5）：8－9.

潘家坪 . 1997. 林业保险的性质与发展我国林业保险事业［J］. 林业资源管理（4）：16－19.

潘家坪 . 1998. 我国森林灾害与保险问题研究［D］. 南京：南京林业大学经济管理学院 .

潘家坪 . 1999. 森林保险中合理确定保险费率的探讨［J］. 林业资源管理（5）：5－8.

彭道黎 . 1995. 国有林地有偿使用问题探讨［J］. 林业经济问题（3）：37－42.

綦好东，史建民，岳书铭 . 2002. 制度创新与可持续利用［M］. 北京：经济管理出版社 .

钱阔，黄元 . 1994. 自然资源产权管理和运行的市场经济模式［J］. 林业经济（3）：6－11.

钱阔，赵世萍 . 1995. 资源性资产所有权在经济上的实现形式［J］. 林业经济（2）：51－55.

钱文荣 . 2002. 浙北传统粮区农户土地流转意愿与行为的实证研究［J］. 中国农村经济（7）：

64 - 68.
钱忠好 . 1999. 中国农村土地制度变迁和创新研究 [M]. 北京：中国农业出版社，12.
钱忠好 . 2003. 农地承包经营权市场流转：理论与实证分析——基于农户层面的经济分析 [J]. 经济研究 (1)：83 - 91.
钱忠好 . 2003. 乡村干部行为与农村土地承包经营权市场流转 [J]. 经济学研究 (5)：41 - 45.
乔永平，聂影，曾华锋 . 2007. 集体林权制度改革研究综述 [J]. 安徽农学通报，13 (8)：4 - 6.
乔玉洋，贾卫国，马天乐 . 2002. 浅谈江苏省林业产权制度改革中的资金管理问题 [J]. 林业经济问题，22 (3)：155 - 159.
邱俊齐 . 2007. 林业经济学 [M]. 北京：中国林业出版社：106.
邱旭 . 2008 - 12 - 26. 发达国家的森林保险 [J]. 中国保险报 (5) .
冉光念，马文彬 . 2007. 林地产权制度改革的路径选择 [J]. 山地农业生物学报，26 (2)：151 - 155.
任宝生 . 1990. 谈谈森林保险 [J]. 山西林业科技 (1)：43 - 44.
任真礼 . 2004. 我国农地流转现状研究 [D]. 南宁：广西大学商学院 .
上官增前 . 1994. 浅谈我国林地制度的改革 [J]. 林业经济 (5)：62 - 63.
申法连 . 2005. 森林、林木、林地使用权流转应依法实施 [J]. 林业勘查设计 (2)：8 - 9.
沈文星，马天乐，赵元刚 . 2001. 江苏省林业产权制度改革林地流转政策研究 [J]. 林业经济问题 (5)：264 - 268.
沈文星 . 1999. 财产所有权与林业经济体制改革 [J]. 林业经济问题 (5)：15 - 19.
沈文星 . 1999. 明确产权关系是深化林业经营管理体制改革的关键 [J]. 林业资源管理 (1)：18 - 22.
沈月琴，徐卫南，汪樟春 . 2000. 论林地流转问题 [J]. 林业与社会 (2)：5 - 7.
沈月琴，徐秀英，吴伟光，等 . 2005. 浙江省林业专业合作经济组织发展对策研究 [J]. 浙江林业科技 (2)：79 - 84.
施化云 . 2002. 云南省林业生产实行股份合作制的探讨 [J]. 林业调查规划 (4)：91 - 95.
施昆山 . 2001. 当代世界林业 [M]. 北京：中国林业出版社：874.
施荫森 . 1995. 林业政策学 [M]. 哈尔滨：东北林业大学出版社 .
石德金，余建辉 . 1995. 森林资源产权探析 [J]. 林业经济问题 (2)：49 - 52.
石国青，谭俊 . 1996. 论森工企业产权制度改革 [J]. 内蒙古林业调查设计 (3)：105 - 108.
石山 . 2002. 促进林地流转制度改革实现林业经营方式突破 [J]. 林业经济 (6)：26 - 27.
石焱，夏自谦 . 2009. 世界森林保险的发展及启示 [J]. 世界林业研究，22 (2)：7 - 11.

史金善.2000. 经济强村产权制度模式的比较研究［J］. 农业经济（5）：23-24.

史清华.1999. 农户经济增长与发展研究［M］. 北京：中国农业出版社.

史清华.2001. 农户经济活动及行为研究［M］. 北京：中国农业出版社.

史忠良，肖四如.1993. 资源经济［M］. 北京：北京出版社.

舒尔茨 T W.1968. 制度与人的经济价值的不断提高［J］. 美国农业经济学杂志（50）：12.

斯韦托扎尔·平乔维奇.1999. 产权经济学——一种关于比较体制的理论［M］. 北京：经济科学出版社：25-32.

宋洪远.1994. 经济体制与农户行为［J］. 经济研究（8）：23-26.

宋文献.2004. 论中国农地金融的特殊性［J］. 经济论坛（5）：97-98.

苏春雨.2002. 明晰森林产权维护所有者权益［J］. 北京林业管理干部学院学报（1）：32-35.

孙海兵.2006. 农地城市流转的博弈分析［J］. 农村经济（3）：37-39.

孙红召，郑谊，袁爱荣.2006. 河南省林业合作经济组织发展研究［J］. 河南林业科技（4）：29-30.

孙淑云.2003. 刍议不动产收益权质押［J］. 法律科学（西北政法学院学报）（3）：76-80.

孙陶生.2003. 论我国农地保护的目标选择与实现途径［J］. 平顶山师专学报（4）：1-7.

孙智英.2002. 信用问题的经济学分析［M］. 北京：中国城市出版社.

覃海姗，王小娜.2007. 中美退耕还林政策比较及对我国后续政策的启示［J］. 广西大学学报（哲学社会科学版）（5）：214-215.

谭世明.1997. 试论林业产权问题［J］. 林业经济问题（4）：13-18.

汤杰，续珊珊.2009. 我国林业合作经济组织发展问题与对策研究［J］. 学术交流，178（1）：87-89.

唐陆法，刘瑛，王雅娟，等.2007. 淳安县农村林业专业合作经济组织现状与发展对策研究［J］. 中国林业经济（9）：48-51.

陶传友.1997. 日本林业财务考察报告（三）日本的林业金融与森林保险制度（续）［J］. 林业财务与会计（5）：45-46.

陶传友.1997. 日本林业财务考察报告（三）日本的林业金融与森林保险制度［J］. 林业财务与会计（4）：41-43.

田琳.2004. 林权用益权制度研究［J］. 林业工作研究（10）：28-36.

田芸.1996. 林业保险浅析［J］. 林业经济问题，16（2）：51-55.

佟大新.1991. 所有权与经营权分离的探索［J］. 吉林林学院学报（4）：94-96.

王丹，陈珂，刘军，等.2005. 我国森林保险的现状、问题与对策［J］. 沈阳农业大学学报（社会科学版），7（1）：13-16.

王丹．2005．我国森林保险理论及实证分析［D］．沈阳：沈阳农业大学．

王登举，李维长，郭广荣．2005．日本森林组合的作用及其基本属性分析［J］．林业与社会，13（1）：43－48．

王登举，李维长，郭广荣．2006．我国林业合作组织发展现状与对策［J］．林业经济（5）：65－68．

王飞，万志芳，于志杰．2005．论国有林地流转的必要性［J］．中国林业企业（2）：7－9．

王飞．2005．国有林地流转研究［D］．黑龙江：东北林业大学．

王凤凤．2008．农村土地承包经营权转让、转包与出租概念辨析［J］．吉林农业（10）：5．

王娟．2008．浅谈我国林地使用权的流转［J］．法制与社会（6）：166－167．

王珏．1997．国有企业改革新探［M］．上海：上海远东出版社．

王珺，张蕾，冷慧卿．2009．关于开展政策性森林保险的建议［J］．林业经济（4）：28－29．

王润章，刘源望．2003．湖北省林地使用权流转情况调查与思考［J］．林业经济（3）：32－34．

王书会．2007．中国铁路投融资体制改革研究［D］．成都：西南交通大学：9－13．

王松霈．1997．走向21世纪的生态经济管理［M］．北京：中国环境科学出版社．

王卫国．1997．中国土地权利研究［M］．北京：中国政法大学出版社．

王小映．2002．论我国农地制度的法制建设［J］．中国农村经济（2）：12－18．

王新利，李世武．2007．农民专业合作经济组织的发展分析［J］．农业经济问题（3）：15－19．

王新清．2006．集体林权制度改革绩效与配套改革问题［J］．林业经济（6）：15－18．

王学习，蒋录祥．1996．陕西省"四荒"地使用权拍卖情况和对策建议［J］．林业经济（1）：37－42．

王耀冬．2004．关于林地流转问题的研究［C］//2004年中国环境资源法学研讨会（年会）．湖北：［出版者不详］．

王银梅，刘语潇．（2010－06－13）［2012－07－01］．从社会保障角度看我国农村土地流转［EB］．http://www.mlr.gov.cn/tdsc/lltt/201006/t20100613_151942.htm．

王占荣，凌延茂．1991．浅析始兴县林地林权管理的问题［J］．林业资源管理（5）：21－24．

王志清．2008．林地使用权流转问题的思考［J］．改革之窗（1）：7－10．

王志新．2006．美国森林管理的特点与启示［J］．吉林林业科技，35（5）：43－47．

威廉姆森．2002．资本主义经济制度［M］．北京：商务印书馆：35．

魏杰．1998．产权与企业制度分析［M］．北京：高等教育出版社：15－20．

文彩云，张蕾．2008．集体林权制度改革背景下的农户林地流转行为分析［J］．林业经济（11）：9－11．

文生．1985．全国森林保险工作研究座谈会综述［J］．绿色中国（4）：22－24．

沃燕红．2006．广东省森林、林木、林地流转政策问题研究［D］．广东：华南农业大学林学院．

吴德进．1997．试论林业产权的特点与乡村集体林业产权制度的缺陷［J］．林业经济（2）：53－56．

吴国培．2006．开展林权抵押贷款金融创新，推进社会主义新农村建设［J］．福建金融（5）：12－14．

吴继林．2007．永安市林业融资体制改革实践与完善的思考［J］．林业经济问题（4）：353－357．

吴小松，刘东生．2000．中国林业市场经济改革与发展的几点思考［J］．林业经济（2）：32－35．

吴宣恭．2000．产权理论比较：马克思主义与西方现代产权学派［M］．北京：经济科学出版社．

吴易风．1994．西方产权理论和我国的产权问题［J］．高校理论战线（3）：16．

吴易风．1995．马克思产权理论与国有企业产权改革［J］．中国社会科学（1）：13－16．

伍海华．1995．现代经济发展［M］．山东：青岛出版社．

向青，尹润生．2007．美国、加拿大林地产权制度及森林经营管理［J］．林业经济（7）：70－77．

肖耿．1997．产权与中国的经济改革［M］．北京：中国社会科学出版社．

肖军，高继宏．2000．我国农地制度发展的制度分析和思考［J］．农业经济问题（7）：16－20．

肖平，张敏新．1996．产权制度与森林资产评估［J］．林业资源管理（1）：21－25．

肖平，周林，杨晓敏．2002．农区林地使用权评估研究［J］．林业经济问题，22（1）：9－13．

肖文韬．2004．交易封闭性、资产专用性与农村土地流转［J］．学术月刊（4）：37－42．

肖艳，曹玉昆．2007．国有林区林地流转政策保障体系研究［J］．农村经济（2）：24－26．

谢识予．2002．经济博弈论［M］．第2版．上海：复旦大学出版社．

谢屹，温亚利．2009．农户林地林木转出行为影响因素的实证分析［J］．北京林业大学学报（社会科学版），8（4）：48－54．

谢屹．2008．江西省集体林权制度改革中的林地林木流转研究［D］．北京：北京林业大学经济管理学院：52．

谢志忠，卢镜明，何汉池．2000．林业资本运营中的产权交易［J］．林业经济问题（5）：289－292．

邢妹媛．2005．农地流转的影响因素研究［D］．四川：四川农业大学．

邢章萍．2009．生态建设六十年［J］．经济（10）：102－104．

邢最荣．2006．浙江：对进一步推进全省林业专业合作社又快又好发展的几点思考［J］．中国林业产业（8）：23－24.

熊开平，陈晓忠 .1992. 山地使用权有偿流转问题的调查与思考［J］. 林业经济问题（3）：24－29.

熊浪，陈白淼 .2009. 基于行为经济学视角的农户农地流转行为分析［J］. 科技创新导报（26）：113－114.

徐国祯 .1998. 乡村林业［M］. 北京：中国林业出版社：38－54.

徐家和，黄洪章 .1999. 南平市集体林产权制度改革情况调查［J］. 林业经济问题（1）：46－49.

徐秀英，马天乐，刘俊吕 .2006. 南方集体林权制度改革研究［J］. 林业科学，42（8）：121－129.

徐秀英，沈月琴，万刚，等 .2000. 林地流转的难点、问题与对策——临安市林地流转的调查［J］. 浙江林业科技（6）：54－58.

徐秀英，沈月琴 .2002. 林地流转市场的政府干预行为研究［J］. 林业经济问题，22（6）：54－58.

徐秀英，石道金 .2003. 集体林地产权制度改革探析［J］. 林业经济问题，23（3）：131－135.

徐秀英，石道金 .2003. 浙江集体林地使用权流转的调查研究［J］. 林业资源管理（05）：15－18.

徐秀英，石道金 .2004. 森林可持续经营的制度创新研究［J］. 生态经济（增 1）：80－82，106.

徐秀英，吴伟光 .2004. 南方集体林地产权制度的历史变迁［J］. 世界林业研究，17（3）：40－43.

徐秀英 .2004. 集体林地使用权市场制度的建立与完善［J］. 资源开发与市场（1）：11－13，25.

徐秀英 .2005. 南方集体林区森林可持续经营的林权制度研究［M］. 北京：中国林业出版社 .

许慧娟，张志涛，蒋立，等 .2009. 关于构建复合型森林保险体系的探讨［J］. 林业经济（4）：30－37.

许向阳，聂影，张建华 .2007. 政府在林业合作组织发展中角色定位的研究［J］. 林业经济（2）：52－56.

薛海 .2007. 林地资源管理问题研究［D］. 杨凌：西北农林科技大学：4－5.

薛求知 .2003. 行为经济学：理论与应用［M］. 上海：复旦大学出版社 .

薛艳 .2006. 我国林业投融资问题研究［D］. 哈尔滨：东北林业大学：62－64.

严成 .2006. 林权制度改革——新时期林业生产关系的重大调整［J］. 江西林业科技（2）：1－5.

严国清．1994．开展森林保险若干问题的探讨［J］．林业财务与会计（5）：31－33．

杨继平．2003．对美国林业几个问题的研究与思考［J］．中国林业（11）：6－12．

杨坚白．1990．合作经济学概论［M］．北京：中国社会科学出版社．

杨俊．（2008－11－16）［2012－07－01］．林权抵押问题研究［EB］．http://www.privatelaw.net.cn/new2004/shtml/20081116－150113.htm.

杨凌示范区管委会政府．2000．杨凌示范区农村土地经营权流转情况调查报告［R］．陕西：［出版者不详］．

杨文杰．2006．西北地区森林培育激励机制研究［D］．杨凌：西北农林科技大学：91－96．

杨文沁．2007－11－12．从希腊大火看我国森林火灾保险［N］．中国保险报．

杨晓林，陈建华．2006．谈林政管理的内容、职责和特点［J］．林业勘查设计（01）：9－10．

杨晓林，李兆奎．2005．谈林政管理与林业政策［J］．林业勘查设计（02）：5－6．

杨烨．2009．论集体林地使用权的物权性质及立法［J］．林业建设（2）：68－72．

杨永军．2006．关于培育和发展农村林业经济合作组织的思考［J］．辽宁林业科技（5）：40－42．

杨云．2008．林权抵押贷款的几种模式及可持续性问题探讨——福建省案例研究［J］．林业经济（2）：44－48．

姚星期，温亚利，秦涛．2007．基于交易成本理论的林权交易分析［J］．西北林学院学报，22（3）：152－156．

姚延梼，钱阔．1993．试论资源性资产产权管理［J］．林业经济（4）：10－15．

叶剑平，罗伊·普罗斯曼，徐孝白，等．2000．中国农村土地产权制度研究［M］．北京：中国农业出版社．

叶祥松．2000．国有公司产权关系和治理结构［M］．北京：经济管理出版社．

叶艳妹，吴次芳．1997．我国土地产权制度与耕地保护问题研究［J］．农业经济问题（6）．

叶奕德．1985．森林保险，势在必行［J］．绿色中国（4）：25－27．

易翠枝．2003．解析农地流转机制：背景、现状与创新［J］．湖南经济管理干部学院学报（2）：14－16．

尹志娟，刘华根．2006．江西省集体林产权制度改革的探讨［J］．内蒙古林业调查设计，29（4）：75－77．

于杰．2001．关于我国森林资源产权制度改革的研究［D］．哈尔滨：东北林业大学．

庾德昌．1996．农民贫富探源——农户经济行为分析［M］．北京：中国财政经济出版社．

喻胜云，张晓辛．2007．物权法视野下林权涵义辨析［J］．美中法律评论，29（4）：49－64．

元露丰，欧阳高晖．2005．农村土地使用权流转的制度经济学分析［J］．华中农业大学学报（社会科学版)，59 (60)：15 - 18.
袁铖 . 2004. 二元经济结构改善与农村土地制度创新 [J]. 贵州财经学院学报 (4)：28 - 33.
袁振东，耿立君 . 1996. 国有林业产权制度改革的尝试 [J]. 林业月报 (8)：5.
袁振东，周秀敏 . 1996. 国有林业产权制度改革的尝试 [J]. 林业月报 (12)：7 - 8.
宰步龙 . 2000. 日本的森林组合 [J]. 河南林业 (2)：45.
翟中齐 . 2003. 中国林业地理概论 [M]. 北京：中国林业出版社：60 - 61.
詹黎耕 . 2005. 浙江省农民专业合作社的立法实践和思考 [Z]. 全国推进农村专业合作组织发展研讨会交流材料 .
张滨，唐宝权 . 2001. 林业要发展必须搞保险——论森林保险在林业生产中的实践意义 [J]. 中国森林病虫 (3)：38 - 40.
张春霖 . 1990. 产权概念和产权研究方法：读哈・德姆塞茨《关于产权的理论》[J]. 经济社会体制比较 (6)：56 - 57，48.
张春霞，蔡剑辉 . 1996. 集体林业产权制度改革的趋势 [J]. 林业经济 (4)：50 - 53.
张春霞 . 1994. 林业产权与社会利益之关系的讨论：林业产权制度研究之三 [J]. 林业经济问题 (4)：9 - 15.
张春霞 . 1994. 乡村社会林业的发展与产权制度的改革（二）[C]// 林业与社会：全国社会林业研讨会论文集（增刊). 长沙：[出版者不详]：21 - 23.
张春霞 . 1998. 社会林业制度创新中产权制度改革的思路 [J]. 林业经济问题 (2)：13 - 16.
张大勇，魏裕峰，吕贵，等 . 2000. 试论森林、林木所有权和林地使用权依法转让的法律依据 [J]. 内蒙古林业调查设计（增刊)：112 - 113.
张道卫 . 2002 - 09 - 17. 美国市场、政策激励和人工林资源发展 [R]. 美国亚拉巴马州：[出版者不详]：2 - 7.
张德成 . 2010 - 03 - 03. 美国农业部长提出林业发展构想 [N]. 中国绿色时报 .
张帆 . 1997. 环境与自然资源经济学 [M]. 上海：上海人民出版社 .
张国明，朱介石 . 2007. 关于江西省集体林权制度改革的问题 [J]. 林业经济 (6)：3 - 7.
张建国，章静 . 1995. 关于南方集体林区林地问题的研究 [J]. 林业经济问题，15 (1)：1 - 11.
张金凤 . 2008. 专业合作社：加快湖州林业产业化发展脚步 [J]. 浙江林业 (4)：18 - 19.
张静，支玲 . 2010. 林业专业合作经济组织研究 [J]. 世界林业研究，23 (2)：65 - 68.
张军 . 1991. 现代产权经济学 [M]. 上海：上海三联书店 .
张雷，奉国强，崔平 . 2003. 南方集体林业产权问题研究 [J]. 林业经济 (2)：37 - 40.
张蕾，巫忠泽，朱福华 . 2000. 推进林地市场化配置 促进林业可持续经营——四川省林地流转调查报告 [J]. 林业经济 (4)：15 - 22.

张立平.2007. 东部发达地区农地流转过程中农户行为研究［D］. 武汉：华中农业大学.

张敏新，肖平.1999. 南方集体林区森林产权的界定与清晰［J］. 林业经济问题（5）：9-14.

张山峰.（2008-9-17）［2012-07-01］. 农村土地法律制度建设浅说［EB］. http://www.privatelaw.com.cn/.

张绍强，王丹，李峰.2008. 世界森林保险发展及其对我国的借鉴［J］. 经济师（6）：85-86.

张沈龙.1999. 深化集体林产权改革，明确社会林业权属关系［J］. 林业经济问题（5）：20-22.

张维，胡继连，葛颜祥，等.2006. 农区林地使用权分配模式的选择［J］. 林业经济问题，26（4）：312-316.

张伟华，张艳华，张军.2007. 浅论林地使用权、林木所有权的有偿转让［J］. 防护林科技（4）：91-92.

张文勤.2005. 南方集体林区林权抵押贷款初探［J］. 福建林业科技（12）：202-204.

张文秀，李冬梅，邢殊媛，等.2005. 农户土地流转行为的影响因素分析［J］. 重庆大学学报（社会科学版）（1）：137-141.

张湘涛.2005. 中国农村改革研究［M］. 长沙：湖南人民出版社.

张祥茂.2005. 论合作经济组织在我国农村社会和谐中的重要作用［J］. 中国合作经济（7）：24-25.

张煜星，胡培兴，何时珍.2005. 美国的林业政策和制度［J］. 世界林业研究，18（1）：65-67.

张照新.2002. 中国农村土地流转市场发展及其方式［J］. 中国农村经济（2）：19-24.

张正，高岚.2006. 林业合作组织筹资渠道分析［J］. 安徽林业科技（4）：2-4，10.

张志刚.2007. 政府培育：我国 NGO 发展的根本途径［J］. 世纪桥（7）：49，61.

张志雄.1999. 集体林区土地产权制度与林地保护问题的探讨［J］. 林业资源管理（1）：14-18.

张志英.2008. 地方政府角色的冲突与整合探索：基于农村专业合作经济组织制度创新的视角［J］. 经济体制改革（3）：109-112.

章芮.1996. 中国农村土地产权残缺与农村土地制度创新［J］. 北京经济了望（5）：15-20.

赵俊臣.2002. 论集体林地使用权的物权性［J］. 林业与社会（2）：6-12.

赵侠.2008. 农户宅基地使用权流转意愿及影响因素实证分析——以浙江省湖州市为例［D］. 杭州：浙江大学.

赵阳.2004. 中国农地制度的产权特征［J］. 改革（4）：61-66.

郑凡.2009. 浅谈森林保险［J］. 安徽林业（2）：29.

郑林水 . 2008. 林权抵押问题探讨 [J]. 绿色财会 (1): 13 - 15.

郑临训，江红 . 2006. 福建南平集体林权制度改革回顾与思考 [J]. 林业经济 (3): 35 - 39.

郑四渭，韩国康，唐志，等 . 2007. 浙江省生态公益林建设中非良性林地流转问题分析 [J]. 林业资源管理 (6): 12 - 15.

郑文凯 . 2005. 关于农民专业合作组织发展有关问题的思考 [J]. 农村经营管理 (10): 13 - 14.

中国高级林业经济体制培训考察团 . 1995. 德国的林业管理体制、林业立法及林业政策 [J]. 世界林业研究，8 (3): 41 - 46.

中国集体林发展研究课题组，国家林业局经济发展研究中心 . 2004. 中国集体林发展研究综述 [J]. 中国集体经济 (7): 23 - 26.

中国人民银行福州中心支行，福建省林业厅 . 2007. 全省林权抵押贷款工作座谈会文件材料汇编 [C]. 福建: [出版者不详].

钟国昌 . 2004. 论分类经营条件下的林业投融资政策 [J]. 林业经济问题 (4): 250.

钟全林，陈少腾，王桂英 . 2007. 集体林权制度改革后面临的森林资源管理问题与对策 [J]. 林业经济 (6): 30 - 33.

钟伟，胡品平 . 2006. 林地使用权流转的调查与分析——对广东省惠州、清远、从化林地使用权流转的调查 [J]. 中国林业经济 (5): 37 - 40, 45.

钟涨宝，狄金华 . [2012 - 07 - 01]. 农村土地流转与农村社会保障体系的完善 [EB]. http://www.chinaelections.org/NewsInfo.asp? NewsID=135068.

钟涨宝，汪萍 . 2003. 农地流转过程中的农户行为分析——湖北、浙江等地的农户问卷调查 [J]. 中国农村观察 (6): 55 - 64.

钟涨宝 . 2004. 农地资源流转过程中的农户行为分析 [D]. 武汉: 华中农业大学 .

周辉 . 2006. 农地流转的财务分析及激励机制的建立 [J]. 会计之友 (1): 62 - 63.

周盛芝 . 1994. 林木产权制度改革的尝试 [J]. 浙江林业 (5): 9.

周新玲 . 2005. 林地使用权流转的调查与分析——以湖北省为例 [J]. 中国农村经济 (5): 71 - 77.

周训芳，谢国保 . 2004. 林业法学 [M]. 北京: 中国林业出版社: 39.

周训芳 . 2000. 论可持续发展下人类环境权 [J]. 林业经济问题，20 (1): 9 - 11.

周训芳 . 2007. 物权法与森林法知识读本 [M]. 北京: 中国林业出版社: 56.

周志诚 . 1985. 商品经济与森林保险 [J]. 绿色中国 (5): 39 - 41.

朱传忠 . 2006. 集体林权制度改革的对策探讨 [J]. 湖北林业科技 (6): 53 - 55.

朱建平，殷瑞飞 . 2007. SPSS 在统计分析中的应用 [M]. 北京: 清华大学出版社: 121 -

134.

祝海波 . 2006. 我国林地流转机理及制度思考 [J]. 农村经济 (12): 44 - 46.

祝列克 . 2005. 美国林业百年 [M]. 北京: 中国林业出版社: 7.

Alig Ralph J. 1986. Econometric analysis on the factors influencing forest acreage trends in the southeast [J]. Forest Science, 31 (1): 119 - 134.

Alig Ralph J, Adams Darius M, McCarl Bruce A. 1998. Impacts of Incorporating Land Exchanges Between Forestry and Agriculture in Sector Models [J]. Journal of Agricultural and Applied Economics, 30 (2): 389 - 401.

Binswanger H P, Deininger G F. 1993. Power, Distortions, Revolt and Reform in Agricultural Land Relations [M]//Behrman J R, Srinivasan T N (eds) . Handbook of Development Economics. Volume Ⅲ B. Amsterdam: Elsevier Store: 2661 - 2772.

Butler B J. 2008. Family Forest Owners of the United States, 2006: Gen. Tech. Rep. NRS - 27 [R]. Newtown Square, PA: U. S. Department of Agriculture, Forest Service, Northern Research Station: 72.

Chamberlain J, Bush R, Hammett A L. 1998. Non-timber forest products: the other forest products [J]. Forest Products Journal, 48 (10): 2 - 12.

Cordell H K (Principal Investigator) . 1999. Outdoor recreation in American life: a national assessment of demand and supply trends [M]. Champaign, IL: Sagamore Publishing: 449.

Danid W Bromly. 1992. Property Rights as authority system: The Role of Rules in Resource Management, Emerging Issues in Forest Policy [M]. [S. l]: UBC Press.

Darla K Munroe, Abigail M York. 2003. Jobs, House, and Trees: Changing Regional Structure, Local Land-Use Patterns, and Forest Cover in Southern Indiana [J]. Growth and Change, 34 (3): 299 - 320.

Dominic P Parker, Walter N Thurman. 2004. Crowding out Open Space: Federal Land Programs and Their Effects on Land Trust Activity [C]//Proceedings of Annual Meeting of Agricultural and Applied Economics Association: 79 - 82.

Douglas C Macmillan. 2000. An economic case for land reform [J]. Land Use Policy (17): 49 - 57.

Feder G, Feeny D. 1993. The Theory of Land Tenure and Property Rights [R]. World Bank Economic Review (5): 135 - 153.

Feder G, Onchan T, Chalamwong Y, et al. 1988. Land Policies and Farm Productivity in Thailand [M]. Baltimore and London: The Johns Hopkins University Press.

Howard L James. 2007. U. S. timber production, trade, consumption, and price statistics, 1965 - 2005 [M]. USA: [s. n.].

Matthew Gorton. 2001. Agricultural land reform in Moldova [J]. Land Use Policy (18): 269 - 279.

National Interagency Coordination Center. [last accessed May 2010]. Wildland Fire Statistics [EB]. http: // www. nifc. gov / fire _ Info / fireInfo _ main. html.

Peter H Pearse. 1990. Property Rights and forest tenure systems, introduction to forest economics [M]. [S. l.]: UBC Press.

Peterson D L, McKenzie D. 2008 [last accessed Jan. 23, 2009]. Wildland fire and climate change: U. S. Department of Agriculture, Forest Service, Climate Change Resource Center [EB]. http: // www. fs. fed. us / ccrc / topics / wildland-fire. shtml.

R Ruben, Tan S. 1999. Land Rights, Farmers' Investment, and Sustainable Land Use: Modelling Approaches and Empirical Evidence [C] // Nico Heerink, et al. Economic policy and sustainable land use: recent advances in quantitative analysis for developing countries. New York: Physica-Verl.

Running S W. 2006. Is global warming causing more, larger wildfires? [J]. Science (313): 927 - 928.

Alvarez Mila. 2007. The State of America's Forests [M]. Bethesda, MD: Society of American Foresters: 1 - 67.

Sonja N Oswalt, Mike Thompson, W Brad Smith. 2009. The United States forest resources facts and historical trends [R].

U. S. Government Accountability Office. 2006 [last accessed Feb. 17, 2009]. Wildland fire suppression, Lack of clear guidance raises concerns about cost sharing between Federal and nonfederal entities: Report to the Chairman, Subcommittee on Public Lands and Forests, Committee on Energy and Natural Resources, U. S. Senate. GAO - 06 - 570 [R]. Washington, DC: United States Government Accountability Office: 49. http: // www. gao. gov / products / GAO - 06 - 570.

USDA Forest Service. 2006. Forest Inventory and Analysis Program [M]. USA: [s. n.].

USDA. [2012]. The U. S. Forest Service-An Overview [EB]. http: // www. fs. fed. us / documents / USFS _ An _ Overview _ 0106MJS. pdf.

Westerling A L, Hidalgo H G, Cayan D R, et al. 2006. Warming and earlier spring increase western U. S. forest wildfire activity [J]. Science (313): 940 - 943.

William F Hyde, Gregory S Amacher, William Magrath. 1996. Deforestation and Forest Land Use: Theory, Evidence, and Policy Implications [J]. World Bank Research Observer, 11 (2): 223 - 248.

后　记

2008 年 9 月，本人有幸进入中国社会科学院农村发展研究所从事博士后研究工作，师从李周研究员。在本研究的整个过程中，从选题、构思、撰写、修订直至最后的定稿，李老师给予我许多关心、支持、鼓励和指导。在博士后研究工作过程中，恩师不仅给我传授了许多科学的研究思维与研究方法，提升我的科研能力与学术素质；同时李老师渊博的学识视野、勤奋严谨的学术态度、精益求精的科研理念、孜孜不倦的探索精神、朴实豁达的为人处世，也令我获益终身，让我在学术探索的道路上领悟到了许多做人做事的人生真谛。在此，对恩师给予的亲切关怀和谆谆教导表示最诚挚的感谢。

同时，也深深地感谢我的博士生导师党凤兰教授、硕士导师温亚利教授和高岚教授。党老师虽已退休，但时常关心我的学习、研究与生活，给予我许多鼓励，让我备受感动。温老师和高老师是我的学术启蒙恩师，是他们把我引入了学术研究的殿堂。三位恩师严谨的治学态度、敏锐的学术思维、谦和的学术品格深深地影响着我。在我博士后工作期间，三位恩师继续给予我无微不至的关怀、指导和帮助，让我受益良多，在此对他们深表感激和敬意。

2009 年 7 月，本研究有幸荣获中国博士后科学基金会的第四十五批博士后科学基金面上项目（编号：20090450513）和国家社会科学基金青年项目（编号：09CJY010）的资助，为本研究各项工作的开展提供了充足的研究经费支撑。2010 年本人有幸在美国纽约州立大学环境科学与林业学院访学，正是那宁静的美国乡村让我静下心来完成了本书初稿的撰写。在此，还要特别感谢中国人民大学农业与农村发展学院的资助使得本书得以顺利出版。

感谢全国哲学社会科学规划办公室、北京师范大学社科管理中心、北京林业大学科技处、中国社会科学院农村发展研究所、中国人民大学农业与农村发展学院、北京林业大学经济管理学院、美国纽约州立大学环境科学与林业学院、中国博士后科学基金会、国家留学基金委、国家林业局经研中心、江西省林业厅、江西铜鼓县林业局、江西靖安县林业局、福建邵武市林业局、福建尤溪县林业局等单位和机构的各级领导和同仁对本研究的关心、指导和帮助。

在此，还要特别感谢美国合作导师 John E. Wagner 和 David H. Newman、中国人民大学农业与农村发展学院孔祥智老师、中国社会科学院杜志雄老师和于法稳老师及王小映老师、国家林业局经研中心刘璨研究员、北京林业大学李红勋老师、中国农业出版社刘玮老师和王玉时老师、中国林业出版社洪蓉女士对本研究所提出的宝贵修订意见和建议。

感谢书中提及或未提及的学术前辈和同行们，本研究也得到了他们许多思想和智慧的恩泽以及相关科研成果的启迪，是他们的努力付出和卓越贡献，为本研究的深入开展奠定了基础。最后，还要感谢家人特别是我挚爱的妻子赵铁珍博士和可爱的儿子柯润天对我研究工作的理解和支持，使我的一切成为可能并得以展现。

回顾数年来的求学、工作和研究历程，再次对所有指导、关心和帮助过我的老师、亲人、同学、朋友和前辈们表示深深的谢意！

柯水发

2013 年 3 月

图书在版编目（CIP）数据

集体林区农户林地使用权流转行为研究：以福建省和江西省为例 / 柯水发著．—北京：中国农业出版社，2013.4

ISBN 978-7-109-17733-8

Ⅰ.①集… Ⅱ.①柯… Ⅲ.①集体林－林地－土地使用权－研究－福建省②集体林－林地－土地使用权－研究－江西省 Ⅳ.①F326.275.7②F326.275.6

中国版本图书馆 CIP 数据核字（2013）第 052525 号

中国农业出版社出版
（北京市朝阳区农展馆北路 2 号）
（邮政编码 100125）
责任编辑 刘 玮

北京中科印刷有限公司印刷 新华书店北京发行所发行
2013 年 5 月第 1 版 2013 年 5 月北京第 1 次印刷

开本：700mm×1000mm 1/16 印张：13
字数：200 千字
定价：32.00 元